大方
sight

人们所掩饰的，我要像在阳光下一样把它写出来。

Que ce qu'on cache, je le fais comme au grand jour.

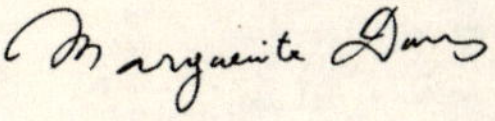

1962—1991 私人文学史 杜拉斯访谈录

[法] 玛格丽特·杜拉斯 著
[法] 索菲·博加艾尔 整理
黄荭 唐洋洋 张亦舒 译

中信出版集团·北京

图书在版编目(CIP)数据

1962－1991私人文学史：杜拉斯访谈录 / (法) 玛格丽特·杜拉斯著；(法)索菲·博加艾尔整理；黄荭，唐洋洋，张亦舒译. --北京：中信出版社，2018.4
ISBN 978-7-5086-8651-6

Ⅰ. ①1… Ⅱ. ①玛… ②索… ③黄… ④唐… ⑤张… Ⅲ. ①迪拉斯(Duras, Marguerite 1914－1996)－访问记 ②文学研究－法国－现代 Ⅳ. ①K835.655.6 ②I565.065

中国版本图书馆CIP数据核字(2018)第032985号

1962—1991私人文学史
杜拉斯访谈录
著　　者：[法] 玛格丽特·杜拉斯
整　　理：[法] 索菲·博加艾尔
译　　者：黄　荭　唐洋洋　张亦舒
策划推广：中信出版社 (China CITIC Press)
出版发行：中信出版集团股份有限公司
(北京市朝阳区惠新东街甲4号富盛大厦2座　邮编　100029)
(CITIC Publishing Group)
承 印 者：浙江新华数码印务有限公司

开　　本：890mm×1230mm　1/32　　印　　张：14.625　　字　　数：364千字
版　　次：2018年4月第1版　　印　　次：2018年4月第1次印刷
京权图字：01-2018-0787　　广告经营许可证：京朝工商广字第8087号
书　　号：ISBN 978-7-5086-8651-6
定　　价：78.00元

如果当初我知道有朝一日自己会有一个故事要说，我肯定会好好选择这个故事，更用心地去体验，为了让这个故事更美更真实，更合我心意。现在为时已晚。

——玛格丽特·杜拉斯

《平静的生活》

从某种意义上说，我在这里是为了谈论我的工作，但我总是跑题。

——玛格丽特·杜拉斯

1991 年 6 月 13 日《解放报》

版本和记录说明

在这个版本中，我们的宗旨就是既要忠实于玛格丽特·杜拉斯的原话，又始终兼顾文字的缜密和可读性。为了不让文本因为重复、断句、停顿等而显得累赘，我们选择的策略不是像外交记录那样一字一句无一遗漏。因此，我们允许自己“清除”口语中嘟哝、犹豫、前言不搭后语的重复。除了这些非常细小的修订外，我们真实再现了杜拉斯的原话，就像我们（在报纸上）读到的或（在广播和电视节目中）听到的那样。

沉默，众所周知，是她表达方式中一个非常明显的特征。我们希望在我们记录下来的词语中可以让读者也能在回忆或想象中“听到”它们；一连串的省略号显然会让文本看起来很累赘。相反，长时间的沉默会用另起一段来表示；某次访谈中间的空白表示可能因为插播一段音乐而中断。少数几处删节用（……）表示。

脚注，除了特别标注，都是出版者添加的杜拉斯访谈的背景说明，以便让访谈更通俗易懂；在这方面，我们也是尽量少加注*。我们认为对那些想深入了解的读者而言，各种评论和工具书也很多，尤其是在“七星文库”的玛格丽特·杜拉斯全集出版以后。我们编辑的这本访谈录是为一种快餐式的阅读量身定做的，一目十行也行，跳着读也行。

* 为了方便读者理解，本书还增加了不少译注。未标“译注”则均为原注。——编者

目 录

1985

1986

1987

1962

自由的手

玛格丽特·杜拉斯(Marguerite Duras,以下简称 MD):九岁以前,我的童年是在印度支那度过的,中间只有一年在法国;更确切地说,十七岁之前我一直住在穷乡僻壤,母亲守寡,是当地的小学教师。十四岁以前,我讲越南语可能讲得比法语还要好。到了上中学的年龄,我被迫跟母亲分开。

我们很穷,因此不可能自我感觉良好;总之,那里是一片有充分自主权的白人殖民地,我母亲在法国政府中的地位很低,我们被降级到所谓的"当地人"之列。因此在我看来,这种社会关系(删去了几个词)并不是十分的自然。在十六岁之前,我最好的朋友都是越南人;我在西贡上中学,在我的记忆里,班上拿第一名的都不是法国人;可能哲学除外,有个法国女孩哲学拿了第一名;但是,除哲学以外,成绩最好的都是越南人。我母亲一方面接收寄宿生,另一方面也收留无力支付寄宿费的年轻女孩,还有一些其他人,所以屋子里住满了贫穷或富有的年轻女孩,总之……全都是越南人,我跟她们一起度过了少女时代。整个少女时代。有权势的公务员不会在家里接待我母亲,但是,年轻女孩的家长会接待我们。您知道,在当地学校做老师,根本没什么地位。我在大学毕业前,日子一直都过得很艰难。我有奖学金；说到底，这对学习有帮助。我本该成为数学老师，那是母亲的心愿。我们太穷，所以除谋生以外我不能有他想。直到大学读完，我才开始考虑，或许除了工作以外，我还可以去做其他事情。我从二十六七岁开始写作，这有点晚了。但我认为，没有人不相信命运，即使他们嘴上不说。我有一个被关进集中营的丈夫，一个早逝的哥哥，一个因战争而死去的孩子；我的小姑子死在了拉文斯布吕克(Ravensbrück)集中营[1]。当特殊的不幸发生在你身上，例如因没有汽油、医生未能及时赶到之类的原因而失去一个哥哥或一个婴儿；不，当这种事情发生在你身上，个人的不幸显然会战胜其他一切，但是……应当说我不可能从这种事情中缓过来，尤其是纳粹这种问题。跟所有人一样，我的生活……并不容易……十分艰难。

书并不总是一口气写完的；有时要花十年来写，有时要花六个月，有时是一个月。最早是《厚颜无耻的人》(*Les Impudents*)，由布隆(Plon)出版社出版，我陷入了回忆，而且一时无法自拔，后来渐渐好些；到《平静的生活》(*La Vie tranquille*)就没那么糟糕了。还有《抵挡太平洋的堤坝》(*Barrage contre le Pacifique*，以下有时简称《堤坝》)……我花了很长时间写作这本书，但重要的不仅是我的经历，还有这段经历的整个背景，也就是在柬埔寨这个我所了解的地区的悲惨生活；那时，我还在尝试摆脱自身的回忆，把视野放宽。写作《直布罗陀水手》(*Le Marin de Gibraltar*，以下有时简称《水手》)是为了让我从《堤坝》中缓过来；我有那么多回忆要说，但最终还是投入了完全虚构的冒险中，也就是写作《水手》。《广岛之恋》(*Hiroshima mon amour*，以下有时简称《广岛》)改变了我的工作习惯；对此我很高兴，然后……我做的事是独一无二的，也就是说这一次，我使用了口语，

1 纳粹德国时期的一个集中营，位于柏林以北九十公里的拉文斯布吕克村附近，是一座专门关押和处决女性囚犯的集中营。——译注

而不仅仅是书面语，这让我感到开心。在《堤坝》背后，是一种我所了解的滥用权力，一种被打破的政治格局，人们称之为殖民主义。在《广岛》背后，同样也有一种对道德和政治秩序的恐惧。当我开始写《琴声如诉》（*Moderato cantabile*，以下有时简称《琴声》）时，我感觉《堤坝》已经很远了，而且……怎么说呢，我青春的账已经算清了。也就是说，如果我没有写《堤坝》，想到我母亲因为这段经历而痛苦，我永远都不会平静，而且也不会继续写作。它是一种清算。在《琴声》之后，我才拥有了自由的手。但对我来说，《琴声》代表着一种与前几本书截然不同的东西。它是一种改变，或许是自我的改变。

1962 年 10 月 10 日，《鲜活的文学史》（*Anthologie vivante*），
罗杰·皮约旦（Roger Pillaudin）制作，国家台

1963

我讨厌标签

《塞纳-瓦兹的高架桥》(*Les Viaducs de la Seine-et-Oise*)的导演克洛德·赫奇[1],让人在波什剧院(Théâtre de Poche)的舞台上搭起雅克·杜邦(Jacques Dupont)的吧台,舞台离我不远,我很熟悉,卡塔琳娜·雷恩[2]、保罗·克罗切特[3]和比耶里[4]会在吧台前,坦露不为人知的心声。舞台后方传来《茶花女》(*La Traviata*)[5]里的一支曲子……我把作者玛格丽特·杜拉斯拉进了隔壁的一家咖啡馆。

最先打动我的是什么?是她在回答每个问题时思考的样子,还有目光……然后,她看着我的眼睛,伴着如诉的琴声,回答我的提问。

MD: 这部戏剧源自一则社会新闻:一位女士把她的丈夫大卸八块。毫无

---

1 克洛德·赫奇(Claude Régy, 1932—),法国戏剧导演,曾导演杜拉斯的《塞纳-瓦兹的高架桥》《英国情人》。——译注

2 卡塔琳娜·雷恩(Katharina Renn, 1913—1975),德国歌手、演员,代表作品为《路易十四的崛起》。——译注

3 保罗·克罗切特(Paul Crauchet, 1920—2012),法国演员,代表作品为《痛苦庄园》《母亲的城堡》等。——译注

4 比耶里(Étienne Bierry, 1918—2015),法国演员、导演。——译注

5 意大利浪漫主义作曲家威尔第(Giuseppe Verdi)的歌剧。——译注

缘由。令我和观众震惊的，不仅是这位女士丝毫不明白自己为何这么做，还有她和法官一起徒劳地试图理解她自己。于是，我将故事改成：奥尔日河畔埃皮奈（Épinay-sur-Orge）高架桥附近的一对退休夫妇，杀死了一位年老的聋哑女仆。

我想很多人都会对这两个罪犯感到难以抑制的厌恶。我所期待的最好情况，便是这部戏剧能够驱散这种厌恶。在我看来，我们生活在理性之中，其出口只能是空虚和终极的荒诞。我的两个人物不知道他们为何这么做。

克洛德·塞尚（Claude Cézan，以下简称 CC）：但您呢，您知道吗？

MD：有必要知道人们为何写作吗？

CC：您喜欢戏剧吗？

MD：很喜欢。但说实话，这是第一部我专门为戏剧创作的剧本。我很喜欢跟演员们一起工作；我任由他们引导我。仿佛有一个中转站。剧本是属于作者的，然后人们决定将它搬上舞台，排练，于是，演员们拥有了它。

CC：《高架桥》给您带来了什么？

MD：我也不清楚……或许是更多的痛苦！因此，也是更多的快乐！

CC：您不会就此收手吧？

MD：我刚刚完成了一部电视戏剧：《水和森林》[1]。

CC：您如何看待改编？

MD：那完全是另一项工作了。而且我从来不想改编任何东西。

CC：但是，《广场》（*Le Square*）……《丛林猛兽》（*La Bête dans la jungle*）？

---

1 《水和森林》（*Les Eaux et forêts*）（1965）是玛格丽特·杜拉斯继《塞纳-瓦兹的高架桥》（1960）之后创作的第二个剧本。电视版并没有拍摄，但剧本于 1963 年 7 月在《新法兰西杂志》上发表，随后于 1965 年 5 月在穆夫塔尔（Mouffetard）剧院上演，由克莱尔·德吕卡（Claire Deluca）、埃莱娜·叙热尔（Hélène Surgère）、勒内·埃鲁克（René Erouk）主演，伊夫·布兰维尔（Yves Brainville）执导。

MD：《广场》是一部对话很多的小说，所以，在我看来改编是顺理成章的。至于《丛林猛兽》，对我来说，（怎么说呢？）它是一部被神圣化的短篇小说……我可能改变了某些思想风格。但没有一个词出自我。我只是用詹姆斯来再现詹姆斯。不，在准戏剧领域，吸引我的可能是科幻，而文学形式则是次要的。

CC：电影对您有影响吗？

MD：完全没有。在电影中，语言与画面一样重要。话语至高无上的价值，只能通过戏剧彰显出来。通过这部我越来越喜欢的戏剧彰显出来！此外，这也并不妨碍我为路易·马勒[1]工作[2]。这是一部不需要进行任何改编的小说，它本身就是一个剧本。

CC：您是如何定位的？

MD（毫不犹豫地回答）：这个问题我无法回答。在当今的戏剧领域，我最喜欢迪比亚尔[3]。至于维特拉克[4]，我觉得他是我们同代人中的天才。

CC：超现实主义对您重要吗？

MD：不重要，但我们都经历过创伤。

CC：目前吸引您的是什么？

MD：您知道，我们不会停止改变。我的下一部戏剧——《水和森林》，我不希望它具有确定的当下的意义。

CC：您不喜欢下结论？

MD：我讨厌下结论！我从来不觉得有这种必要。并且，这也不是我的任

---

1 路易·马勒（Louis Malle，1932—1995），法国电影导演、编剧、制作人，代表作品为《再见，孩子们》《拉孔布·吕西安》《大西洋城》《沉默的世界》《恋人们》。——译注

2 这一计划并没有实现，最终于勒·达森（Jules Dassin）在 1966 年将《夏夜十点半钟》（*Dix Heures et demie du soir en été*）搬上了银幕，主演为梅莲娜·梅尔库里（Melina Mercouri）、罗密·施奈德（Romy Schneider）和彼得·芬奇（Peter Finch）。

3 迪比亚尔（Roland Dubillard，1923—2011），法国作家、编剧、演员，主要作品有《狂野的爱》《漂亮的女俘》《恐怖笼罩城市》等。——译注

4 维特拉克（Roger Vitrac，1899—1952），法国剧作家、诗人。——译注

务。我觉得那主要是观众的任务。最后，结论也从来不具有说服力。并且，您别忘了，结论也永远不是唯一的！这座房子是白色的。但很快，我就会怀疑自己。我会忍不住说它是黑色的！

CC：您如何看待戏剧的诗意？

MD：当然，戏剧可以有诗意，但总的来说，我讨厌标签。（停顿了一会儿。）诗意一词能引出什么呢？

MD：说到底，我一直对小说有一种倾向，一种深深的偏爱。这可能是由我天性中多少有些野蛮的一面决定的……您看，小说是人们在最孤独的时候创作的。

1963 年 2 月 21 日，克洛德·塞尚，
“眩晕与荒诞”，
《文学快讯》(*Les Nouvelles littéraires*)

作家是一个发表作品的人

皮埃尔·韩(Pierre Hahn,以下简称 PH):作为剧本和电影对白作家,尤其是作为《广岛之恋》的编剧,您凭借两部作品进入了戏剧界。第一部出版于 1956 年,是对您的小说《广场》所做的改编。第二部《塞纳-瓦兹的高架桥》(以下有时简称《高架桥》)是您直接为舞台创作的第一部戏剧,去年曾在马赛天天剧院上演,本季又在巴黎波什剧院上演。像您这样一位小说家,玛格丽特·杜拉斯,为什么会选择以悲剧形式探讨《高架桥》这个十分独特的主题呢?

MD:《高架桥》的主题和人物决定了这是一场有别于通常小说语境的对话。这位男士和这位女士,在他们最后一个自由的夜晚,努力尝试解释自己。您知道,一位写作戏剧的小说家,并不会感到他是在为自己说话。此外,由于人们总是通过记者歪曲的报道来了解社会新闻,所以我想保持其匿名性。在戏剧上演时,人们就像在阅读这则社会新闻一样。但我不是那种事先知道自己要做什么的作家。我从来不记笔记,总是这样工作:写作是一场陌生的旅行。我能去哪里就去哪里。当我开始写作《高架桥》时,很难说这部戏剧会有一幕还是两幕。

PH:是什么原因促使您从这则社会新闻中汲取灵感呢?

MD:有人告诉我的。吸引我注意的,是那位女士的好意:她真心希望自己能帮助法官，但她无法解释自己的行为。这有一点像帕潘姐妹[1]，她们也无法给出犯罪行为的动机。说到底，这跟写诗很像。但我没有想过写戏剧。是它出现在我面前。我很高兴：我很喜欢戏剧。

PH：写作《高架桥》困难很多吗？

MD：它给我带来的痛苦比小说少。我在开始时设置了比小说多很多的人物。另一方面，他们的对话也让我觉得很有意思。令我惊讶的是，戏剧表演起来并没有我在脑海中构想的那么有趣。这可能是演这出戏的演员们的错，无论是在马赛还是在巴黎。

PH：您考虑过以小说的形式写作《高架桥》吗，哪怕只是一个闪念？

MD：一秒钟也没有！但我很清楚它拍成电影会是什么样。

PH：要改动很多吗？

MD：不，恰恰相反。电影会很贴近我在脑海中构想的剧本。此外，它还有一个优势，那就是可以营造出塞纳-瓦兹极度恐怖的氛围，每个人物都会迷失其中、沉浸其中。在这一点上，戏剧就无能无力。

PH：在一次采访中，您曾经指责塞纳-瓦兹促成了犯罪行为。这只是一句调侃？还是您对人物行为做出的严肃的最终解释？

MD：我的话被歪曲了。我说过这个省份缺乏当地生活，我坚持这个说法：我在那里的郊区有一座房子，它离巴黎太近，又太远，根本无法建立起邻里关系。如果人们想跟朋友见面，要乘火车，要来首都。这样一来，塞纳-瓦兹的人就互相不认识。但是，我不能把发生在那里的所有罪行都归咎于这个省份。此外，那里的气氛是平静的、闲适的。

PH：您为什么写作，玛格丽特·杜拉斯？

MD：每次采访人们都会问我这个问题，但我从来没有找到满意的回答。

---

1 指克里斯蒂娜·帕潘（Chiristina Papin）和蕾雅·帕潘（Léa Papin）。1933 年 2 月 2 日，这两位家政女工杀死了她们的女雇主及其女儿，事件引起法国上下包括许多心理学家的强烈关注。——译注

每个人都会有写作的欲望，不是吗？作家与其他人的唯一区别便是前者写作，发表，而后者只会空想。从辩证的角度看，对作家唯一准确的定义就是：一个发表作品的人。但也有不少人终其一生都想创作小说，却总是止步不前。

PH：可能他们没有时间？

MD：不。这是个坏理由。人们不能以工作繁重为借口，把写书的计划无限期地搁置。事实上，他们并不是真的想写。

PH：普鲁斯特年轻时不也是如此？

MD：是的。但他的作品就摆在那里。他写了《追忆似水年华》。

PH：有没有某些事件促使您开始写作？

MD：战争……战争的无谓。但这一恐怖事件从未成为我任何一本书的素材[1]。我的第一部小说《厚颜无耻的人》灵感来自童年。这部小说出版后，我十分高兴。它写得很糟糕。在《抵挡太平洋的堤坝》中，我完全摆脱了我的童年。此外，这部作品给我带来了很多痛苦：我想谈论我的青春，仿佛那是别人的青春。

PH：除了童年，您人生的其他时期有没有成为某部小说的灵感来源？

MD：没有。除了童年，再无其他。此外，这一生命阶段对我的意义也不比其他人的更重要。但作家之所以不停地谈论童年，那是因为它是我们生命中一段极容易受影响的时期。对儿童来说，所有事件都是极度不公正的，它给我们造成了持续一生的创伤。没有童年，就不会有精神分析。

PH：但您说您摆脱了童年。

MD：我有这种感觉，同时也知道这是种错觉。

---

1 正如她明确表示的那样，在 1985 年出版《痛苦》（*La Douleur*）之前，这显然是真的。不过战争时期对杜拉斯而言，就像她在这里提到的，是她小说创作灵感丰沛的一个时期，《战争笔记》（*Cahiers de la guerre*）（巴黎，P. O. L. IMEC，2006）证明了这一点。

PH：您还记得吗，您曾在几年前吐露过：“如果不能写作，我会死去。”为什么？

MD：我不知道。后来，我变了。而且，这是句蠢话……或者说，太天真。

PH：人们总是把您的作品与帕韦泽[1]、海明威的相提并论……？

MD：美国小说对我产生了深远影响，这种影响表现在我创作的第一阶段。后来，我改变了方向。但要说帕韦泽，我两年前才开始读他的书！

PH：评论界将您的前两部小说与后来的区分开来，您同意吗？

MD：我的第三部小说《抵挡太平洋的堤坝》，跟前几部具有同样的创作倾向！是的，我同意这种区分。

PH：除了海明威，还有没有其他作家对您产生过一定的影响？

MD：有，罗朗·多热莱斯[2]和皮埃尔·洛蒂[3]。您知道，我所有的阅读都对我成为小说家起到了作用。对所有真正的作家来说也是如此。

PH：在哲学层面上看，人们不是在您的世界中找到了存在主义的痕迹吗？

MD：这是肯定的。我经历了存在主义的洗礼。我呼吸着这种哲学空气。像所有五十岁以下的作家一样。超现实主义也是一样。如果否认，那就是不真诚。

PH：您写所有的小说都不需要准备吗？

MD：是的，所有的，一直都是。我写书时就是在冒险。随后，一切都会重组，形成一个整体。通常，在一开始时，写作缘由和主题都无足轻重。

PH：在对您的小说作品所作的评论中，人们经常会注意到评论界所谓的化身主题：您所有的人物都在寻找自我、寻求个性，但最终一无所获，他们为这一愿望徒劳地抗争着。您如何看待？

---

1 帕韦泽（Cesare Pavese，1908—1950），意大利小说家、翻译家和诗人，属于“伤感之人部落”作家团体中的一员，著有《苦役》《魔鬼在山上》《生活的本领》等。——译注

2 罗朗·多热莱斯（Roland Dorgelès，1885—1973），法国作家、记者，代表作品为《木十字架》。——译注

3 皮埃尔·洛蒂（Pierre Loti，1850—1923），法国作家、海军军官，代表作品为《冰岛渔夫》《菊子夫人》等。——译注

MD：您觉得《直布罗陀水手》缺乏个性？《广场》中的人物证实了这一点，这倒是真的。至于我，我不知道，我不这么认为。无论如何，在我的书里，有多少谨慎采取的行动，就有多少不经思考的行动。

PH：在写作层面，您的小说作品跟音乐有共同之处。《塞纳-瓦兹的高架桥》表现出了鲜明的音乐性……

MD：是的，正是如此。我十分关注风格的音乐性。对我来说，一位没有风格的作家就不算作家。当然，形式跟内容是不可分割的。评论家经常提出风格与内容这一伪命题。这毫无意义。

PH：您不太喜欢让读者了解您小说作品的内幕。为什么？

MD：因为那是我的隐私。

PH：您如何看待与您一同创作小说的同行或是新小说派的门徒？

MD：罗伯-格里耶(Robbe-Grillet)是我的朋友，我不想评论他。但一些才华横溢的年轻作家，例如，菲利普·索莱尔斯(Philippe Sollers)等人自以为属于某个文学流派，这让我觉得很遗憾。他们能写出什么不一样的书？人们不禁思忖。我们永远也不会知道。总的来说，新小说在原地转圈；它已经到了它的终点。就个人而言，我不相信这一文学运动。

PH：您在批评它什么？像十九世纪的某些伪浪漫主义作品一样，属于新古典主义吗？

MD：您想到了谁？

PH：戈蒂耶(Gautier)，福楼拜，还有雨果。在二十世纪初期，还有普鲁斯特(相对于索莱尔斯和西蒙)……

MD：新小说主要是对美国超现实主义文学多少有些巧妙的改写。它同样也举步维艰。

PH：二十多年以来(可能还要多一点)，小说倾向于向我们呈现不断变幻的人物，萨特(Sartre)、萨洛特(Sarraute)以及您的至少一部分作品便是如此。这种善变的特征难道不是受到了当代文学女性特质或者至少可以说是女性逐渐扩大的影响吗？

MD：女性？为什么？

PH：对，善变不恰恰就是人们所说的女人的天性吗？

MD：啊！女性的功能行为。对这种行为的解释是她们在各个方面都要依附于男人。但这属于社会学范畴。或许如您所说，它对当今的小说产生了影响。但您知道，小说人物在本质上就是善变的存在。一旦性格固定，它就不再具备任何小说色彩。至于说1963年的男人比以前更女性化，我不这么认为。恰恰相反！他们还不够女性化！

PH：电影是否对您这样的小说家产生了影响？

MD：是的，影响很大。真了不起。我对以《广岛之恋》为代表的新工作感到很高兴。但在一开始，写电影剧本让我感到害怕。您能理解吗？因为关于这一主题已经有过很多作品。我懵了。说什么呢？应当尽一切可能避免煽情。坦白说，在一开始，这让我想到了凡尔登。

PH：是什么促使您开始写电影？

MD：《广岛》是雷乃[1]推荐给我的。我是根据影像带来写电影文本的。

PH：在小说方面，电影在您的发展过程中重要吗？

MD：不，它没有给我带来任何东西。如果我二十岁，情况可能会不一样。您知道，电影时代跟小说时代完全不一样。在我看来，从另一个角度看，《广岛》是一部写在胶片上的小说。

我刚刚完成一部电视剧本的对白：《水和森林》，文本会于七月份发表在《新法兰西杂志》（*La NRF*）上。然后，路易·马勒还与我合作，把我的倒数第二本小说《夏夜十点半钟》改编成了电影。此外，伽利玛出版社的编辑向我转达了一位美国制片人的提议，他想让我写一个剧本。贝克特（Beckett）、尤内斯库（Ionesco）和热内（Genet）也收到了这位制片人的邀请。人们已经意识到知识分子拍摄的电影有

1 雷乃（Alain Resnais，1922—2014），法国电影导演，代表作品为《广岛之恋》《夜与雾》。——译注

利可图，公众已经发生了变化[1]。于是，正如您所见，我们采用了美国人的方式。最后，我写了一部小说：《法国副领事在加尔各答》（*Vice-Consul de France à Calcutta*）[2]。

PH：最后一个问题：在当今社会，您目前的生活符合您的期待吗？

MD：生活从来不会符合人们的期待吧？不过我目前的生活没有什么好抱怨的。但是，我要指出，我对当今的法国十分不满。我不想再多说什么。

1963年7月，皮埃尔·韩，
"今天的男人不够女性化"，
《巴黎-戏剧》（*Paris - Théâtre*），第198期

1 美国格鲁夫（Grove）出版社曾邀请几位欧洲作家（萨缪尔·贝克特、让·热内、阿兰·罗伯-格里耶、哈罗德·品特和欧仁·尤内斯库）为一家影片公司写作一部原创剧本，打算在美国电视台播放。1962—1963年冬天，杜拉斯便为此进行创作；但格鲁夫出版社社长的离世影响到了项目的资助。最后，杜拉斯将一开始的作品改编成了小说，这便是《劳儿之劫》（*Le Ravissement de Lol V. Stein*）。

2 《副领事》，成书于1965年8月底，出版于1966年1月。

普鲁斯特教会我阅读

MD：最重要、最关键的教诲，正是普鲁斯特的存在。在当今世界，他竟能如此全身心投入。无论是空间上，还是时间上。总之，在我看来，这就是一切。这是最本质的。假设一个人只读一部作品，也就是普鲁斯特的作品，可以想象他会从这部作品出发，投入写作。他会被感染、被照亮，但猛然间照亮他的，是他自己，是他自身的存在，是他精神的力量和清醒。他呼喊："在我周围，在我身上有这么多事情，我却从未注意！"正因为如此，我们对普鲁斯特感到熟悉，他的话尤其适用于所有作家。普鲁斯特谈论看不到自己生活的艺术家，说这是因为他们不想弄清楚生活；他说，这样一来他们的过去便充斥着无数毫无用处的陈词滥调，因为他们未能培养智慧。确切地说，在普鲁斯特的世界里，没有什么是离奇的；斯万（Swann）不是，阿尔贝蒂娜（Albertine）不是，甚至令人惊愕的帕拉墨德·德·夏吕斯（Palamède de Charlus）也不是；令人惊叹的东西在别处。它存在于所有人共同谱写的交响曲中，这还要归功于使他们活跃起来的生动文笔。总之可以说，普鲁斯特的教诲，在于形式的透明，人们可以自由来去，还在于形式难以破解的复杂。最重要的信息，或者直接说信息，最重要的教诲难道不是来自一种十分重要的且不断发展的悲观主义吗？

记者：在构思上，普鲁斯特教会了您什么？在这方面，他使您取得了怎样的进步？

MD：就我个人而言，他教会了我阅读[1]。我读他的书读得晚，在我开始写作之后。但是，在教会我阅读的同时，他也势必会教我写作。也就是说，避免用他不会采用的方式写作。例如，正是因为他，我在重读纪德（Gide）和佩吉（Péguy）时，会用与第一次阅读时完全不同的目光看待他们。丝毫不怀善意。他让我知道辞藻华丽浮夸的作家是多么可恶，知道文学存在谎言，知道那一直是说教。他让我知道精神的引力只有一个方向，那便是作者的良心，只有如此，上帝创造的世界才会运转。失去了良心，便不会运转。如果作家将自己的良心与别人告知或传授的虚情假意混为一谈，那么，不仅他的作品会缺乏和谐，而且他自己还丝毫意识不到。说到底，他主要教给我的，是个人的错误。这种错误很严重、很离谱，但只是个体的错误。他教会了我怎样结尾，什么都可以说，什么都行；他教会了我某种客观的结尾；既主观，又客观；但他也告诉我，不惜一切代价的客观是愚蠢的；空想，会让人知道作者多么悲惨。他还教会了我什么？如果感情的表达引发了判断，这是因为表达本身使人有可乘之机；在表达某种激情时，只要这种感情出现，并令人震惊，而且表现出大胆，那么它就是傲慢的、无耻的。当一种感情很伟大时，观众便不会判断它是否适宜、是否恰当。帕拉墨德·德·夏吕斯对小莫雷尔（Morel）的爱是一种伟大的感情；它荒谬，但并不低微。他让我知道了德·夏吕斯先生的寡廉鲜耻并不是随意的，它不针对某一种特定的激情，但可以用来定义他整个人，这种生动而令人钦佩的丑闻就是事实。他让我知道了无阶级文学的到来，作为犹太人的不幸，身为侯爵的悲惨。

---

1 实际上，玛格丽特·杜拉斯经常声称自己受到了普鲁斯特的影响，尽管这种影响可能并不具有排他性。

记者：普鲁斯特的表达，是如何做到可以被辨认，既无法模仿，又可以模仿？

MD：抱歉，我觉得这个问题所指不明。在所有作家的表达方式中，普鲁斯特的表达方式是可以辨认的。这才是重要的。我不觉得它可以被模仿；但无论如何，他还是远远比不上乔伊斯。为什么？我说不准，或许是因为普鲁斯特的表达产生于一个尤为独特的世界，产生于作者的世界——但这才是重要的，而不是任何其他。此外，普鲁斯特在《索多姆和戈摩尔》(*Sodome et Gomorrhe*)中也指出了这一点。

普鲁斯特的努力在于展示了个人的经历。但读完之后，通过滑动，哪怕只是稍稍滑动一下，那么发生在他身上的事情便不会发生，或者说发生在其他人身上。乔伊斯的努力在于对他之前的意义的全盘否定；他创造了一种新的语义，一种作家在世界面前表达感觉的新语义。普鲁斯特则截然不同。普鲁斯特不想创造也不想改变现代小说；他作品中的这种感情，这种持久而深刻的未来主义的印象或许便是由此产生的。但这种未来主义关系到您。人们总有这样一种感觉，觉得可以继续写下去，用自己的叙述将普鲁斯特的补充完整。我想说他的小说是开放的；在他的小说中大门是打开的。人们可以走进去，这就是我想通过未来主义这个词表达的意思：未来，指的就是普鲁斯特现在的读者，就是正在探索他的人。博尔赫斯说莎士比亚并不存在，说莎士比亚就是阅读时代正在读《哈姆雷特》的读者。当我在读《哈姆雷特》时，我就是莎士比亚。嗯，我觉得这句妙语也完全适用于普鲁斯特。当我在读《在少女花影下》(*À l'ombre des jeunes filles en fleurs*)时，我就是普鲁斯特。因此也就可以说，当人们在读普鲁斯特时，人们也在写作，也有写作的感觉。总之，人们参与其中，进入普鲁斯特的世界，参与他的创作。通过他打开的门，人们又回到自己的世界。

记者：在您看来，玛格丽特·杜拉斯，普鲁斯特的优点在哪里？

MD：普鲁斯特一贯的优点，在于这位作家完全地、彻底地投身于文学。或许在以前，贝尔格特(Bergotte)在搜肠刮肚想一个词时的耐心会让我有些不屑、有些厌恶。我觉得贝尔格特的生活了无生气。但是现在，我在阅读普鲁斯特时丝毫没有这种感觉。我们知道，在普鲁斯特之后，在个体看来，人类的冒险只具有文学上的真实性；对普鲁斯特来说，只有写下来的东西才是真实的，他是这么说的。他的作品并不是像乔伊斯那样写成的，而是一种与众不同的对思维的处理，让世界尽现于他眼前，让他进行观察，然后将其展示给他人。最终，在他短暂一生的暮年，他在给加斯东·伽利玛(Gaston Gallimard)的信中写道，他像其他人重读书信一样重读自己的作品，除了这个以外，他再无其他事可做。这部作品就是他的一生，这或许是文学史上独一无二的巧合。的确，这次我们可以说，一位作家重新找回了时光——逝去的时光。

1963年12月12日，"今天的普鲁斯特。
马塞尔·普鲁斯特诞辰纪念：玛格丽特·杜拉斯眼中普鲁斯特的教诲"
法国广播电台，罗伯特·瓦莱特(Robert Vallette)制作，
乔治·格拉维尔(Georges Gravier)导演

1964

消亡，劳儿的跳板

玛格丽特·杜拉斯的最新小说《劳儿之劫》(*Le Ravissement de Lol V. Stein*)[1]可以用两行字去概括，但这么做毫无意义。人们还可以说它是关于……或……的书。或许我们也可以就这本书写出一本小说。当然，这一切，如果我们愿意，就可以将其称为概括。但我们光看标题就足够了。此外它也足够清晰，而且，它将整本书涵盖在内，至少涵盖了事情是怎样发生的。它所讲述的，是一场劫持(迷狂)，仅此而已。

特里斯当·雷诺(Tristan Renaud，以下简称 TR)："劫"这个词具有双重含义。其中包含欣喜或幸福的概念，也有失踪的意思。应当把"劫"理解为这两个意思吗？

MD：是的。这本书应该叫做"劫持[2]"。我想用"劫"这个词来保留其双重含

1 Ravissement 是个多义词，有劫持的意思，也有迷狂的意思，中译本王道乾译成迷狂，王东亮一开始译为劫持，后再版的时候改成了劫，用中文"劫"的多义(劫持、劫难)来对应法文的多义。——译注

2 现代出版档案馆在作者档案中保存了一份手稿，它见证了她给这部小说取名的过程，书名先后分别是：《塞夫勒的高地》(*Les Hauteurs de Sèvres*)、《阿基坦王子》(*Le Prince d'Aquitaine*)、《得不到安慰的王子》(*Le Prince inconsolé*)、《塞夫勒·梅兰蔻丽》(*Sèvres Melancholie*)、《伊利斯·赛拉纳德》(*Iris Serenade*)……

义。劳儿·瓦·施泰因被劫持了(她为之迷狂)。

TR：舞会之夜？她在那时看到未婚夫麦克·理查逊(Michael Richardson)跟那个女人——安娜-玛丽·斯特雷特(Anne-Marie Stretter)，一起离开了？

MD：是的。她被劫走了，她为之迷狂。她还会继续迷狂。

TR：她会结婚，十年之后重返故土。

MD：这缺席的十年也是她迷狂的一部分。她从一种希望人们喜欢她，希望成为人们喜欢的对象的情感状态中彻底解脱了。她变成了现在这样。她不喜欢自己。她的行为不是一种道德行为，而是一种生理行为。

TR：她的朋友塔佳娜(Tatiana)一直以为她疯了。

MD：劳儿没有疯。她只是行为异常。我想从这个角度看，这可能是个进步。雅里[1]说过灵魂是一阵抽搐。劳儿只有在面对他人的时候才能看见。她只能通过他人来看。在这种情况下，我们不能说她是真的疯了。

TR：但对劳儿来说，看才是重要的。

MD：当然，我们可以说她是个通灵者。当她躺在塔佳娜和她情人宾馆后面的空地上时，她并不想看到他们。她睡觉。她在他人的阴影里睡觉。她的幸福就在那里。这是一种思想状态。她必须用尽一切手段使自己幸福。劳儿·瓦·施泰因的世界是一个合理的世界，它变得合理了。在《琴声如诉》中，安娜的内心骚动更为人所熟知。这是一种消亡，它结束了我们所处的某种状态。于是，这种消亡成了劳儿的跳板。

TR：在我看来，《劳儿之劫》(以下有时简称《劳儿》)是一部到达极限的小

1 阿尔弗雷德·雅里(Alfred Jarry，1873—1907)，法国小说家、剧作家、记者，代表作品为《愚比王》。——译注

说。这可能是个错误，但人们经常这么说，应该承认在《琴声如诉》之后，我就曾经这么想过。

MD：在我的下一部小说中，劳儿还会出现。要知道，我非常希望她能够代替我写作。她并不是主角[1]。

我费了很大力气去构思《琴声》。但《劳儿》很快就写完了，是1963年6月到10月之间在特鲁维尔写的。我非常怀疑这本书的价值。在面对自己时，我处于一种怀疑状态中。我是在这种情况下写作的。我完全没有注意技巧，我想我避免了一切技巧。我不想修改它。那是不可能的。它既是我最想写的书，同时又是最难写的。它里面有很多地名，也有同一系列其他书的影子。我怕人们拿《劳儿》与《琴声》作太多对比。

TR：在我看来这很难。在一开始，可能会相近。但它们走向了截然不同的方向。

MD：劳儿不是一个不幸的女人，恰恰相反。她……

TR：意醉神迷。

MD：您喜欢布鲁克[2]的电影[3]吗？

TR：不。

MD：我很喜欢。

TR：还有《不稀奇》(*Sans merveille*)，这部电影是米特拉尼[4]根据您和热拉尔·雅尔洛(Gérard Jarlot)所写的剧本拍摄的。您觉得怎样？

---

1 在《副领事》中，扮演女"主"角的是安娜-玛丽·斯特雷特，而不是劳儿·瓦·施泰因，她只是失魂落魄地出现在那里而已。

2 布鲁克(Peter Brook，1925—)，英国戏剧、电影导演，被誉为现代戏剧实验之父、后现代主义戏剧导演的先驱，代表作品为《马哈/萨德》《摩诃婆罗达》《空的空间》。——译注

3 彼得·布鲁克改编的电影(《琴声如诉》)于1960年5月上映，由让娜·莫罗(Jeanne Moreau)和让-保罗·贝尔蒙多(Jean-Paul Belmondo)主演。

4 米特拉尼(Michel Mitrani，1930—1996)，法国导演、编剧、演员，代表作品为《卢浮宫的拱顶狭廊》。——译注

MD：我同样很喜欢。米特拉尼承受了1964年的电视导演所能承受的最大风险。我们等待着评论界的迎头痛击。如果它被激怒，也是完全正常的。无法想象它竟然接受了这部作品，仿佛那是另外一场戏剧。我们本来是要失败的。

TR：您还有其他电影计划吗？

MD：我们的出版商，格鲁夫出版社，请五位欧洲作家，贝克特、尤内斯库、品特[1]、罗伯-格里耶和我每人写一部电影剧本。五人中，我觉得，只有我和罗伯-格里耶写过长剧本。

我们互相道别。圣日耳曼德普雷下了一场大暴雨。雨中，一辆出租车贴心地劫走了我，迷狂的我。

1964年4月30日，特里斯当·雷诺，

《法国文学》(*Les Lettres française*)

---

1 品特(Harold Pinter，1930—2008)，英国剧作家、导演，代表作品为《升降机》《归于尘土》，2005年获诺贝尔文学奖。——译注

最次的职业

安托万·利维奥(Antoine Livio,以下简称 AL):玛格丽特·杜拉斯,我想试着跟您玩一个小游戏。现在我想走进您家里,对您说“晚上好”,说“今晚我们要共度一段时光”。然后开始了解您。这一直很困难,因为人们总是通过阅读其作品来了解作家的,是的。人们了解您,主要是因为您写了《广岛之恋》;然后……关于您,人们只知道这么多。我们时不时地在电视上看到您,在您的书里找到您,但现在您来到了瑞士,我就想抓住您不放——可能还想批评您一件事:在一篇文章中,您对男人十分冷酷……

MD:啊……这……(笑)

AL:据说,您承认现在男人成了您小说所关注的中心。为什么是男人?为什么您对男性,我不想用尖刻这个词,如此苛刻?

MD:您说的这篇文章,是不是跟让娜·莫罗[1]的一场谈话[2]?

AL:对,是的,就是这篇。

---

1 让娜·莫罗(Jeanne Moreau,1928—2017),法国影星、导演,代表作品为《最后的时光》《白桦林》《通往绞刑架的电梯》。——译注

2 “女演员和女作家”,《非洲行动》(*Afrique-Action*),1960 年 10 月 17 日。

MD：啊，这场谈话……人们总是谈起它，跟让娜，跟我。噢……我没有恶意。

AL：但您很苛刻。

MD：是的。但这不一样……我们都很苛刻。

AL：是的，完全同意。

MD：但在谈话结尾，我们说了某些男人的很多好话。

AL：正是，某些男人。我们知道，您是想把男性理清楚，把我们放到显微镜下观察，但我们还是要说，男人对待您这样的女性，或者对待让娜·莫罗，也是这么苛刻吗？

MD：可是……我不知道您为什么这么说，但我们是在选取魅力男性的样本！我们不过是说男性更加优雅了，更有魅力了，显得有些女性化，他们失去了力量，或者说，失去了暴力。

AL：是的，您在怀念中世纪！

MD：（笑）哪个女人会一点儿也不怀念？

AL：说到底，如果您怀念中世纪，那时候——当然，是到后来——只有路易斯·拉贝[1]写作；但今天所有的女性都在写作，不得不说这是这个时代赋予您的优势！

MD：但中世纪的女巫会写作[2]……

AL：是的，但您毕竟不是女巫，幸亏不是，玛格丽特·杜拉斯……

MD：让娜·莫罗，是……

AL：是，让娜·莫罗或许是，或许吧。

AL：让娜·莫罗是您的演员，艾曼纽·丽娃[3]也是；哦，您跟这些演员们的关系很密切吗？还是说对您而言她们只是演员，她们接到您的剧本

1 路易丝·拉贝（Louise Labé，1524—1566），文艺复兴时期法国女诗人，史称“美丽的制绳匠”，主要以写作哀歌和爱情十四行诗而知名。——译注

2 玛格丽特·杜拉斯的这一观点来自儒勒·米什莱（Jules Michelet）的《女巫》（*La Sorcière*），她对这部作品怀有持久的兴趣，经常参考它。

3 艾曼纽·丽娃（Emmanuelle Riva，1927—2017），法国演员，代表作品为《牧师莱昂·莫兰》《广岛之恋》《爱》。——译注

后，您就不会再做任何修改了？

MD：噢不，我总能跟演员们成为朋友。艾曼纽·丽娃是朋友，让娜·莫罗更是，我们成了名副其实的好朋友。

AL：演员会不会让您做些改动——我不是说对角色进行彻头彻尾的改动，可能只是为了让演员更好地进入角色而做些修改？

MD：会，绝对会。绝对会，我完全信任他们，不管男演员还是女演员，我一直信任他们。而且我会尽一切可能为他们服务，在工作中，我觉得自己是为他们服务的。

AL：但实际上，您并不是很喜欢戏剧。您更偏爱电影。

MD：我很喜欢戏剧，结果我却在电影上取得了更大成功！（笑）我很喜欢戏剧，是的，跟您说的正相反！我很想知道成功是什么样的！啊，我改编的一部戏剧取得了成功，我是为了赚钱才改编的，纯粹为了赚钱，为了养家糊口，这是一部美国戏剧，名字叫做《阿拉巴马的奇迹》（*Miracle en Alabama*）。它大获成功！

AL：是的，巨大的成功。

MD：是的，在埃贝尔多剧场（Hébertot）[1]。

AL：在埃贝尔多剧场。但它毕竟是因为后来的电影，还因为……成功才得到延续。的确，现在到处都在演《阿拉巴马的奇迹》。

MD：但那不是我的作品！

AL：而且您也不再关心了。

MD：噢是的……这是自然。

AL：当您晚上有空时，您常去巴黎的剧院吗？

MD：我经常去，我属于常客。

AL：去看某一类戏剧，还是什么都看？从《欢乐巴黎人》（*les Gaietés*

---

1 她与热拉尔·雅尔洛一起改编了威廉·吉普森（William Gibson）的这部戏剧，它于1961年9月在埃贝尔多剧场上映，导演为弗朗索瓦·迈斯特（François Maistre）。

parisiennes)[1]到贝克特的戏剧？

MD：不完全是那样，但出于好奇，我还是看了《波音波音》(*Boeing-Boeing*)[2]！贝克特，那是自然；我还看过雅典娜剧场的新剧《基督代理人》[3]……我几乎什么都看，感兴趣的都看。

AL：那么，您如何看待《基督代理人》？在德国，人们将霍赫胡特视为新文学的领军人物，因为他向德国人展示了如果不模仿尤内斯库该如何写剧本。

MD：我不赞同《基督代理人》。我觉得它所展开的这场对话的内容是无法忍受的。在这件事上永远不应该展开任何对话，我指的是关押在集中营这件事[4]。还有希特勒的罪行。不管怎样，哪怕时隔很久，哪怕非常客观地展开对话——他就是那么想的，也是那么做的——那也是逃避责任的表现。这就是我对《基督代理人》的看法。

AL：我们太严肃了，我想谈论下您的爱好：您不是总这么严肃吧，我希望？

MD：啊，我可一点儿都不严肃！

AL：真的吗？您都有些什么爱好？

MD：噢，我住在乡下，大部分时间都在屋里待着——在我乡下的房子里；我跟朋友们一起散步，看瓦工和木工干活(笑)……我不想看到自己出现在巴黎，巴黎像地狱一样。

AL：还有音乐，它在您的生活中占据着重要地位吗？

MD：没能成为音乐家，这是我最大的遗憾。

---

1 一出芭蕾舞剧。——译注

2 马克·卡莫莱提(Marc Camoletti)于1960年12月创作的戏剧，在柯马丁(Caumartin)剧院上演并取得成功，1965年改编为电影。

3 罗尔夫·霍赫胡特(Rolf Hochhuth)的戏剧《基督代理人》(*Le Vicaire*)因批判天主教堂在第二次世界大战期间的态度而引发了激烈论战。

4 关于这一禁忌，杜拉斯最迟于1976年改变了主意，她在《女巫》杂志上发表了题为“没死在集中营”(*Pas mort en déportation*)等短篇(提到了她的丈夫罗贝尔·昂泰尔姆从集中营回来)，这大概是在《痛苦》出版前十年左右。

AL：您最喜欢的是哪个年代？——我不是指跟您的书还有书中的氛围最契合的年代，但如果一定……

MD：您指的是音乐家？

AL：是的。

MD：巴赫(Bach)。

AL：我想可能还有意大利巴洛克音乐，维瓦尔第(Vivaldi)，不是吗……？

MD：那差远了，我已经不痴迷了。巴赫，莫扎特，贝多芬，说到底，就他们仨……

AL：伟大的三人组。

MD：伟大的三部曲！

AL：那当然！作家会经常在巴黎聚会吗？

MD：我不知道为什么会这样，但是作家只跟作家见面。我几乎所有的朋友都写作——甚至可以说人人都写。

AL：你们最感兴趣的话题是什么，是写作问题吗？是评论其他作家写的书？

MD：不，说到底在我的圈子里人们谈论的事情很多，经常谈论社会新闻，也经常谈政治……

AL：这是最流行的话题。

MD：如果愿意的话，还有关于哲学道德的对话。当然也有文学，但那不是主要话题。

AL：我大胆问下，您都喜欢跟哪些作家见面？

MD：路易-勒内·德福雷[1]，他是我最好的朋友之一，我觉得他很有才华。我跟乔治·巴塔耶[2]很熟；跟莫里斯·布朗肖(Maurice Blanchot)也

1 路易-勒内·德福雷(Louis-René des Forêts，1916—2000)，法国作家，代表作品为《乞者》。——译注

2 乔治·巴塔耶(Georges Bataille，1897—1962)，法国评论家、思想家、小说家，后结构主义的先驱，主要作品有理论著作《内在体验》《冥想的方法》《受诅咒的部分》，小说《眼睛的故事》《蓝天》等。——译注

很熟，我认为他是法国一流的作家。

AL：夸得漂亮——不过也实至名归，我觉得……您是否有勇气——因为我觉得巴黎人没有什么勇气——您是否有勇气告诉您的朋友，或者说您的朋友是否有勇气告诉您他们怎么看您的作品，您怎么看他们的作品？

MD：是的，我们会这么做。一直如此。

AL：这是出于友谊，出于坦率，还是出自同道之谊？您认为现在还存在友谊吗？

MD：不，准确说问题并不在于这里。当人们聚在一起，各种才能与智慧之间便建立起某种平衡，您明白吗？以布朗肖为例，我不会觉得莫里斯·布朗肖写的书很差劲，或者如果他觉得我写的书很差劲，那么友谊就不会自然而然地建立起来，您说呢？我们讲真话，但这种真话并不针对……并不会影响我们的职业。

AL：是的，因为这是一种建立在唯美主义之上的友谊，在某种程度上，这是因为你们在职业上志趣相投？

MD：您知道，我认为人们写出来的东西跟人们所做的事、所说的话具有同样的意义。您可能觉得无法接受，但如果我的朋友写出一本恶心的书，我对他的感情肯定会变化。这是肯定的。您觉得我苛刻吗？

AL：不……

MD：我不觉得这是两回事。

AL：您是说您无法将自己视为不再写作的玛格丽特·杜拉斯？

MD：我的朋友们可能会那么做。至于我，我不能把他们与其所写的东西分开。我想一个人存在的意义是多重的，不是吗？他存在于自己写的书里，就像存在于他的行动、他的话语、他的举止和他的日常行为中一样。

AL：玛格丽特·杜拉斯，当人们看到您的作品、读到您的作品时，人们总是被近景中的一位人物打动，这是一位女性；这位女性，人们可以认出她是因为她喝酒，她有些焦虑，她神经质但没有神经官能症；她尝试寻找自我，一直在找，整本书从头到尾都在找，甚至超出了这本书的范围。这只是读者的一种感觉，还是您真的一直在进行这种探索，这样去刻画女性，刻画女性的某种性格？

MD：这么说不完全对，因为在我最近的几本书里，主角都是男性；但在之前的书里，的确，处于近景中的都是女性。您说到了神经官能症，我想说这更像一种恼怒的状态，这是很多女性普遍存在的情况。

AL：您说这是一种普遍情况，或许吧，但无论如何这些女性看起来都很聪明。也就是说，她们拥有一种从来不会绝望的智慧。当然，她们喝酒，甚至喝得很凶，但是她们依旧能够意识到，微不足道的绝望并不是生活。

MD：也就是说她们经历了绝望，不是吗？而令我着迷的，正是绝望之后的那种状态，那种*求助*，如果您愿意这么去形容的话。这种状态很常见，是的，很多女性都有，这绝不是我编造出来的，我对这种劫后余生的状态极为敏感。

AL：您看，我不想尝试给您下定义，应当给您下定义的人也不是我，但在我看来，您有时就像一位记者，先去观察别人，探索他们，研究他们，然后成为一名作家。也就是说，您完整地经历了好奇的过程。这是真的吗？

MD：这也就是说……我从来不从现实的人物出发。我的小说总是从某种心理状态，有时是极细微的状态，甚至是从一个地点出发的。拿《夏夜十点半钟》这部小说来说，它是从某一天雨中的曼萨纳雷斯广场开始的。

AL：但广场一出现，人们就突然看到了那位女士和她的孩子，玛利亚（Maria）和朱迪特（Judith），仿佛看到了《琴声如诉》的女主人公。不知道为什么，有时在读《夏夜十点半钟》时，我时常觉得《琴声如诉》的旋律又回来了。但这是两座不同的城市，两种完全不同的风景！

MD：是的，那也有可能是安娜·戴巴莱斯特（Anne Desbaresdes）在跟她的丈夫一起度假！但说到底，《琴声》的女主人公处于一种昏睡状态，不是吗？而玛利亚只是懒散……但她不像前者那样昏睡，她也不会梦游。

AL：因此在您看来，您的人物是存在的，也就是说您将他们完整地创造出来了，一旦创造完，他们在您眼里便有了生命。

MD：是的，我很了解他们，即使书写完了，他们还继续存在。此外，我还经常想要给我的书写续篇……

AL：那您为什么不写呢？

MD：因为我在赶着写其他的书，不是吗，但……我很想知道玛利亚变成什么样了！

AL：准确地说，一本书对您来说意味着什么？是写作的需要，这是自然，也是写某种东西的需要，不是吗？

MD：是的，写作。我想应该只是写作，您知道的。最早的幻想，就是这个，就是写作。接下来的幻想，也就是写作的借口，以及小说的情节安排，是随后才来的。但首先，是坐在桌前，把纸涂黑的欲望。

AL：您是如何把纸涂黑的？您说过您会先写风景，这是自然，您到很多地方旅行过，所以，几乎可以让您的小说发生在欧洲任何地方？您喜欢旅行吗？

MD：我喜欢旅行，但您知道，只需要看到一个地方，然后……这个地方在您的内心颤动，就这样，持续一年，或者几个月，然后突然就有什么事情发生在那里，就像发生在舞台上一样。

AL：但实际上您不会再去看这个地方，也不会再做研究，例如在《夏夜十点半钟》里，您准确地描绘了那座小城，在广场周围转一转，从左边第二条街道出去可以到达马德里。

MD：那些小街道是我编出来的！广场的确存在，我见过，但它是空荡荡的，因为我的女主人公不在那里。您知道，在这座广场上，雨才不会一连下几个月，然后突然被我笔下的人物占据。至于事情是如何发生的，人们永远也说不清楚……

AL：您承认在您看来这些人物是存在的，我想对很多读者来说，他们也是存在的；有没有某些女读者在这些人物身上看到了自己的影子，您会跟读者通信吗？

MD：有很多年轻人给我写信。当然，是关于我的女主人公的，不是吗？人们觉得跟自己最相似的，我想，应该是《广岛之恋》的女主人公。

AL：这要感谢电影；电影火力全开，让您变得家喻户晓。

MD：家喻户晓，还不至于，我还没有到那一步——但那部电影的确是家喻户晓，是的，确实是。

AL：但这很有趣，因为实际上，您只是让《广岛之恋》的女主角讲话，并没有描述她！是艾曼纽·丽娃她……艾曼纽·丽娃是您选的吗？

MD：是雷乃和我选的。

AL：啊！果然……

MD：但确切地说，这种情况很宽泛，很多女性都可以在其中找到自己。受挫的爱情，或者说不可能的爱情。

AL：我想看看您是如何工作的：您的句子呈现出一种有趣的两面性：一方面它是精雕细琢的，是一种经过推敲的语言，但同时也表现出某种随性洒脱，或许有点像您现在坐在这张椅子上，您明白我的意思吗？其中有某种随意，但又不随便，有某种经过研究，但又不显得矫揉造作的东西。您会经常修改您的句子吗？

MD：您所说的随意写出的句子是很少见的；我明白您的意思。那是因为突然失去了耐心，您明白吗？我想很多作家都是这样，写出这种句子，这是一种不耐烦的文学，一种完全出自本能的文学。因此它……在原则上，它是存在的！（笑）

AL：但毕竟有些章节，您还是会去修改。您会不会完全摧毁一个人物，然后从头再来，因为您意识到，他可能无法按照您脑海中突然想象的那样去生活？

MD：我放弃了一些书；但人物，不，我还从来没有放弃过。

AL：他们会自主行动吗？某些作家总是告诉我们，他们任由笔下的人物行动；或者说，为了让他们活下去，您会时不时地篡改他们的命运吗？

MD：不，他们的命运都是自己掌控的。说到底这也是一种说法，如果您愿意。他们会自带细节，至于他们生活的主线，人们知道他们会走向何方！

AL：事实上，人们还是会将您归为新小说作家；我不得不说这让我们觉得震惊，因为您的书是与众不同的；它会给我们带来某些东西，是的，而不像新小说的某些作品那样枯燥无味。您跟他们联系密切吗？

MD：绝对没有，是新小说想把我纳入麾下！您知道，我刚刚读了一篇与此相关的文章——但我根本不想被归为新小说派！我对它没有太多好感，说到底我觉得无所谓。不知道为什么，新小说派总想将某些作家占为己有，我便是其中的一个。只要哪本书有点新意，它就想收入囊中，这可能是它的不足！但说到底，这不是很重要……

AL：是的，这无关紧要。但说到底，您觉得对一位作家来说，他有必要加入某种文学团体吗，还是可以独自在巴黎写书？有这种必要吗——例如伽利玛有它的圈子，午夜出版社也有它的圈子，还有新小说，还有其他的……

MD：我想人是孤独的——但无论如何还是要阅读。要阅读，一位作家不能不读同时代人的作品。我觉得那是完全不可能的。我觉得人是孤独无依的，所有的作家都是孤独的，他们聚成一个团体也是很自然的。我接触新小说是因为我在午夜出版社出书，例如《琴声》……通过罗伯-格里耶，他问我要了一份书稿；随后我又回到了伽利玛，但伽利玛同样也打起了新小说的旗号！

AL：是的，这很奇怪。您从来不会写累吗？

MD：会累。这是最次的职业。

AL：但您还是会继续？

MD：每写一本书——但每位作家不都是这样吗，每写一本书的时候都觉得够了，不想再写了，然后……又会重新开始。

1964年10月13日，《晚间来客》(*Visiteur d'un soir*)，瑞士广播电视，
安托万·利维奥，瑞士广播电台档案馆，
瑞士国家广播电台收藏室，A1354

1965

沉默和话语一样有力

在那些曾目睹玛格丽特·杜拉斯在皮埃尔·杜马耶[1]的"全民阅读"(*Lectures pour tous*)[2]节目上接受"盘问"的人看来,让她扮演采访者、提问者的角色是一场冒险。人们还记得她漫长的沉默,还有目光中几乎忍无可忍的焦虑。然而,正是在这些貌似失败的采访之后,电视台才邀请她走到另一边,让别人坐在她坐过的小板凳上。或许要很好地掩饰表达自我的痛苦和重现记忆的担忧,才不会像一台运转良好的机器一样应答,这是进入独特世界——例如亿万富翁(一档访谈节目——是含蓄的幽默和讽刺的典范)、脱衣舞女,或者是她为"叮当咚"(Dim Dam Dom)节目采访的孩子们的世界——所必需的品质。对于《广岛之恋》《长别离》电影对白,戏剧《塞纳-瓦兹的高架桥》,目前正在香榭丽舍演播室上演的《水和森林》《音乐》(*La Musica*),与热拉

1 皮埃尔·杜马耶(Pierre Dumayet, 1923—2011),法国编剧、制片、演员、导演,代表作品为《灰飞烟灭》《爱情的一页》。——译注

2 1964 年 4 月 15 日至 1966 年 3 月 23 日,在出版《劳儿之劫》和《副领事》期间,玛格丽特·杜拉斯在皮埃尔·杜马耶的"全民阅读"节目上担任嘉宾。1992 年 10 月,她再次成为杜马耶"读与写"(*Lire et écrire*)节目的嘉宾,她被邀请就人们对她三十年前的小说所做的评论进行回应。1999 年,这些谈话结集为《电视访谈录》(*Dits à la télévision*),在 EPEL 出版社出版。

尔·雅尔洛合写、由米歇尔·米特拉尼导演的电视戏剧《不稀奇》，著名的《琴声如诉》等小说和故事，奇特而迷人的《昂代斯玛先生的午后》(*Après-Midi de Monsieur Andesmas*)的作者来说，这些气氛压抑、人物自我封闭的世界并不陌生。

在本周四的青少年节目"四十分钟看世界"(*Le Monde en 40 minutes*)中，她将带领我们走进一个同样"暗无天日"、从未在电视上披露过的世界，那就是无家可归的遗弃儿童的世界。

夏尔·希尔维斯特(Charles Silvestre，以下简称CS)：为什么是遗弃儿童？这个主题是您选的吗？

MD：人们建议我做一个关于十八岁青少年群体的选题：讲述他们日后会如何抚养他们的孩子。而我对无家可归的孩子这个问题更感兴趣。选题得到了通过。我和罗杰·本纳莫一起采访了一家位于奥尼(Osny)的省级儿童之家的二十多个孩子。这是一个模范机构，在管理和卫生方面堪称完美。我试着让他们说话。这很困难。他们是一些没有双亲的孩子。令人震惊不已。采访缓慢而困难。这正是我想展现的：他们的表达困难。我们也采访了法官和心理医生。但最后只保留了采访孩子的部分。我们删去了所有说教。只用孩子表现孩子，无需他人评论。

CS：您对年轻人和孩子特别感兴趣吗？他们身上是不是有什么神秘的东西在吸引着您？

MD：孩子永远是神秘的。但在这些孩子身上，因为他们孤苦伶仃就更难窥破。就像他们身上有一副铠甲。他们不相信任何东西。最令我震惊的，是那种说不出的、无从知晓的不幸。这使他们具有一种令人眩晕的无辜。我看到一个被熨斗烫伤的孩子，因为不能回父母家而绝望。至于我，我想向阅读我的书、观看我戏剧的年轻人展示这一现实。

CS：您喜欢电视纪录片采访吗？

MD：是的，让没有话语权的人发声。我对采访让-保尔·萨特并不感兴趣，因为人们认识他，讲台是对他开放的……但我并不是从社会和记录视角对被遗弃的儿童产生兴趣的。

CS：在摄像机前采访，跟您所说的写作一样，也是一种冒险吗？

MD：是的。要让人处于不拘谨状态，这样他就不知道接下来会说出什么话了。

CS：正是因为这样，人们才容易在电视面前卸下面具？

MD：我认为是的。与人们想的不一样，隐私从来不是个人的。在这里，人们是在对摄像机讲话。采访就变成了讲台，因为被采访者会表达他所代表的人群的泛泛的观点。

CS：正如在您的书中一样，沉默在采访中也十分重要。

MD：以前，沉默是一种停顿。今天的导演们则敢于表现沉默。他们知道思想的表达和它的缓慢进展同样重要。

我见到的孩子们只知道沉默。正因为如此，人们才没有采访他们。这些漫长的、无法忍受的沉默！然而沉默和话语一样有力，人们或沉默或开口说话都是出于本能。能捕捉这一点的只有电视。在这方面它是了不起的。

电视节目计划？是的，玛格丽特·杜拉斯有两个，还是与保尔·色邦（Paul Seban）合作——她坚持以下选题：现代儿童的爱和一位黑人在巴黎的生活，因为“这工作让人着迷”。

1965年11月21日，夏尔·希尔维斯特，
“隐私从来不是个人的”，
《人道报周日版》（*L'Humanité dimanche*）

1966

不再有孤独的作家

玛格丽特·杜拉斯何时隐身，她的人物何时出现，我们不知道。这个声音轻柔悦耳，似乎在进行一场孤独的阅读，她将其赋予了《副领事》(*Vice-Consul*，伽利玛出版社出版的她的最新小说)的女主人公，实际上它是作者的声音。同时，在我的谈话者黑色树脂眼镜后面深邃而发亮的杏眼里，我看到了游离的目光，黑夜的泪水等待黎明到来，她将这种目光赋予了安娜-玛丽。

在任何情况下都能对照和比较作者及其替身，这并不是一件容易的事。在玛格丽特·杜拉斯看来，我不像费贡(Figon)[1]（“副领事”在某些方面跟它有些相似）那种神秘迷人的小流氓一样颇负盛名。我不过是一个爱纠缠的记者，不会对充满男子雄浑气魄的事业产生什么影响。

我花了一个月，在电话里用尽各种外交策略，才得到了在圣伯努瓦街的接见。我希望她同意跟我谈论《副领事》，它是两个故事之间的奇特纽带，其中一个让我们追随加尔各答一位疯狂的年轻女乞丐

1 参见“和一个不思悔改的‘小流氓’的谈话”(Entretien avec un “voyou” sans repentir)，玛格丽特·杜拉斯，《外界》(*Outside*)，巴黎，伽利玛出版社，“Folio”丛书，1995年，第151页。

疲惫而无目的的奔波，另一个则展示了一位被自己弄得走投无路的副领事和一位神秘而绝望的大使夫人。为什么？如何进行？如果谁声称知道《副领事》的最后一个词，那他便没有理解玛格丽特·杜拉斯模糊的艺术，还有她对无法解释的命运的偏爱。那些人物得到了创造者的赦免走出黑夜，又在书的最后一页重新陷了进去。于是，我们才能够幻想。

但玛格丽特·杜拉斯并不想谈论文学。现在她正为电影忙得气喘吁吁。证据就是她足足迟到了一个小时才到达约定地点，她带着极大的热情比较了提交给新一届玛丽莲·梦露奖[1]评委会女士们的电影的优点。

圆润的红嘴唇，黑色短发，裤装和靴子，脖子缩在高领毛衣里，玛格丽特·杜拉斯终于蜷在白色沙发上，准备回答我的问题。我天真地这么以为。很快，我便意识到小说《抵挡太平洋的堤坝》的作者对采访有着更为个性化的看法。

她对记者的不信任令我震惊——尽管她只是随口一说——于是她给我举了这个她被记者出卖的例子。

MD：我曾经告诉一位记者我是共产党员。这话到他笔下变成了："玛格丽特·杜拉斯独树一帜，甚至不惜成为共产党员"……把坚定的信仰说成心血来潮之举，您觉得这样合适吗？

我抬起眼睛，装作愤慨不已，将话题转移到电影上，因为这是那

---

1 该评委会成员均为女性，其中包括弗洛朗丝·马尔罗（Florence Malraux）、克里斯蒂娜·罗什福尔（Chiristiane Rochefort）和安娜·菲利普（Anne Philipe）。1967 年的第一届奖项颁给了让-吕克·戈达尔（Jean-Luc Godard）的电影《我所知道她的二三事》（*Deux ou trois choses que je sais d'elle*）。

天被允许谈论的话题。理查森[1]导演的《直布罗陀水手》和于勒·达森导演的《夏夜十点半钟》似乎是绕不过的。

MD：啊！不，别谈论这些，它们几乎拍完了！（她专横地打断了我。）令我感兴趣的是我自己的电影，是我要和保尔·色邦一起拍摄的那部，您知道吗？他刚刚和库尔诺[2]一起拍了几部小片子：《露丝或夏天的海角》（*Ruth ou le Cap de l'été*）和《莫妮克或生存的时间》（*Monique ou le Temps de vivre*）[3]。怎么称呼它们呢？实录电影？不完全是……出演的不是演员，而是整个家庭。不过还是让他们在摄像机前先排练了一下……所以，我要跟色邦一起拍摄《音乐》（*La Musica*），剧本已经写好了……

有趣的是，杜拉斯女士讲话跟写作一样。笔法细腻。沉默似乎延长了她的话和她的目光：

MD：我们会在四月份拍摄。我们会租下一家宾馆。地方很空旷。看不到地平线。位于芒什和巴黎之间的一座城市。或许是埃夫勒。一场三人对话。这将是我们团队的第一部长电影。该怎样称呼它呢？宣传片？……

现在，人们正在香榭丽舍演播室的舞台上演出这部戏剧《音乐》。在离婚判决当夜，一对夫妻在他们共同生活过的小城里唯一的宾馆

1 理查森（Tony Richardson，1928—1991），英国电影、戏剧导演，代表作品为《汤姆·琼斯》《恨海情天》。——译注

2 库尔诺（Michel Cournot，1922—2007），法国记者、剧作家、电影导演，代表作品为《忧郁的高卢人》。——译注

3 这两部纪录片于1965年在电视上播放，被列入"还有女性"（Les Femmes aussi）系列。

里重聚，一小时的真话时间。他们重逢，重新发现彼此。一场没有暴力、没有戏剧性、因为言语温和而更显残酷的对话。一曲尖刻冰冷的小音乐。与《副领事》一样的荒谬命运，人物寻找着自我，与幻想的幸福和失去的幸福都隔着同样触不可及的距离。

我暗示了这种相似。但我的诡计马上被识破了。

MD：《副领事》掏空了我，洗涤了我。没有什么事情比走到摄像机另一边更让我放松了。我受够了写剧本。雷乃的话让我震惊，但他说得没错：为什么要向作家要剧本，却不问问他们的世界观呢？……噢！这话可能不讨喜。但这是一种经验。我对电影中物质的一面感到厌倦。我害怕这个，对物的迷恋。我想拍一部戏剧电影。如果您愿意，也可以说是电影戏剧。比《广岛》走得更远。《广岛》的反面，朴素，空无一物。一部以对白为主的影片……人们还不敢拍摄以对白为主的影片。简单的话语。但绝不会以同样的方式连续说两次……此外，也没有戏弄我们、跟我们谈论"商业广告头脑"的制片人！

她经常被电话打断。但杜拉斯女士头脑清楚。她总能找回谈话——或者应该说是独白——的思路。

MD：帅和漂亮这些概念完蛋了。人们要的是有趣！我十八岁的儿子[1]说得对：他讨厌这个词。他会说：这很好，或者这真棒！

索尼娅·雷斯科（Sonia Lescaut，以下简称 SL）：他如何看待您的作品？

MD：他从来不谈。他喜欢的是电影。我拍电影，或许也是因为他。他是

---

1 让·马斯科洛（Jean Mascolo），生于 1947 年 6 月 30 日，昵称"乌塔"（Outa）。他担任了玛格丽特·杜拉斯多部电影的舞台摄影，与玛格丽特·杜拉斯和让-马克·杜林（Jean-Marc Turine）一起拍摄了电影《孩子们》（*Les Enfants*），1981 年与热罗姆·博茹尔（Jérôme Beaujour）一起拍摄了《杜拉斯在拍摄》（*Duras filme*）。

我们团队的成员。

SL：您呢，是什么促使您写作？

MD：我听到了什么东西……什么东西在某处酝酿……但我不是独自写作的……是边跟其他人一起交流边写的……今天，已经不再有孤独的作家。

1966年1月26日，索尼娅·雷斯科，
“当玛格丽特·杜拉斯玩起了《音乐》”，
《艺术》(*Arts*)

我终于到了摄像机的后面

罗杰·雷让(Roger Régent,以下简称RR):……说到底,争论的问题在于电影和戏剧是两种殊途同归的还是分道扬镳的艺术。在这个问题上您怎么看?

MD:我觉得这个问题目前有点无的放矢。以英国电影为例:克里夫·唐纳(Clive Donner)的电影属于戏剧电影;但它毕竟是电影。我不觉得人们对用电影表现莎士比亚有任何异议。相反,这么做的人越来越多。

RR:您觉得它们更像孪生艺术,而不是分道扬镳的艺术?

MD:更像前者,更像前者,是的。

RR:在您个人的创作过程中,戏剧的构思跟电影的构思有明显不同吗?

MD:当然。在戏剧中,您会受到场地,也就是舞台的限制,还有看不见的后台的限制,单一的布景的限制,即使不是单一的,即使有三个布景,这种限制也很可怕。如果您愿意,我们来谈下有声片;好,我可以宽泛地说,话语介入了电影,它是在图像之后介入的,不是吗,人们先向您呈现人物,然后这个人物才开始说话。当电影主角开始讲话时,我总觉得不满意。我想这里有一种不彻底的割裂:画面太震撼,电影中脸的力量,总是比人物说出的话更强大,对吧?但在戏剧中我就完全不会有这种痛苦。在我看来，这种电影还不能算有声。

RR：您想说电影人物的大部分台词都不是很……有趣？

MD：一方面，人们羞于说话；我觉得现在还没有真正意义上的有声片。而且……我刚刚说的，跟这个还有点不一样：当我谈到脸和这张脸说的话之间的割裂时，我指的是字面意思，不是吗？这个时刻总是令人失望。电影主角讲话，而且是在人们看到他之后讲话，他说的话总是达不到人们的期待。要么就是主角的脸秀得太多，要么就是他不会充分利用声音。从很多方面看，从无声影像到话语的过渡从很多方面来看还是令人失望的、别扭的。

RR：我想，有人会将您的戏剧《树上的岁月》（*Des journées entières*）改编或电影……您跟我说过，于勒·达森（Jules Dassin）想拍摄它[1]。

MD：他想拍。

RR：他想拍。那您呢，您如何看待把您的戏剧改编成电影？尤其是改编这一部？

MD：我从来没想过，但总之……我想达森是对的。

RR：您想过那些情节，想过这部戏剧，像巴罗（Barrault）在舞台上导演的这出戏，被改编成电影吗？

MD：我自己没有想过。但达森想用闪回镜头扩大视野，直到回到殖民地，那个女人出现在那里；她是戏剧中未出现的第四个人物，也就是咪咪（Mimi），这个女孩会被看见，被演出来；这会不一样，当然。我想有一部分对话会被隐去。

RR：我想您很看重那些对情节发展有重要意义但看不见的人物，您很看重他们保持不可见，也正因为如此，您才没有在戏剧中表现他们？

MD：啊，是的。直至今日，我依然拒绝交出《昂代斯玛先生的午后》的电影

1 这一计划没有完成，但杜拉斯自己将它改编成了电影，并于 1976 年获得让·科克托（Jean Cocteau）电影奖，1977 年在电视 2 台播放。

版权:《昂代斯玛先生的午后》的主角一直没有出现。那就是昂代斯玛先生的女儿。人们听到她在远处笑,唱歌,但人们看不到她。一些导演跟我要这本书的版权,想把它拍成电影,但出于这个原因,我一直不想给。

RR:作为《音乐》的导演,您自己也拍过电影。那么,戏剧和电影有直接的关系吗?而且这也跟您有关,因为您要执导这部电影。

MD:我不是自己一个人执导,是跟保尔·色邦一起执导。他是一位电视导演,我跟他合作过几个节目,我们彼此很了解,我完全信任他。我终于到了摄像机的后面!

RR:在跨出这决定性的一步时,您有什么想法?

MD:跨出这一步是正确的。您知道,给导演提过一些十分精准的舞台指导,然后抽身走人,这是很难受的。这么做一次还行,但是六七次之后,就想将这种体验进行到底!

1966年3月26日,《电影真相》(*Cinéma vérité*),法国文化台

罗杰·雷让拍摄,PRD制作,法国广播电视公司(ORTF)

一位全能的作者

RR：玛格丽特·杜拉斯女士，您选择了用文学、用电影、用戏剧来表达自我。在这三种表达方式中，哪一种跟您最贴切？

MD：是人们所说的文学。

RR：说到底，您首先是小说家和诗人。

MD：是的，是的。不，总之，是小说家……一个闭门造车的人。

RR：如果说您接近戏剧和电影不是出于意外，至少也是因为文学吧？

MD：应该说是电影走近了我；确切地说，是雷乃走近了我，不是吗？他先跟我要剧本，他什么都没准备，但要在拜访我之后的九周内拍电影，于是我在这种情况下创作了《广岛》。然后就继续了！

RR：他了解您的小说，他是在读过您的小说后，想到您可能可以给他写剧本的吗？

MD：是的。尤其是读了其中的一本。

RR：哪一本？

MD：我想是《琴声如诉》。

RR：他不想拍《琴声如诉》吗？

MD：是很想。

RR：不过他还是来看您，请您写一个原创剧本？

MD：是的。他跟我说，如果哪一天他要拍我的小说，他不需要脚本。他狠批了彼得・布鲁克从《琴声》改编的电影。例如，咖啡馆里的场景，重复出现的事情很少，如果让雷乃拍，他会按照他的方式来拍。他说，人们没有在电影中充分利用重复的力量。就个人而言，我同意他的意见。但我也很喜欢彼得・布鲁克的电影，是的，是的……

RR：对于《广岛之恋》，您在看过银幕上的电影后，是否很准确地找到了您想在剧本中表达的东西？

MD：雷乃让我根据我想象中看到的电影写剧本。我向他描述了我看到的电影，拍完以后，他把电影从日本带回来，结果跟我想象的电影惊人地相似。

RR：在这种情况下，的确有一种奇思碰到妙想之感，是一种默契！

MD：是的，是的，我可以说，是的。

RR：在您写《广岛之恋》，或者笼统地说在您写电影剧本时，您可以看到人物；但在您写小说时，您需要把人物和布景具体表现出来吗？

MD：是的，当然。当然，但我们可以说，小说的视野更加接近戏剧的视野。在小说中，您可以看到各个角度；它不是平面的画面。您可以从各个角度看到脑袋，可以绕脑袋转一圈，不是吗？我从来没有把我的小说想象成一部黑白片，我不能那么说。而现在我拍电影了，我注意到了这一点。看银幕对我来说很困难。

RR：这些人物，您也听到他们讲话，因为在电影中，话语……

MD：啊，是的，我听的要比看的多很多。如果您愿意，我看到的是轮廓，大概的轮廓，女性的轮廓，男性的，但声音是极为准确的。

RR：声音比画面更能给您留下深刻印象？

MD：是的，可以说在电影中也是如此。我对演员的对话和演员的声音十分敏感。

RR：此外，《琴声如诉》的主题是从一声叫喊开始的，这位女士听到了遇害的女士在叫喊……这说明了您对人声多么敏感。

MD：这声叫喊也是在提问，它不知道为什么。不知道是因为幸福还是……其他原因而叫喊。

RR：现在您自己要去拍电影，担任导演。我想，拍的是您的剧本《音乐》。您会怎样去拍这个剧本？

MD：我不是一个人拍，是跟色邦，电视导演保尔·色邦一起拍。我们会怎样拍，呃，他会拍一个分镜头，我也从我的角度拍一个；还会有第三个分镜头，这个镜头我俩一起拍。但对我来说，电影是个新事物，我一天二十四小时都在想着它。

RR：为什么，在您用文学、用戏剧、用电影表达自己之后，您还觉得有必要亲自拍成电影？

MD：因为到现在为止，我为不同的导演写过不少剧本：柯比[1]、布鲁克、雷乃，最近还为让·夏波[2]写了《四号壁炉》(*La Cheminée quatre*)[3]，那确实……我觉得有必要完成这项工作。将这种体验进行到底。

RR：总之，这就是全能作者的概念？

MD：有点儿。

RR：您觉得拍电影有趣吗？

MD：目前，我觉得很有趣。您知道，如果不是自己拍，那感觉就有点像是被别人偷了……

RR：可以说，您也是挺幸运的，因为从《广岛之恋》《琴声如诉》《长别离》来看，您的作品在电影中得到了很好的诠释。

MD：是的，我跟导演们相处很愉快。我想奥秘就在这里。应该对文本有共同的理解，我认为。这是为了把电影拍好。写在纸上的对话，一点意义都没有。要去了解它应该如何被说出来，这么说的目的是什

---

1 柯比(Henri Colpi，1921—2006)，法国导演、剪辑、编剧、演员，导演《长别离》。——译注

2 让·夏波(Jean Chapot，1930—1998)，法国演员、编剧，代表作品为《少女艾曼妞》。——译注

3 最后的题目为《女窃贼》(*La Voleuse*)，写于 1965 年夏天，上映于 1966 年。

么……应该把它唱出来，因为它就像音乐一样，协奏的音乐。整个环境氛围很重要。

RR：您会忠实于戏剧《音乐》，还是可以接受在电影中进行一些改编？

MD：戏剧长四十五分钟；电影更长一些，一个半小时。会出现第三个人物，占据电影整个第一部分；这是一位路过的年轻女孩。

RR：您增加了戏剧中未出现的第三个人物？

MD：是的，是的。他是男人的证人，由罗伯特·何森[1]扮演，女士由德菲因·塞里格[2]扮演。年轻女孩由达森的女儿扮演。她是一位美国小演员。

RR：是吗……如果您将《音乐》写成了小说而不是戏剧，您引入电影里的这个人物，您会让她出现在小说中吗？

MD：会，绝对会。

RR：您喜欢哪位电影导演？您觉得这位导演影响了您拍电影的风格吗？

MD：如果有的话，那就是罗西[3]！我觉得罗西拍出了我们这个时代最出色的电影。

RR：他的哪一部电影给您留下的印象最深？

MD：从整体上看哪一部都谈不上。《仆人》(*The Servant*)的第一部分，我不想说是整部电影；结尾的夸张糟蹋了这部电影；还有另一部电影的一部分，《国王与国家》(*The King on the Country*)[4]的一部分。不，才华横溢的戈达尔[5]做不到，我厌倦了所谓的演员的魔力。我觉得他不

---

1 罗伯特·何森(Robert Hossein, 1927—)，法国演员、导演、编剧，代表作品为《男人与狗》《魅影追击》。——译注

2 德菲因·塞里格(Delphine Seyrig, 1932—1990)，法国演员、导演、制片人，代表作品为《穆里耶》《去年在马里安巴》。——译注

3 约瑟夫·罗西(Joseph Losey)和玛格丽特·杜拉斯打算改编几部电影：《夏夜十点半钟》《劳儿之劫》《长椅》(*La Chaise longue*)(剧本改编成了小说《毁灭，她说》)，但最终一部也未能完成。

4 原书有误，罗西这部影片的英文名字是 *King and Country*。——译注

5 戈达尔(Jean-Luc Godard, 1930—)，法国导演、编剧、制作人，法国新浪潮电影的奠基者之一，代表作品为《精疲力尽》《芳名卡门》《随心所欲》。——译注

会指导演员。他展示出来的是贝尔蒙多[1]的照片底片，而不是贝尔蒙多。

RR：是的，可以感觉到他有点迷贝尔蒙多。

MD：别人的电影绝不会像罗西的那样，人物完全是突然出现的，出现在颤栗之中。当人物出现在罗西的舞台上时，意味着要发生什么事情。戈达尔，不；他融入了布景，变得平淡无奇。这很遗憾，因为他才华横溢！

RR：这种偏爱，或者说这种拉近了您和罗西距离的思想上的相似，您觉得它会对您的电影产生某种影响吗？

MD：我不知道……我希望没有！因为罗西和我，我们想一起拍电影已经有……四年时间了！四年！但我们都是各拍各的，从来没有一起拍过。现在，他下周日要来巴黎，我希望能够与他合作《劳儿之劫》，他很想拍这部。或许与让娜·莫罗一起……他是一位伟大的电影艺术家，脾气很坏。但这是个了不起的家伙。

RR：您有没有想到，或许是不自觉地想到，就像您刚才所说的，在您拍电影时，有没有被他"神奇的"电影影响到？

MD：您知道，当人们受到某种影响时，其实并不自知。这个问题我完全无法回答……以后再看吧……

RR：除罗西以外，您还有没有其他偏爱的电影导演？

MD：法国的？

RR：法国或其他地方。

MD：这太宽泛了。

RR：布列松[2]。

MD：是的。

---

1 贝尔蒙多（Jean-Paul Belmondo，1933— ），法国电影演员，代表作品为《法国女郎与爱情》《消遣》《两个女人》。——译注

2 布列松（Robert Bresson，1901—1999），法国导演，代表作品为《布劳涅森林的女人们》《乡村牧师日记》《钱》《武士兰士诺》。——译注

RR：是的。此外，他解决的电影问题比大多数人都多，至少他所有的同行都没能解决的问题。

MD：话语。话语从来不会束缚人。就像在很多电影中一样，它绝不是丑恶的。不知羞耻的。

RR：外国导演呢，例如意大利的，美国的，或英国的……？

MD：我喜欢的？维斯康蒂[1]。

RR：超过安东尼奥尼[2]？

MD：是的。我喜欢安东尼奥尼的某几部电影……我不知道自己是否喜欢安东尼奥尼。就像可以这样评价作者一样，我喜欢某位作者的某几本书。不喜欢伯格曼（Bergman），总之，没有那么喜欢，没有。

RR：在英国，我觉得有一位年轻的英国导演似乎很出色，有一段时间了……

MD：是的……

RR：克里夫·唐纳[3]——说到底，不是拍摄《风流绅士》（*Pussycat*）的唐纳，我一点都不喜欢《风流绅士》，而是拍摄《伦敦奇案》（*Tout ou rien*）的克里夫·唐纳。

MD：尤其是《客人》（*The Caretaker*）。

RR：还有这部，是的。

MD：《伦敦奇案》，我觉得这部……很迷人，仅此而已。

RR：您说的"迷人"带有一点贬义，不是吗？

MD：不，不。

RR：理查森？

MD：是的，当然。不是《汤姆·琼斯》（*Tom Jones*）。我希望是《女教师》

---

1 维斯康蒂（Luchino Visconti，1906—1976），意大利电影导演，代表作品为《沉沦》。——译注

2 安东尼奥尼（Michelangelo Antonioni，1912—2007），意大利导演、编剧、剪辑，代表作品为《爱情编年史》《奇遇》。——译注

3 克里夫·唐纳（Clive Donner，1926—　），英国导演、剪辑、制片、编剧，代表作品为《叫我第一名》《天堂窃情》《弄假成真》。

(*Mademoiselle*),然后是《水手》(*Le Marin*)[1]!

RR:您写过很多电影剧本,为什么您选择了用一个戏剧剧本开始你的导演生涯,而不去写一部原创电影剧本呢?

MD:因为这部戏剧中有一场四十五分钟的对话,发生在同一地点。这是一场冒险,这很难,令我感兴趣的就是这个原因,因为电影令我感兴趣的问题之一便是对话。这就是电影的戏剧性。这个问题之前都没有被解决。

RR:很有趣,为什么您刚才跟我说您被人物的脸打动过,但他们的声音常常令人失望?

MD:他们的话语。因为画面注重的是脸,它美化了脸,不是吗,电影演员的脸上有某种美妙的东西。当这张脸开始说话时,就会产生某种割裂,但不是彻底的。画面和话语未能匹配。这个问题令我感兴趣。当主角开始说话时我总觉得难受。我想这是单纯的技术问题。画面和声音的比例没有分配好。人们看得太多,听得却不够,需要建立某种平衡。这就是《音乐》中的对话令我感兴趣的地方。

RR:但这是语言的问题,而不是演员嗓子的问题!

MD:是一个技术问题:音高、画面和声音的协调……要么展示太多,我跟您说,展示太多,就不需要说话了;要么说话太多,就不需要看脸了。除了在极少数的电影中,例如《客人》,这个问题都未能解决。从这个角度看,某些片段是完美的。这是一部不讨喜的、很艰深的电影,但它动人心弦。

RR:正是这些原因促使您选择了《音乐》?

MD:绝对是,这是个难题。这样才有趣,这是一个要解决的难题。

1966 年 4 月 9 日,《电影真相》,法国文化台

罗杰·雷让导演,PRD 制作,法国广播电视公司

---

1 《直布罗陀水手》,1967 年由托尼·理查森改编而成,由让娜·莫罗、伊安·邦纳(Ian Bannen)、瓦妮莎·雷德格瑞夫(Vanessa Redgrave)、奥逊·威尔斯(Orson Welles)主演。

书在我心中酝酿

为了“图书行会”(la Guilde du Livre)夏季宣传，阿尔贝·梅尔莫德再次邀请几位重要作家相聚洛桑。其中就有玛格丽特·杜拉斯。她眼皮低垂，整个下午都在给《直布罗陀水手》的样书题词，她吸茨冈烟，小口小口地喝水。

《副领事》是在冬季快结束的时候出版的：加尔各答，法国大使馆；一位年轻的副领事在等待下一次任命——在拉合尔，夜里，他朝麻风病人开了枪；一个女乞丐的故事，这个印度女人此前因为怀孕而逃离了她的家庭，生活在郊区，疯疯癫癫的。

让·维耶米埃(Jean Vuilleumier，以下简称 JV)：《副领事》的起源是什么？

MD：我在印度支那的童年。日常恐怖的景象。某些人习惯了恐怖：我永远做不到。女乞丐的故事是真实的。

JV：让大使馆受到保护的环境与女乞丐生活的恐怖环境形成鲜明对比，这样做的意图是什么？

MD：女乞丐是相对于副领事来定义的：她经历的冒险、她耻辱的处境让人们接受了那位年轻外交官的存在、他的怪异。因为这些事情，这些被诅咒的猪狗般的生活是存在的，副领事的古怪才有了理由。女乞丐没有时间思考她的处境，是他在替她思考，思考一种几乎无法忍受的经历。女乞丐的经历对副领事产生了影响。

JV：这本书在法国的接受情况如何？

MD：法国媒体没有理解这本书（在我看来这完全无所谓）。我不知道为什么坎特斯说我是“大明星[1]”，或许是一句蠢话。他还说这是一部“杰作”，但这本书在技术上并没有突破，它只是完全真诚的流露。在瑞士发表的评论就严肃得多，也深刻得多，这是常有的事[2]。

JV：《副领事》的印数是多少？

MD：在 18 000—20 000 册之间，对我来说这已经很多了。这令人震惊，这本书是我最艰深的一本书。或许也令人担心：罗伯-格里耶和我，我们总是觉得等到我们的书获得成功的那一天，也就意味着我们开始写坏文学了。

JV：但是您“打广告”做宣传的情形不能跟他比。

MD：他是个积极的活动分子。我根本不是。

JV：您的读者是哪些？

MD：大学生。

JV：米歇尔·布托尔[3]也是这么回答的。

MD：这是最好的读者群。

JV：副领事是不是性无能？

MD：不，这是一种偶尔的性无能。这种性无能影响到了爱的能力，影响到了感情层面。

JV：两年前，您跟我谈论过一项电影计划：《黑夜加尔各答》（*Nuit noire*

---

1 “玛格丽特·杜拉斯女士在几年之内变成了大明星，一个不可碰触的人，不是印度所指的那种，而是文学生活意义上的”，罗伯特·坎特斯，“玛格丽特·杜拉斯家的舞会”（*Un bal chez Marguerite Duras*），《费加罗报》（*Le Figaro*），1966 年 2 月 3 日。

2 例如让·维耶米埃 1966 年 2 月 12—13 日以及 7 月 9—10 日在《日内瓦论坛报》（*La Tribune de Genève*）发表的评论。

3 米歇尔·布托尔（Michel Butor，1926—2016），法国新小说派重要代表作家，代表作品为《米兰弄堂》《时间表》《变》《程度》。——译注

Calcutta)[1]……

MD：这部电影变成了《副领事》。我一开始想过书也沿用放映的电影的名字，但它倾向性太强了。

JV：倾向性？

MD：异国情调。应该杀死异国情调。很久以来，法国文学一直背负着这个沉重的负担。

JV：您刚刚拍摄了一部电影《音乐》，由德菲因·塞里格和罗伯特·何森主演。作家的工作和电影导演的工作有什么关系？

MD：几乎没有关系。人们先写作剧本，然后在拍摄过程中修改，使其适应演员，这很有意思。电影布局与小说布局不同，对于前者，人们是从结构的雏形出发的，而对于小说，人们是从虚空出发的。小说是即兴创作。电影无法替代文学。

JV：电影是否比文学低级？

MD：是的。电影更猛烈地将我推向了文学。在电影中，人们满足了看世界的需求。文学因而变得纯粹了。

JV：本季有哪些重要的书？

MD：我不知道。我一直忙于《音乐》，什么都没有读。

JV：作为美第奇奖（le prix Médicis）的评委[2]，您得读啊……

MD：九月份，我会专心读四十几本书。本年度可能获奖的书是米歇尔·福柯（Michel Foucault）的《词与物》（*Les Mots et les Choses*）。人们也在谈论布鲁诺·盖-吕萨克[3]的《裙子》（*La Robe*）和罗杰·拉波特[4]的

1 1964年夏天，马兰·卡尔米兹（Marin Karmitz）根据玛格丽特·杜拉斯的一部剧本拍摄了这部短片，由莫里斯·加雷尔（Maurice Garrel）、妮可·伊斯（Nicole Hiss）和娜塔莎·帕里（Natasha Parry）主演。实际上，对杜拉斯来说，这一步在《副领事》的写作过程中很重要。

2 正是在该年年底，玛格丽特·杜拉斯辞去了自1960年开始担任的美第奇奖评委职务。

3 布鲁诺·盖-吕萨克（Bruno Gay-Lussac，1918—1995），法国作家，其父亲约瑟夫·路易·盖-吕萨克（Joseph Louis Gay-Lussac）是法国著名的化学家、物理学家。——译注

4 罗杰·拉波特（Roger Laporte，1925—2001），法国作家。——译注

《纯粹的寂静之声》(*Une voix de fin silence*)……

JV：您如何看待勒・克莱齐奥(Le Clézio)?

MD：我没有读过《洪水》(*Le Déluge*)。《诉讼笔录》(*Procès-Verbal*)没有让我太入迷……

JV：周刊上谈论的全都是他：采访，照片……

MD：坏兆头！

JV：让・蒂博多[1]写过："像他一样通过写作致力于反对既有秩序，而这样很快也会被既有秩序利用。"写作本身成了争议，它会爆炸……

MD：是的，这是他们的伟大理论。我感觉我跟这些作家情同手足，蒂博多，尤其是里卡尔杜[2]，因为他们在尝试创新——我也是。但他们提出的对写作的改变或许是以一种过于一致的方式进行的。我心想他们制定的目标是否被背叛了。集体写作、"跟风"会导致单调。他们现在意识到了应该走出来……

JV：他们意识到了这一点？

MD：无论如何，出版人会意识到这一点。实际上，这些作家并不知道他们会成为怎样的作家。他们的经验是必要的，这是一个阶段，但这种经验也应该是静默的……有点像德国浪漫主义之前的一个阶段。的确，作家的成就，他们的重要性大不如从前了。作家总是更贴近读者，从此之后文学会经由我们——它会继续经由某个人，永远也不会通过一种教条来呈现。它不可能是教条主义的。这就是这些作家忘记的东西。他们可能太急切了。

JV：尽管如此，人们还是不能像五十年前那样写作。

MD：显然。无论如何，我们都会扼杀巴尔扎克式对社会的刻画(它从商业

---

1 让・蒂博多(Jean Thibaudeau，1935—2013)，法国作家，代表作品为《皇家仪式》。——译注

2 里卡尔杜(Jean Ricardou，1932—2016)，法国作家、新小说派理论家，代表作品为《君士坦丁堡的陷落》。——译注

的角度看依然“行得通”）。文学先于作家而存在。写下一些东西，在黄昏，在我乡下的房子里，创作一些让我感到幸福的东西……这其中有一种容易让人接受的状态……某个非常了解我、对我的内心也有所了解的人，或许可以代替我写出一些东西……一本书在出版之前，会先在我心中酝酿。作家并不完全对其创作负责。写作可以定义为一种内在的阅读行为……

1966 年 7 月 9—10 日，让·维耶米埃，
“扼杀巴尔扎克式对社会的刻画”
《日内瓦论坛报》

1967

让写作自行完成

不能像引导其他人那样引导玛格丽特·杜拉斯进行访谈。这并不是因为她尝试逃避问题。不，她知道倾听问题并回答，而且不会找借口蜻蜓点水式地回避问题。甚至有时候，她比任何人都更沉浸在问题之中。但是她的话和她的写作有明显的相似之处。多米尼克·奥利(Dominique Aury)曾在《琴声如诉》的序言中写道："她不言而言。"[1]在这里，玛格丽特·杜拉斯对问题进行了"障碍清除"，她的声音、她的提议，还有她的沉默重新构成了她的书的风格。而人们很快就注意到在一场以谈论自我为主题、甚至极度地想把自己放在世界中心而不去表露它无限的复杂性的谈话中，杜拉斯表现出来的那种克制。一切都是这样进行的，在回答时，玛格丽特·杜拉斯偏离了她的答案。这种巧妙的艺术，非但不会让人产生缺席的感觉，相反还会增加挥之不去的存在感。谈话简短而且多少有些令人困惑，因为对玛格丽特·杜拉斯来说，写作现象被风格现象和书的结构抹杀了。人们看到她并没有顺着问题打开的视角去谈，去解释她创作的起因和创作过程。在这个问题上，她的解释十分简单，就像她书中的句子

1 小熊出版社(Éditions La Petite Ourse)，洛桑，1960 年。

一样凝炼，仿佛只剩骨头。“她走着，他说，我尤其坚持这一点。这将是一次十分漫长的行程，分为几百次伴随着统一节拍——她的步调——的行走，她走着，句子也跟着她走……”

一开始分析的时候，玛格丽特·杜拉斯与参加这些访谈[1]的其他作家没有任何相同之处，或者说相同之处不多。她的言外之意是她觉得那些需要特别仪式的人很可疑。她说她写作很容易，但很快就谈到了风格和结构的困难。然而，她对这种风格的关心，以及她对结构的关注都不足以为她的书编织面纱。如果过于按照字面意义理解玛格丽特·杜拉斯，写作就会流于平庸，书就会想当然。跟随她，就是用她的写作，去否认加缪在《局外人》中的写作。词语的选择，它们的重叠，某些句子的曲折，时态和语式的固定，显得如此清楚、如此自然的语气，这些都是经过字斟句酌的。此外，玛格丽特·杜拉斯有时会被写作带走，吐露一点隐情，人们不知道过后她是否还会承认。例如：“一连串漫长的时日使我远离了蒙特福特（Montfort）和死亡，是的，我死去的父亲的死亡。我跟您说过了吗？我父亲在我离开蒙特福特六个月之后去世的。”或者：“爱阅读的她像一朵面色绯红的玫瑰，会在坐月子期间读普鲁斯特。”当然，有一些混杂的评语，既涉及小说的写作，也涉及穿插其中的大量诗歌。评语并不多见，却意义非凡。

……

由此产生了很美的书，其规模之大、进展的自由和写法的细腻，完全可以与乐谱相媲美。但如果人们跟玛格丽特·杜拉斯谈论写作，她会用风格作为回复！

MD：我尝试写我所说的开放的书，一些建议，一些读者可以在其中“悄悄

---

1 访谈被于贝尔·尼桑收录于《写作之路》(*Les Voies de l'écriture*)，巴黎，法国水星出版社(Mercure de France)，1969 年。

塞进”自己的书的结构。如何达到这一点？显然是通过风格，“通过不说话”。我试图建构，同时也在试图解构，清理我的思想。如果您愿意，我是在尝试撤回自我，在写作的自我面前撤回多话的自我。

按时下的风气看来，在读者面前隐去自我，或许是作家最关心的事情。她在作品中划了一道界限。而且有一个重要的事实是，最初的几本书与其他书几乎没有共同之处，除了轻盈、精准、细腻的创作手法。过去的创作手法从风格中解放出来，而今天的创作手法已经从属于风格。

MD：在最初的几本书中，我尤其关注写作的叙事功能。

于贝尔·尼桑（Hubert Nyssen，以下简称 HN）：但是，已经很细腻了……

MD：这在当时没有现在重要。当时那不是我写作的首要问题。

HN：是进化了还是醒悟了？

MD：我想是两者兼而有之。尤其是……对，说到底，更像是一种醒悟吧。这始于《琴声如诉》。在《琴声如诉》中——我第一次说起这个！——我尝试叙述我悄悄经历的个人体验[1]。于是，出现了羞耻心的问题。我在这种体验周围筑起高墙。我用冰把它围起来。我选择了一种形式：体验越惊心动魄，笔触越朴素无华。

HN：电影中也遵守同样的距离吗？

MD：不。我很喜欢电影，这是真的。雷乃说会像写作一样拍电影，我想他是对的。七次，七次相遇——五场几乎相同的对话，只有一个词、一个态度、一道光的区别。我躲在《琴声》后面，远超过躲在我的其他书后面。这本书也是我所有书中被误读得最厉害的一本！

1 指的是她与热拉尔·雅尔洛的恋爱关系。

在玛格丽特·杜拉斯的散文中插入了一些真正的诗歌，其中有些有时会让人想到圣-琼·佩斯[1]如伟大咒语般的诗篇，另外一些让人想到皮埃尔·勒韦迪[2]的笔记。至于咒语，例如《副领事》中的这一段："平原啊，给我一点儿东西嚼嚼吧。她在有果子的时候就去摘，野香蕉、青稻谷、芒果，她把这些东西带回洞里吃，咀嚼着青稻谷，吞下温热甘甜的果浆。她睡觉。青稻谷，芒果，这些都要。她睡觉。她醒过来，看着眼前。除了采石洞的右侧地势较高的菩萨城之外，只有她年轻瘦弱的身影矗立于天地之间。除此之外什么也看不见。以为什么都没有，然而一切都糜集在那里。"至于笔记，《劳儿之劫》中的这一段："在我的杜撰中，这一新奇钻透了她的心，在她茂密的秀发下打开汗水的阀门，剥夺了她目光中堂皇的忧伤，使它变得狭隘，动摇它昨日的悲观：谁知道？也许，情侣们初次外出旅行的白旗即将从离我家很近的地方飘过。"每一座像小岛一样充满诗意的片段难道不就是一种突破吗，甚至是对写作的一种捍卫，尽管结构十分准确——也正因为如此——在尝试释放自我、确认自我、临时指引这本书？

MD：不是系统地。或许有像小岛一样充满诗意的段落，但不是系统的。

HN：但有时候，会大大超出"岛"的范围。在《副领事》中，作为长序曲的亚洲小女孩的故事是一首纯粹的诗，一曲真正的歌。

MD：我不会说出"诗歌"这个词。在《副领事》中，我寻找了一种富有乐感的句法。我想通过重复表达饥饿的主题，这跟慈善悲悯之心无关——您看得很清楚，不是吗？——我想用锤子的击打声来使其具有乐感，把饥饿变成幻觉和荒诞。随着饥饿的自我毁灭，舞台清空，

1 圣-琼·佩斯（Saint-John Perse，1887—1975），法国诗人、剧作家，于1960年获得诺贝尔文学奖，代表作品为《阿纳巴斯》。——译注

2 皮埃尔·勒韦迪（Pierre Reverdy，1889—1960），法国诗人，超现实主义诗歌的先驱之一，代表作品为《椭圆形天窗》。——译注

副领事就是这样准备出场的。女乞丐的故事没有与副领事的故事交叉。他到达的是一片音乐缭绕的场地。这是我第一次这样做。为了处理这个序曲，我尝试使用十分简单的元素：空旷的天空（我称之为“头顶的碗”）、污泥、石头、尘土、盐。饥饿本身是一种应该拒绝的诱惑。

人们从解读作家作品的最新研究中挖掘意义，由此去评判作家创作的初衷。这就产生了某种监视的印象。这就要控制住写作，通过逐渐压缩，使作品只剩下简单的结构，其中写作和作家都消失了，唯一的个人印记（或存在）便是风格的标记。按照这种新观念，对于一本她开始讨厌的旧书，玛格丽特·杜拉斯甚至会重写。于是她抛弃了又追回……

MD：波朗[1]说《平静的生活》（*La Vie tranquille*）是我写得最好的一本书。这不是真的。然后我会抛弃最讨人喜欢的书。我可能会让读者不高兴：我抛弃了《塔吉尼亚的小马》（*Les Petits Chevaux de Tarquinia*）。因为这是一本充满魅力、极易阅读的书……

HN：这不再是一种价值判断。这是一种保护您免受莫名侵害的方式……

MD：不。这是一种自我体系内部的价值判断。我并不是说我觉得这本书糟糕，但考虑到我正在尝试做的东西，我拒绝了它。在这里，我可以用“拒绝”这个词！

HN：您追回了哪些书？

MD：在以前写过的书中，《直布罗陀水手》，正是这本。在叙述的推进中有些东西是我想追回的，我觉得它非常现代：这种在一个不存在的故事

1 波朗（Jean Paulhan，1884—1968），法国作家、评论家、编辑，1925—1940 年期间担任《新法兰西杂志》主编。——译注

前的冗长序曲。此外还有五本书:《昂代斯玛先生的午后》《琴声如诉》《劳儿之劫》《副领事》《英国情人》(*L'Amante anglaise*)。

恰恰就是在这几本书里,玛格丽特·杜拉斯从人生决定性的体验出发展开她的追寻,《琴声如诉》就给了她这种体验。指出这一点很有意思,我们在前面已经暗示过了,这种坚定的努力,这种一丝不苟的探究,这种越来越朴素的风格无一不是从美学、从形式上的明证。书并不是拿给读者读的,正如作家暗示的那样;它是用来填充的。或许玛格丽特·杜拉斯的唯一意图是向读者提供这种红外线眼镜,戴上它便可以发现夜晚隐藏的东西?于是,作家成了人们获取秘密的中介。但是持这种主张的作家会遭遇哪些困难?

MD: 我或许写得太顺手了。于是,困难便出现在倒回去看的时候:一切都得重写,都得从头再来。我花了八个月写《副领事》,但中途我不得不放弃了五次。就此甚至还出了一张唱片[1]。一位唱片编辑来找我,让我即兴发挥。我当时正被一个可怕的困难困住。于是我对自己说:"好吧,好吧,我就在这张唱片里说说我的难处!"我说:"我正在写一本不会出版的书。"这就是《副领事》。一周以后,我找到了走出去的方法。对我来说,问题在于不要叙述。让叙述自行完成!女乞丐的故事是最先出现的问题。这是我在印度支那经历的一个故事,当时我还是个孩子,这个恐怖的故事伴随了我的一生。需要从我经历的故事的矿藏中提取出这个故事,解除抵押——我作为见证人的抵押。然而我不能毫无痛苦地进入这个故事,我的痛苦会影响女乞丐的痛苦。于是我渐渐披上了第二作者的外衣,一个年轻男人,刚刚到达印度,他

---

1 《玛格丽特·杜拉斯说》(*Marguerite Duras parle*),33 转,"我们这个时代的法国人,今日之人"系列,Adès 发行,1965 年。

写了让人为印度哭泣的东西，不管他是谁，只要是新到的就行，等等。

《劳儿之劫》也采用了同样的方式，是在劳儿·瓦·施泰因的疯狂中建构了这本书！从此之后，这项工作将不再是手工艺人的写作行为，而是一项真正的大地测量学的研究。

MD：我寻找视角。然后，不，不是这样，这不对。我在书里寻找我的位置。就是这样！这是最重要的，作家在一本书中的位置。对《副领事》来说，我的位置在墙后面。我想让我的小说成为一个关闭的房间，我的位置不在房间里。但是，为了找到它，我花了八个月时间。在每本书里，永远都是同样的问题——结构：找到小说与其作者的关系。

然后在这里，玛格丽特·杜拉斯用一种委婉的方式，承认了她有一种至关重要的写作能力，这种能力可以引导书进行下去。写作存在一定的自主性，而且她对此的信念尤其让她跟其他作家很接近。即使在这一共同点上，使其不同的，首先是自主现象，只是为了方便对话才被称作写作的：实际上，她的解释证实了这一点，正是这整本书突然获得了一种自主，也就是说不仅是写作，还有情节的推进都是自动的。随后，玛格丽特极为冷静地重写了自动写成的文本，不是为了使其更完美，而是为了解构它，减少其中的轶事和异国情调，使其达到一个平衡点，她要求从这本书中散发出来的光线尽量变得轻盈，与蜘蛛网的结构一样轻盈。

MD：写作，就是让写作自行完成。也就是既知道也不知道要写什么。不相信人们知道。害怕。看到朝哪个方向走。有一些很简单的坐标。人们对自己说："今天，我描述的女人走出房间，黄昏时回来。"但是，一旦女人出门，就应该让她完成这本书。每天，一本正在写作的书都会改变方向。应该跟随它……说到底，我说的是我的情况！在这一点上，我确定，我完全确定写作就是通过那个出现在书桌前的人而自行完成的，他只是书的到访者。总的来说，萨特的理论在于置身于写作之中，这个理论已经终结了。在我看来，萨特可能忽略了写作具有一个神奇的功能。不是人的冲动，而是词语对词语的冲动，意义对意义的冲动。现在人们知道这一点了。但是之后，我向后退。我成为了读者。我成了我的读者。在这一点上，萨特说得对：作家应该是自己的第一个读者。在这个时候，我要么走老路，要么重新开始。

在玛格丽特·杜拉斯眼里，重写并不属于手工领域。她说得很清楚：走老路或者重新开始。相反，由于她会把书立刻交给编辑，而不解释清楚，因此会产生修改校样这种手工活儿。她毫不犹豫地说："说到校样，我简直是个灾难！"直到最后一刻，她还在不停地修改。于是，如果可以通过几份薄薄的校样进行判断，就可以看到木工刀的细小雕琢，这些随处涂抹的胶水，这些对意义和整个段落的移动提出质疑并展示语言发挥的自然魅力的剪切。但在书里面寻找这样一种情况，写作的冲动和手工修改并不完全是波澜不惊的条件，而波澜不惊是玛格丽特·杜拉斯的书的谋篇布局让人会自然想到的意境。

MD：我和我的书处在危机关系中。此外小说也处在危机之中。但是我想它需要一直处于危机之中。如果它不处于永久的变革之中，它就什么也不是……

HN：您会将自己视为小说家吗？

MD：我不知道。

HN：您的书被贴上了小说的标签。

MD：在伽利玛出版社，每一次人们都在想贴什么标签。最后都贴上了小说，因为小说卖得好……

应该贴什么标签？她不知道。这是一个小问题。其次，她不喜欢被归类。“我不会给自己归类。”她声称。她独自一人，远离各种群体，有时会被他们迷住，但很快就会被这种偏好可能会导致的附属关系吓到，要么无动于衷，这时她就会因为没有更多地参与而感到后悔，她会解决她的书遇到的个人危机。她估计她与“新小说”的共同之处仅在于“一种探索精神”。但是她会把这些交给他人去评判。“正如人们所愿，这跟我没有关系。”她说。她对巴塔耶、莱里斯[1]和布朗肖的作品非常感兴趣。或许她也在他们身上寻找一种偶然的或被掩盖的经验，她自《琴声如诉》以来就为自己打造的一个规则。她对这种法国文学，这种极为内化、完全建立在探索自我，建立在保持或不保持距离这一问题基础上的法国文学表示信任。外国小说文学的命运则极为不同，对此她似乎没有更多兴趣。她在其中找不到更多的包容。

MD：不，我觉得，在现代小说中，我们这里的研究比其他地方的有趣得多。也更重要。那些试图扼杀巴尔扎克式对社会的刻画、减少作家在社会中和在自己眼中的作用的人，正是法国人。既不是英国人，也不是美国人。

如果相信她的出版人所作的调查，而且从她收到的信件来看，玛格丽特·杜拉斯在年轻人中取得了巨大的成功。她没有对此作出解释。至少在对话中，她没有思考过，这种巨大的成功是否来自她既没有真正与继承传统的小说决裂，又开辟了通往新视野的角度，这样既满足了保守潮流，也满足了进步潮流，这些潮流处于复杂关系中，在选择

1 莱里斯（Michel Leiris，1901—1990），法国作家、诗人、人类学家、艺术评论家，代表作品为《非洲幽灵》《成人之年》和四卷本的《游戏规则》。——译注

尚未确定的年轻人中间相互对峙；或者也有可能是她的书结构开放，尤其受到了想象力如同没有墓地的魂魄一样游荡的年轻人的喜爱。

MD：人们对我说，我的读者是大学生，这让我很高兴……总之，我收到不少大学生的来信。之前那一代给我写信的反而少。

HN：在那些写作的人眼里您是女人吗？

MD：在女人眼里，是的，在男人眼里，不那么明显。

HN：男作家？

MD：他们说"杜拉斯"……

HN：您与某些读者的直接关系会影响您的工作吗？

MD：完全不会。从来不会。不，从来不会。

HN：电影会为您带来读者吗？

MD：我不知道……

玛格丽特·杜拉斯坚持强调她保持了距离。她说我不知道，但是她不可能不知道电影是否为她带来了人气，带来了读者。如果请她尝试对这个领域作一个总结，她回答时会回到书上来。

MD：电影在我的生活中是次要的。它不会取代写作。电影找到了我。是雷乃。他贷了一笔钱，为期九周，找不到主题。我活干得很快，帮助他摆脱了困境。完全不是我找上电影的。就是这样。电影是一种和写作平行的经验。什么都不会比写一本书更困难。

HN：戏剧呢？

MD：第一次尝试，《树上的岁月》取得了成功。《广场》从未成功。这很奇怪，因为法国广播电视公司搞过一场投票，指出《广场》是一出很有代表性的现代戏剧，但在剧院里演出却一直很失败。在伦敦也是，《树上的岁月》取得了成功。

还有一些书，书中那么独特的时空吸引了成千上万的读者：《琴声如诉》被翻译成十八种语言，其他的被翻译成了六到十种语言！我们称其为时空，是因为从建立在如此独特的糅合基础之上的写作和风格，到作者的语言，会留下什么？通过翻译的过滤，除了充斥着句子的沉默，还能剩下什么？

MD：大部分书翻译得很糟糕。一旦走出了里卡尔杜所说的“信息文学”，翻译就是个灾难！

玛格丽特·杜拉斯，尽管她不能像其他人一样，跟固定不变的手工艺人的形象联系在一起，但她还是有规律地继续着从《广场》开始的语言工作和以《琴声如诉》作为第一步的结构工作。现在她的生命几乎完全献给了写作。

MD：我从出版社那里领取不菲的月薪。这迫使我写作。这样才有理由领钱。但这是工作吗？或者是职业吗？应该修正这些概念！不管写得极少、根本不写还是写很多，我每天都会坐在桌前。但我也能在火车上写，我在哪里就在哪里写。那些不能随处写作的人，需要某种安静的环境、某种光线的人，这些人，我想他们并不是真的想写。对于没有时间写作的作家，我不相信他们。

人们再次感受到了写作——为完全避免混淆，应该称其为**写作的需要**——对作家生活施加的压力。在这里，它变成了一种本性，以至于仪式被打乱了。但这可以解释为与其他人相比，玛格丽特·杜拉斯的写作不那么像咒语。再说一遍，这是为某种平衡服务的写作，即书的结构的平衡。在由自己完成的文学中，如此献身于写作的作家扮演着什么角色？

MD：我接收手稿。我感觉，当人们因为出版社不会出版他们的书而绝望，当他们找遍了人依旧无果后，他们就会把手稿寄给作家。这里面很少会有好书。但毕竟有时候还是会有惊喜。两年之内，我收到过两次手稿。这不算多。

HN：您从交给您的坏书中找到共同点了吗？

MD：是的。指出这一点很有趣。低租金住房的生活，阿尔及利亚战争，印度支那战争。这就成了文学的杂物间。人们马上把自己的经历扔进去。没有经过时间沉淀，所以很糟糕。

HN：您收到过像玛格丽特·杜拉斯一样的作品吗？

MD：编辑们这么说过，但我不相信。

HN：您心怀发现年轻作家的希望吗？

MD：是的。啊！这妙不可言！想想原生态文学吧！这很惊人；只有百分之十的写作者能出版作品。伽利玛出版社每年能收到一万份手稿。能出版的不足两百。被拒绝的作品会丢进仓库，付之一炬。应该建立图书馆收藏它们的。1789年第三等级的请愿书……

HN：您会鼓励年轻人吗？还是说您会劝他们放弃？

MD：我很少鼓励。这确实是最次的职业。这让人痛苦、让人烦恼，侵占生活中其他东西的位置。某种幸福的位置！至于促使人们写作的欲望，可以征服它，把它用在其他地方，用在夫妻间的日常生活。可以发疯，旅游，变成疯子。为什么不发疯呢？写作或许是一种酷刑，一旦开始便无法脱身。

这种她通过暂时不写作而获得的幸福，是其他任何幸福都无法替代的吧？难道在这里找不到任何写作带来的幸福的痕迹吗，无论是生产书的喜悦，还是在思考各个阶段、向前推进和最终完成时得到的快乐？有一种写作的激情，仿佛在词语、思考和判断的丛林中奔跑一般！然后在书完成后，似乎又产生了新计划……这种不断的再生，本身不就是一种幸福吗？

MD：我完成了《英国情人》，它取代了《塞纳-瓦兹的高架桥》，一本我讨厌的书。然后我有了计划。必须如此。否则就会焦虑，这是最糟糕的。

HN：围绕写作的文学活动呢？

MD：电影剧本。电视和报纸采访。

HN：您喜欢采访谁？您的文章是关于谁的？哪些人让您着迷？

MD：妓女、疯子、罪犯。

最后这句话言简意赅，但或许吐露了最重要的事。因为说到底，哪怕是被收买的爱情、自愿的疯狂和罪恶的死亡，这些不都是人们终其一生孜孜不倦寻找和重建的天堂、纯洁的天堂、永恒的天堂的主要标志吗？当然，玛格丽特·杜拉斯并没有求助于有时如梦似幻的形而上学。她不是在写作层面、唯一的写作层面开展主要斗争的。但是她并没有禁止人们从她的解释和她的书的结构出发想象其结构，这些在沉默的面纱背后的结构使她能够更接近其他人，超越了人们最初的想象。《广场》的女主人公说："先生，我并不想叫您不愉快，不，我太想让生活变一变，从中走出去，所以对于旅行我不感兴趣，不想去看什么新奇事物。"最终，这本没有趣闻的书，这个如数学视角一般的无限空间，这段不再流动的时间构成了一部作品，为了不让任何东西死去。

1967年8—9月，于贝尔·尼桑

"充斥着句子的沉默"，《综述》(*Synthèses*)

第254—255号，收录于《写作之路》

巴黎，法国水星出版社，1969

为了杀死我自己

I

让·舒斯特(Jean Schuster,以下简称 JS):写作的理由数也数不完。我们不再谈论心理学了,还是谈谈魔法吧。书被视为一种魔力,一种施加于外部未知世界的权力。例如:您是怀着让人一见钟情的希望开始写作的吗?与一位读者建立某种特殊的交流?期待某位陌生人对一本书做出唯一可能的准确回答,因为这个回答在您看来难以想象而更期待得到?

MD:怎么可能不写作?这是我们所有人都会不假思索立马给出的答案。

对于“写什么?”这个问题,没有人能替别人回答。每个人只能替自己回答。对我来说,我的见解就是:我发现作家和非作家的区别在于创作流程的最后一个阶段:实施阶段。我看到所有人都在写作。不写作的人也在写。人的写作功能是一种天赋,就像其他天赋一样,而写作者与非写作者的区别仅仅在于系统地挖掘这一天赋阶段。同样的,我觉得每个人都可以成为电工。因此,在每个人身上都有一个潜在的电工。因而有两种行为:职业行为和非职业行为。

我发现在每个人身上,从经历的现实到再创造的现实的转换,都拥有明显的写作功能的所有特征。我发现在我们每个人身上都有一个完全投入的先导人格，它在坚持不懈地完成将我们所说的经验融入我们的滞后人格这一任务。我发现这个先导人格在进行创造性工作，除非付诸实践，否则无法将其与另一个区分开来。

在我看来，问题并不在于赞成或否认经历的事件，将其归为己有或予以拒绝的意识。而在于一种行动范围更宽广的后意识，一种特殊的功能，一旦意识将这一事件归为己有，就会理解它，安顿它，将其融入内在的多元性——融入"内心世界"。虽然意识的获得与经历的生活是同时进行的，但写作功能却是后来才启动的。对这一历史功能而言，为了使经历的生活主观化（或者客观化，这两个术语在这里同样有效），修改它、歪曲它，直至使其屈从于自我历史必要的要求，必须有一段严格的时间差。意识，是进入的大门，是事件与自我相遇之地。一旦进入大门，事件与自我的焊接就在后意识或写作（或叙事，或人们想要的一切）区域进行，铸成每个人至关重要的"合金"。

我的先导人格，我的作家人格在讲述我的生活，我是我生活的读者。它根据今天的经历修改了昨天的经历，它分门别类，结束一些章节，同时开启其他章节，使其悬而未决，同时等待明天发生的事情，等等。对于它作为历史学家的作品，我的先导人格沿着与职业历史学家相反的方向完成了它，在光天化日之下。它有专属目的。需要通过歪曲，使得事件变得可以让我忍受，为了我而变得可以忍受，能够与我内心的人群、与我的事件重合。就像为机体供给营养或排毒的淋巴，是可以躲过所有分析的。

我看到人们在写自己，因此他是自身的历史学家。这个先导人格在我所说的内心阴影区域发挥作用。自我的档案馆位于那里，那里正在平行开辟道路，被我的作家人格机器吸引的人群从那里经过。我遇到了您，我看着您，我跟您说话，我离开您。然后：她遇到了他，她看着他，她跟他说话，她离开他。然后：发生了什么？最后：因为与我有关的原因发生了这些。在我的内心阴影里我在煽动自己，在我的写作区域里，我读到发生了这些。

尽管不是专业人士，我还是拿起笔和纸，进行转换的转换。在做这个的时候，我在做什么？通过传输无差别的、均等的语言，我试着翻译不可翻译的，把难以读懂的变成能读懂的。因此，我放弃了内心阴影的完整性，它平衡了我经历的生活，抵消了我经历的生活和我重温的生活。我去除了内心的整体性，对于应该在内部进行的，我在外部进行。在最好的情况下，我去除了内心的阴影。我有一种幻觉，我在创造秩序的时候把人数变少了，我在点亮内心世界的时候隐去了一些角落。

要么把内心世界全照亮，这样人就疯了。疯子们是从外部对经历的生活进行转化的。明亮的光穿透了他们，赶走了内心的阴影，替代了它。只有疯子才会彻底地写作。

要么，在绝对自由的情况下，人们会在“仿佛”的前提下那样做，仿佛把经历过的生活转换为文字不需要改变内心阴影的等级，不需要耗尽自己身上不写作的潜能。要相信这一点，而且必须要相信，在我看来，人们并不比作家或其他任何人更弄不懂，也就是说每个人都跟作家只有毫厘之差。

任何人都比作家更神秘。罪行比一本书更令人印象深刻。爱情比一本书更令人印象深刻。疯狂就是令人印象深刻的本身。

我们所有作家，或好或坏，都是内心阴影的残缺者，内心阴影的缝补者。

要么我们知道这一点，那么或许可以自称为作家。要么不知道这一点，那么我们是谁？要么我们知道，表明我们与非作家区分开来的差异是可耻的，严格说来，并不比那些没有抵挡住袒露自我的诱惑的人更值得崇拜，那么，我们是谁？如果人们不知道写作的蓄水池绝对是一样的，无论是自己的还是他人的，我们难道不是最虚伪的作家？

内心阴影的天性本身会让人知道这一点：它是一种共通的天赋。

如果不知道这一点，这是因为人们拒绝将它视为共通的天赋，然后绕过它。绕过之后，内心阴影把自己禁锢起来，死在了自我的棺材中。我们知道他们中很多人有这种棺材，其中大部分是作家。我说的是那些会欺骗其他非作家的人，在他们身上有天性和道路的差别。因此，也恰好是那些最容易受伤、最虚弱、最容易与内心阴影隔绝的人。

JS：既然这种天赋是共通的，是什么让某些人付诸行动，而大部分人却没有？

MD：表达方式的增多并没有改变现有人口中写作者的比例（编辑收到手稿数量的比例与二十年前几乎完全相同），这绝对令人震惊。这个比例与某个既定国家中自杀者的比例同样令人震惊。

我看到了这一点——当然也做了区分，就像让·里卡尔杜准确区分了信息型的作家和其他作家一样：我看到人们因为缺乏表达自我冲动的其他方式，例如肢体语言等而写作。我不想说人们会优先选择写作作为表达冲动的形式，完全不是这样。我想说自身冲动本身的性质会导致人本能地寻求表达。

人们思考为什么兰波会在寻求表达不可言说的东西之后去寻金。就我个人而言，我看到，这是同样的寻求，但是换了地方。在这种转换——简单地说，也就是从词语到金子的转换中，我没有看到任何人会迷路。我看到在兰波身上，自我的冲动使他培养了勤奋而非选择性寻找的性格。对于作为作家存在的兰波来说，没有什么优越的寻找方法。我发现寻金十分艰难，充满圈套，危险重重，还会致命，这是一种冒险的交易。我看到兰波经历了荣耀、成功，经历阴暗的日子，徒劳地寻找，以及绝望。我看到这是一种转变，从寻找不可言说的东西转变为寻找目标更加难以命名、更加神秘，但是自我冲动可以找到栖身之地，找到安放之地。当兰波进入第二种寻找时，第一种寻找的徒劳并不会消失，相反，它还会表达出来。对财富的渴望，正如对不可言说的表达方式的渴望一样，都是源于最初同样的幻想。更进一步：第二种寻找的徒劳会揭露第一种寻找的徒劳。当兰波在寻金时，他会向我们指出他对不可言说的寻找与所有的寻找都具有一样的性质，都是徒劳的。诗歌在这里揭示的徒劳性被夸大，覆盖到了随之而来的所有事。

令人惊奇的是，没有更多这样的诗人，用这种激烈程度去经历了创造性幻觉后，不再投入另一种具体的寻找，投入这种寻找—放弃。

JS：指出作家的首要条件之后，还有哪些次要原因会促使他们依旧在写作？

MD：我写作是为了从自我转移到书上。

为了降低我的重要性。让书占据我的位置。为了在书的分娩过程中杀死我、糟蹋我、损坏我。这成功了。我越写，我就越不存在。在两种情况下，我会感到可以自由支配自我：想到自杀时和想到写作时。通过书或通过死亡从身体上转移自我。延续的出路，书或死亡。在这种情况下，可以谈论魅力。一种通过解脱施展出来的魅力。也可以说，这是一见钟情，但这是自杀性的。

对书做出的准确回答可能是："现在停下吧，您可以这么做，您已经写了一些东西了。"也可能是："您继续吧。"这从来没有发生过。

Ⅱ

JS：什么事情是哭也没有用的？

MD：哭也没有用的，是爱情。更加没用的或许是疯狂，它是对抗虚假与真实、谎言与真理、愚蠢与智慧的唯一方法：结束评判。

Ⅲ

JS：您从美第奇奖评委会辞职了[1]。是不是因为意识到了文学机构是什么样的，还有它的惩罚和晋升制度，建立在已然僵化和正在僵化的标

1 自1966年底开始。

准之上的价值等级制度，商业化的官僚主义，阿臾奉承的风气，以及在一个较小的范围内复制了我们所处的这个社会的所有这些？除非通过发疯、犯罪或自杀，否则我们无法将自己排除在这个社会之外。但是对社会心存不满的作家企图摧毁社会架构。他们难道不是受到了启发，所以开始拒绝在他们特定的领域扮演自己的角色，也就是说，拒绝与更为保守的作家一起遵守同样的规则、享受同样的特权（通过先获奖，然后加入评委会，最后进入法兰西学院来追逐“荣誉”），拒绝为一个纳入并安抚颠覆性思想、用虚假的等级划分替代了思想隔离的制度提供道德担保？

MD：没有什么能比一个“知识分子圈”与另一个“知识分子圈”的差别更大。拥有知识的知识，这是什么都无法填补的最后一种*差别*。

于是，如果以萨特、布朗肖和格诺[1]为例，对他们说：“将一个文学奖授予你们三人”，就会得到一个没有任何意义、甚至没有风度的结果。我不反对由确定的一群人根据同样的标准不公正地颁奖。如果一群人在不顾另一群人（或圈子）的情况下授奖，那么这个奖就反映了一种偏见，它就成了极端主义性质的，它就不再是授予没有人捍卫也没有人谴责的“第三类书”的折中奖项。

此外，在个人选择层面，提出了一个更加难以解决的问题：当我在投票时，当我对一本书说“是”时，我就结束了与这本书的某种关系，并开启了另外一种。因为我不可能跟每一本书（尤其因为其跨度是一整年）建立必然的接受或拒绝关系。我可以建立一种怀疑关系。我可以跟一本书处于一种不断变化的关系中，它持续的时间或短或长，可能会一直持续，甚至伴随我的一生。我可以不知道自己是否热爱莎士比亚，与他建立一种危机关系。在这种情况下，如果我投票，我就中

1 格诺（Raymond Queneau，1903—1976），法国诗人、小说家，代表作品为《最后的岁月》《我的朋友比埃罗》《圣-格兰格兰》《蓝花》。——译注

止了这种关系，改变了它的性质。对于您投过票、“硬塞到你手中”的书，您对它的兴趣确实不会像以前那么浓。实际上，在评委会中，人们在像我一样回答的时候，也就是在替我回答。这就打破了我与这本书的独立关系。它在我面前暴露无遗。如果某个我并不尊重的人像我一样给某本书投了赞成，我就会立刻怀疑我的赞成是否合理。

在一个评委会中，到了最后一天，我就想拒绝一切。拒绝在形势所逼的情况下表态，拒绝告诉市长先生是赞成还是反对。

如果存在一种争议评委会，我就会加入。我们可以幻想这样一种评委会，它不颁任何奖，只是批判，不是批书，而是批书的评委，批评论界和其他评委会。一本书就像一个人一样，拥有存在的权利，或者某种命运。但是，致力于促成这种命运的评委——在所有情况下——都具有一种不需要对任何人负责的责任。可怕之处就在这里。我设想的这个评委会就是用来评判评委的。这不是评论的终结。这将是某种一统天下的评论的终结，尤其在法国，这类评论确保了现行体制的权威。换句话说，我这个评委会是这样一个机构，它不赞美任何人，所以不会树立任何榜样，而是通过批判，剥夺权力机构的权力并将其重新分配给公众和读者。教会他们说“不”。所有的教育都会让人机械地说“是”。因此，我说“是”的这一面必然是我开发最少，或者懒得开发的一面。对于我的个性、我的个体来说，我说“不”的这一面要重要得多，更加有规划得多。然而，进入某个评委会，就是为了说“是”，即使心里认为的恰恰相反。这就是我进入美第奇奖评委会的原因。我以为可以反对存在的一切。当然美第奇奖还是颁给了奥利埃和维蒂格[1]。但这并不足以洗刷错误。哪怕六年之

1 克洛德·奥利埃（Claude Ollier）于1958年凭借小说《导演》（*La Mise en scène*）成为美第奇奖第一位得主；莫尼克·维蒂格（Monique Wittig）于1964年凭借其第一部小说《奥波波纳克斯》（*L'Opoponax*）获得该奖。

内只犯了一个错误,这个奖项就变得可疑了。当然,我是从原则上说的。

一个奖项,不会立刻,但在存在两年之后,就成了一个小社会。虽然只是一个缩影,却像钢铁一样坚不可摧。

一个奖项,在很短时间之后,就会变成"这个奖项"。也就是说,成了一个把奖项利益排在书的利益之前的机构。两年之后,机构的利益超过了个人的利益、奖项的利益、书的利益。奖项用规则武装自己,为自己辩护。在考虑某一本书时,会根据它会为奖项带来的好处或坏处来判断。奖项的目的变成了奖项本身。就像一位销售经理在惋惜某个有用但用处有限的产品的销量一样,因为销量不佳会损坏其日益增长的名声。

两年之后,最多五年之后,就变成了这样:目的将不再是颁奖。在青春期,在最初的充满诗意的阶段是好事。但目的很快就变成让这个奖项继续存在下去了。

基本上所有的奖项在一开始都表现出革命性。但也只是相对于其他奖项而言的革命性。我认为弊端就源于此。如果在评委会的不同成员之间存在真实的、意识形态的维系——不要在词语面前退缩,那就可以延迟其没落,延迟将评委会不同成员联系在一起的原始关系的破坏,这种联系往往是建立该奖项的原因。十个对所有的好的文学有着共同品味的人聚在一起形成了一个沙龙。在那里即使争吵都是属于上流社会的。

我不认为在最好的情况下,人们可以避开一个新建的评委会的暗礁和危险,不会,但至少那将是一个"处不下去"的评委会。

1967年10月,让·舒斯特,"画外音"

《超臂》(*L'Archibras*),第2期

1968

一种清空的风格

玛格丽特·杜拉斯是个令人惊奇的人物，能够做出最坏的和最好的作品。格拉蒙(Gramont)剧院的两部戏剧《是的，也许》(*Yes, peut-être*)和《萨迦王国》(*Le Shaga*)令评论界失望透顶[1]。应当承认，那些平淡的闲聊空洞无物，和《音乐》里神秘的强度相去甚远。为了推动这场演出，作者挑选了两位卓越的女演员——克莱尔·德吕卡(Claire Deluca)和玛丽-安琪·迪泰伊(Marie-Ange Dutheil)一起执导。

记者：玛格丽特·杜拉斯女士，评论对您十分严厉。然而，众所周知，您习惯了赢得公众的支持并与他们交流，在您看来，这次是怎么回事？

MD：嗯，应该说我创作了一部基于无意义的戏剧。我尝试倒退着思考，写作一部关于无意义的戏剧。此外我对这部作品很满意。但我觉得这很正常，评论界的反应完全正常。评论界习惯于清晰的意义，它难以接受人们对它有些许的嘲弄，不是吗？嘲弄它和它所代表的逻辑与

1 《是的，也许》和《萨迦王国》于1968年1月5日创作于格拉蒙剧院，这两部戏剧确实受到了评论界的尖刻批评。

笛卡尔主义。在《萨迦王国》中，每个句子都是没有意义的。所有的句子都是假的。

记者：但说到底，您还是想让人接受一个主题，不是吗？……

MD：如果您愿意，是无主题的主题，我受够了，我厌倦了有所指示的戏剧，厌倦了虚假的深度……于是，我写了《萨迦王国》。

记者：在您心里，这是一种讽刺性的夸张，一种思维游戏，还是什么？……

MD：真相，就是一阵风，毫无价值。显然，我很清楚让五百个人来听风吹过是矛盾的……

记者：但是有些风意义重大，带来狂风暴雨，后果难料！

MD：这阵风，总之就是《萨迦王国》里的这阵风，它在原则上清扫了语言里的很多习惯。

记者：您能给我举个例子吗？在您看来什么是语言的改变？

MD：比如有个人讲了一个故事，讲他以前有过的一只鸟，一只会说话的鸟。他说他不反对鸟，不是吗？因为这是三个疯子，总之您知道，三个精神错乱的人。例如他会用"种族主义"这个词来形容鸟。这通常是口误，像这样。人们问他如何看待鸟的到来，是好还是坏，他回答说他很"重视"，严格来说这没有任何意义，"重视"这个词在所有的商业信函和所有的官场信函的下方……这就是一种社交的恶果，它就这样沿袭下来，被错误地使用。一切都是相似的。有一些极为复杂的句子，严格来说没有任何意义。但我认识一些人，他们在努力寻找《萨迦王国》的意义。当然这是错误的。但是现在，《是的，也许》确实是有主题的。这是一部大众化的戏剧；语言极为简单，十分节约，不是吗，不再有人称代词；人们完全无法忍受，因为……说到底，恰恰相反，人们——我指的是评论界——或许会像喜欢《萨迦王国》一样喜欢这部剧。显然，这部剧的背景完全是政治化的，它反映了我的政见，不是吗？

记者：这是一部反战的戏剧，嗯？

MD：这是一部反对美帝国主义的剧，而这一切都会被摧毁：两个女人相遇，在纽约的一个地方，她们闲聊。语言十分简洁。

记者：显然，人们批评您太偏激，越过了允许的界限；我想您完全不同意，我希望您告诉我为什么。

MD：哦，我或许很偏激，但这使我快乐。应该偏激。

记者：对您来说，这部戏剧想代表什么？一声示警的尖叫，一次总结，一种预言，还是什么？

MD：完全不是，是想表达一种希望。我想社会从头到尾都很糟糕，一切都该重新开始。我想从一场灾难出发，您会看到这种解决方式令人绝望，但毕竟这是一个通往希望的出口。从一场灾难，也就是我所说的人周围的空白出发，我在这里谈论人的未来，谈论遗忘的未来。当人们忘记了我们经历的时代是多么恐怖。首当其冲的是不公正，不是吗？

记者：现在我要向您提出另外一个问题。您曾经想过亲自导演这两部戏剧。您觉得作者亲自担任导演能够给演出带来一些东西吗？更好的连贯性，更加忠实吗……否则就不可能达到的东西？或者仅仅只是因为您受到了诱惑，毕竟导演十分好玩、十分有趣？

MD：没有放之四海皆准的法则，作者本人也可能导坏掉，不是吗……无论如何他都不会跌入陈腐的陷阱，如果您明白我的意思。因为他刚刚进入这个行业，他不想“添油加醋”，就像行话里说的那样，不是吗？此外，对，这很好玩，然后我们正在重新开始做以前做过的事情。重写，这很有趣。

记者：这两部戏剧对您来说重要吗，还是说它们是一种游戏，可能很严肃，但依旧是一种游戏？

MD：不不，很重要。这很重要，因为我质疑了很多东西，尤其是好好写作，这是我目前害怕的东西。

记者：为什么？

MD：哦，因为它不再有任何意义。需要一种清空的风格，它打破了形式。重新找到某种纯真，某种愚蠢。然后打破它。

1968年1月25日，《阿尔勒干的大衣》（*Le Manteau d'Arlequin*）
皮埃尔-埃梅·图夏尔（Pierre-Aimé Touchard）和
勒内·威尔梅特（René Wilmet）的节目
法国文化台，法国广播电视公司制作，1967

1969

给观众看

玛格丽特·杜拉斯回答演讲厅里观众的问题，回应当代文学专家乔治-阿尔贝·阿斯特（Georges-Albert Astre，以下简称 GA）的发言。

MD：我从来没有想过，我写了很多书，当雷乃来找我时，我几乎不由自主地为电影提供了一部作品。他让我写一个电影故事，他让我把这个故事写得像小说一样。因此您看，我是在完全不知情的情况下进入电影圈的，对电影的意义毫无想法。我从来没有想过我可以拍一部电影。人们让我做的，确确实实就是根据广岛的灾难来写一个故事。此外我在剧本的序里做了解释。我尝试在两周之内找到什么东西。我什么也没有找到。如果您想知道，《广岛》的手稿，也就是《广岛》的剧本，是我的失败。“在广岛你什么也没有看见”，这是电影的开头，也是我在广岛面前的失败。也就是说我没能找到一个与这场灾难相匹配的故事。

GA：现在，您刚刚拍完一部电影。第一次投身电影是无知的举动，那么，您刚刚完成的这部电影……就不再是无知之举，而是一种主动拍电影的意愿，并不是那么简单。为什么呢？

MD：那是一部我很不熟悉的书，我写得很快，书的名字是《毁灭，她说》（以下有时简称《毁灭》）。或许是因为很不熟悉，我想通过电影来更好地了解它。现在我刚刚拍完电影，我感觉我对它更了解了。

观众：您觉得它会比书走得更远吗？

MD：会不一样。我觉得您把两者作了太多的对比。您不能这么做，一本书与其作者的关系是一种独立、无可替代的关系，我以前经常这么说，我觉得它完全不能被表演和观众之间的关系所替代。一本书的范围要宽很多很多。您读书的时候也是在参与书的创作，然而电影已经为您创作好了。我在说话时，您愿意的话，采取的是一种形而上的观点，我觉得与一本书相比，一场表演的意义是完全不同的。您与一部电影的关系不可能是如此独立、如此不可替代的。

布勒东[1]曾用过"给观众看"这个说法，不是吗？给观众看，也可以通过书这么做。我不想贬低电影的功绩，远非如此；我觉得人们读书会越来越少，这是件好事，总之我可以用其他方式表达自己。但是，在您把画面和话语作比较时——换言之也就是和写作作比较时，我觉得这是个伪命题。

观众：但是，您真的觉得电影不会涉及一点作品与……之间的紧密关系吗？

MD：注意听，当您从一部作品，一个随便什么文本出发——我很讨厌这种称其为小说、叙事、诗歌或故事的术语——当您从一个故事出发，也就是说从写作过渡到画面时，这在某种程度上就抛弃了布勒东所说的某样东西或某种表达的"几千种可能性"。

观众：电影最终会通往确定性，需要在书留下的可能性中做出选择。因此我冒昧提一个问题，您难道不觉得，在某些现代电影中，人们用尽了

1 安德烈·布勒东（André Breton，1896—1966），法国诗人和评论家，超现实主义创始人之一，代表作品为《超现实主义宣言》《娜嘉》。——译注

一切办法来保留这种通往多种可能性的出口吗？

MD：在这里，我要谈的问题更加明确：我来谈论电影改编，例如对十九世纪经典作品的改编。不是吗？显然您对普鲁斯特有个人的阅读体验，没有人能改变这一点，克莱芒[1]不行，维斯康蒂也不行。因此这是一个低劣的错误，这很庸俗。不仅庸俗，还是一种不诚信行为，想在您的阅读中取代您。

观众：但是从作者的角度看，一个句子不能并置的几样东西，难道电影不能同时将它们展现出来吗，至少不会那么困难吧？恰恰通过一个象征性的画面，难道不能表现作者在长达几行的句子（这让人想到普鲁斯特）中的所见所思？

MD：是的，但是电影表达的是一种终结，一种已经完成的事情。电影不是一种表现，书才是一种表现。但我想到电影方兴未艾，但文学已经有点山穷水尽了，因此一切皆有可能，真的。

观众：女士，您刚刚说到"幸运的是人们读书越来越少"。您能否进一步解释一下？

MD：我觉得在很长时间里，阅读已经偏离了原来的意义。或许在整个十九世纪以及本世纪的大部分时间里，阅读一直是资产阶级、也就是上流社会的一种消遣。阅读从来不是创造性的。现在，人们都能读书认字。但读得不得法，人们阅读是为了填补空虚，说到底是为了打发无聊。我想现在应该换换了。此外，应该写一些很短的书，能很快读完的；巴尔扎克之所以能存在，完全是因为那时候没有电影！现在电影、电视、演出应有尽有……巴尔扎克用五十页纸描绘一颗钻石时，事实上就是在拍摄它！

　　您说，很多好电影如果只看内容根本就没有知识含量。我觉得

1 克莱芒（René Clément，1913—1996），法国导演，代表作品为《铁路之战》《巴黎在燃烧》。——译注

这不是一个好标准。如果只看左拉全部作品内容的知识含量，您去看看！几乎没什么知识含量！大仲马？

GA：是啊，说到底，我没有想到大仲马……

MD：是的，但这是因为电影在很大程度上属于叙事。我觉得它还没有达到小说的高度，或者几乎没有。大部分情况下它在讲故事。您觉得没有内容的，只是一种纯粹而简单的叙述。一种纯粹而简单的叙述，是的，内容是由观看的人来脑补的，不过这也是非常具有文学性的……

GA：是的，但我要说的是我对电影中的叙事元素不感兴趣，只要有叙事我就不感兴趣。

MD：百分之九十五的电影……

GA：啊，这个我同意您的看法，百分之九十五的电影是叙事，从这个角度看，它们根本不属于最高级的电影。

MD：百分之八十的电影依旧是十九世纪的审美。勒鲁什[1]，那是十九世纪的文学，而且是坏文学。

GA：太对了，太对了！（鼓掌。）

观众：如何解释那些尝试把巴尔扎克的手法应用于电影，总之把巴尔扎克改编成电影的人都失败了？把巴尔扎克搬上银幕本该是电影首选的对象！然而，无论是《搅水女人》（*La Rabouilleuse*）还是其他尝试，都失败了。

MD：因为这完全没有用。

观众：您真的这么想？我想知道为什么。

MD：阅读就是阅读，它不会被取代。我刚刚解释过了，正是如此；这是一种完全的阅读，总之是一种视觉的。它的确会激发各种感官。巴尔

1 勒鲁什（Claude Lelouch，1937— ），法国导演、摄影、演员、制片人，代表作品为《车站小说》《男欢女爱》等。——译注

扎克有一种气味，这是一片土地，这是一块土壤，他有自己的植物，自己的水，一切都有！一切都在这里，全都有，这是一个世界，巴尔扎克！您不需要对它进行转换。

观众：当然，但是，我想刚才有一个问题没有被提到，就是小说长度的问题，或者说普遍意义上的长度问题。我觉得，小说长度和电影长度的问题，这是一个重要的分歧点，我想知道您在这两个问题上的观点。

MD：人们刚刚就《毁灭》这部小说向我提出这个问题。我想到了它，因为我刚刚写完这本书，我想用在这里举个例子。小说的长度就是电影的长度。此外，我在小说中找到了某种起源于音乐的格律，因为书的结尾探讨的就是音乐的问题，我将其应用于整部电影，这样电影也自然有了节奏。我选择了一个数字……我选择了《赋格的艺术》（*L'Art de la fugue*）[1]中的一段乐章，不是吗，在所有计划的连接点上都留出了这段乐章持续的时间。如果不是这个长度，至少也是这个长度的倍数。例如，是九秒钟，或者二十七秒，或者四秒半。实际上，这向我提出了一个真正的问题。

GA：一部电影的长度大概是九十到一百分钟。那么，人们就会去想，在何种程度上，当电影确实想表达整体时，它不会倾向于一种长度，倾向于一种更接近于中篇小说而非长篇小说的时长。很多电影评论家说过：一部好的电影几乎是自动倾向于采取中篇小说视角的。很多电影都是这样。但是人们依然不能忘记，有一些采取编年史形式的电影，通过各种不同的手段达到一种时间上的延伸。例如，雷诺阿[2]确实曾尝试这样做过，而且取得了不小的成功。我认为说到底，产生最大影响的电影还是那些长度相当于中篇小说的电影，而不是长度相

1 巴赫的一部未完成的杰作，作品大约在1740年代初期或更早开始创作。——译注

2 雷诺阿（Jean Renoir，1894—1979），法国电影导演，诗意现实主义电影大师，代表作品为《大幻影》《游戏的规则》。——译注

当于铺陈的长篇小说的电影。这就是为什么……

MD：您所说的铺陈的长篇小说指的是什么？

GA：呃，铺陈的长篇小说，就是比如可以铺陈人物一生中三十年、四十年或五十年。

MD：“十五年过去了，他还在旅行[1]”！

GA：是的！

MD：但这没有成功。

GA：毕竟也有例外，毕竟还有《安培逊》（*Amberson*）[2]，毕竟在意大利电影中还有一定数量的尝试，但是……但是说到底，就像您说的，这没有真正成功。

MD：大刀阔斧的缩减，不。

GA：这说明了电影在压缩内容时显得更自如，由此导致了一定程度的戏剧化，这是应该试图避免的。

MD：我们可以谈论时间，不是吗，我们可以谈论！我们可以用文字表达。但是用画面，这就难了……在这个方面找到的一切……

GA：在电影中，时间成了空间，不是吗？

MD：我认为电影之所以属于叙事，有很大一部分原因就是这个。很大一部分。我是电影委员会成员[3]，我读过很多电影剧本。很多，很多。它们全都属于叙事，属于叙述。我想，这是因为电影业人士缺乏勇气。他们没有企及创作的高度。

GA：参与并申请三千万旧法郎投资的电影业人士还是很有可能看到自己的计划被拒绝，因此电影创作自一开始就受到了打击，这种打击显然不是

---

1 “他旅行。（……）他回来了。（……）几年过去了……”暗指福楼拜《情感教育》（*L'Éducation sentimentale*）结尾著名的省略。

2 《安培逊大族》，奥迪·威尔斯导演，1942。

3 玛格丽特·杜拉斯自1960年2月成为电影咨询委员会成员，直到1961年11月辞职。参见《杜拉斯》（*Duras*）一书中的“给电影咨询委员会的信”（Lettre à la Commission consultative du cinéma），巴黎，埃尔纳出版社（Cahiers de L'Herne），2005，第220页。

禁止，而是资金上的不支持，这是很可悲的，这也解释了为什么毫无创意的电影占的比例实际上高达百分之九十或百分之九十五！

观众：由于到现在为止我们谈的主要是小说，我接下来想请玛格丽特·杜拉斯女士谈一谈戏剧，以及她创作的小说与电影和戏剧的关系。尤其是《音乐》，它被同时改编成了戏剧和电影。在电影中，这部作品有几处修改，电影带来了一些新东西；我想问问是出于何种原因她加长了这部戏剧，它最初要凝练很多。

MD：首先，本来可以不用拍成一部长片！其次，在一开始，我一直没有看到男人跟另一个女人在一起，您明白吗？我想看到男人跟其他女人在一起，看他在别的女人面前的表现。这是我一直没有做的。正因为如此，我让这个年轻的小女孩参与了进来，但是您接受第二部分，仅仅是因为有第一部分的存在。于是我将其改编成了电影，因为在戏剧中，我一直不能看到女演员，总之我看不到近镜头，我觉得声音不足以表现她的在场。

观众：玛格丽特·杜拉斯女士谈到了资产阶级读者。我恰好想到了娜塔莉·萨洛特，因为她和其他所有新小说家，尤其是阿兰·罗伯-格里耶，都否认了文学介入，对此您怎么看？您是否觉得这并不是一种贡献？……

MD：在这里，您提了两个问题，不是吗？哪个是第一个？

观众：第一个，您是否觉得电影和小说能产生政治意义？

MD：我反对为了介入而介入。如果介入是自然的，就可以这么做，但如果不是自然的，如果需要对灵感进行歪曲，使用空洞的词语，从而实现介入，那么我是反对的。我支持作家的自由应该是无条件的。一直都应该如此，在任何情况下。

观众：是的，但您是否会觉得，正如娜塔莉·萨洛特在书桌前写作时所说，她这样的女性，在这种社会环境下，“会停在门口”，您是否觉得可能？……

MD：她是在哪本书里写下这句话的，在《……时代》[1]吗？不……

观众：我认为这是她在某次聊天的时候聊到的一个看法，我不是很清楚，是别人转述给我听的。但我不知道是否真的可以这样不闻不问……

MD：我觉得这是句空话，说到底！为了说而说的一句话，说到底！

观众：在上一次谈论时，她说过无论怎样她都不想介入。我在想在何种程度上……

MD：是的，但说到底，实际上您是介入的，您一直是，您一直都是有政治立场的，即使您不想有，您还是有的。没有政治立场，这本身也是一种政治立场。

观众：正是，是的……

MD：这甚至是最糟糕的！（笑）于是这种无心的介入，它会体现在您的书中。如果没有体现在您的书中，也没有必要写下来，因为您不是作家，您是在用您自身肤浅而虚假的一部分写作。正常情况下，这应该体现在您的书中，不费力气。我们知道这产生了什么，毕竟……长达二十五年的俄国日丹诺夫主义（jdanovisme）[2]的墓地……

观众：几分钟前我们刚刚谈到了戏剧的作用。女士，您是否能解释下在把小说改编成电影的过程中，戏剧发挥了怎样的作用？其次您是否觉得戏剧电影有未来？

MD：我认为一切皆有可能，包括戏剧电影！我认为电影包含在内，文学属于未来，戏剧属于未来。会有文学电影，也有戏剧电影。人们还不敢投身其中，不是吗？投身于这种有些危险的领域。但我觉得他们最终会成功。我觉得太多太多的年轻导演一想到话语或者戏剧场景，总之相当于戏剧场景的东西就会惊慌失措。也就是说情境在那里产

---

1 指的是娜塔莉·萨洛特的《怀疑的时代》一书。——译注

2 指的是苏联领导人安德烈·亚历山德罗维奇·日丹诺夫（Andrei Alexandrovich Zhdanov）的思想，其核心为文化专制。——译注

生了，在我们的眼底下，不是吗？但是他们错了。他们首先要做自己想做的事，之后自有定论。

例如，我刚刚创作的，就是有声片，完全的有声片；然后有人要对我说这不是电影。但我完全无所谓。当初人们也是这样评价《广岛》和《音乐》……最后，现在人们不再这么说了，是吧？（微笑）

GA：能否请您讲讲，在您筹备的电影中，与画面相比，您是如何设计话语和对白的作用的？

MD：我从来不设计任何东西！（笑）

GA：您不设计任何东西，您创造。

MD：是的。不，我没有在电影中去省略。该说的话都说了，就这样吧。

观众：玛格丽特·杜拉斯女士刚刚抨击了蹩脚的十九世纪文学，说它是……

MD：不，我没说坏话……我不喜欢它，但它存在过，幸亏如此，不是吗，此外正是因为它我们才走到了今天……

观众：因为您觉得它是为资产阶级创作的，总之至少只有他们……

MD：不，它被资产阶级独占了。我不知道您是否知道十九世纪文盲的数量，非常多。

观众：我不是很清楚，但总之我能很容易地想象出来；但另一方面，总之我可能搞错了，我觉得十九世纪一位没什么文化的读者可能会理解巴尔扎克，至少会对他感兴趣。然而我感觉到在今天，平民阶层中哪个读者会对新小说着迷呢？

MD：没有人。

观众：所以呢？这不是失败吗？

MD：但为什么呢，不！首先，您知道我，如果您问我对通常所谓的文化有什么看法，我支持人们把一切都烧毁！

观众：但这是个悖论，因为您写作！

MD：包括新小说，以及十九世纪！不，但我想说，好，我不想发表政治演讲，我支持彻底关闭大学，完全忘记所有的文化。

GA：您支持文化革命。

MD：我支持完全忘记一切，我不知道是不是可以这么说，我想……我支持摧毁现有的一切，包括记忆，包括历史。我支持从零重新开始。总之，好，我想跟您讲一个社会现象，这就是在十九世纪文化是资产阶级专有的，现在依旧是。

观众：毫无疑问。

MD：一位工人，考虑到他接受的教育，是完全无法对新小说产生兴趣的。但这既不是新小说的错，也不是工人的错。没有人该受到指摘。

观众：但总之我觉得新小说，甚至新电影，怎么说呢，都更加微妙了，也越来越有知识分子气息了……

MD：是的。

观众：……不那么敏感了。

MD：您这句是什么意思？以我为例，我应该去创作大众电影？

观众：不，绝对不是！我觉得您应该做您想做的事……

MD：是的！

观众：……但是我认为公众与文学产品，还有公众之间可能有的关系……

MD：但公众和文学关系，这跟其他一样，是让人完全无法忍受的！文化局势、教育局势，正如社会局势一样，都是让人无法忍受的！这是一样的东西，的确！好。但是，之所以说现在更敏感了，之所以说您在社会中，在世界所有社会中观察到感性和智力进步了，例如对不公平更敏感了——现在很多人对世上不公平和难以忍受的事很敏感——那是因为那些对世界的难以忍受和不公平漠不关心的人让这些人的感觉变得更敏锐了。

1969年6月28日，《认识电影》(*Connâtre le cinéma*)，法国文化台
菲利普·埃斯诺(Philippe Esnault)、让·米特里(Jean Mitry)制作
法国广播电视公司出品

名誉，玩完了

皮埃尔·布尔雅德(Pierre Bourgeade，以下简称PB)约见了一定数量的作家，向他们提了一些非同寻常的问题。这些问题跟他们的生活和作品都没有关系，而是与他们身上隐藏的、秘密的、想象的东西有关，总之就是与他们在作品中表现的、但并不总能意识到的东西，以及他们并不总想透露给记者的东西有关。对《文学半月刊》(*La Quinzaine littéraire*)来说，这里面或许可以玩出花样。……

到目前为止，被提问的作家有弗朗索瓦·莫里亚克(François Mauriac)、安德烈·皮耶尔·德·芒迪亚格[1]、J·M·G·勒·克莱齐奥、娜塔莉·萨洛特、欧仁·尤内斯库、皮埃尔·克洛索夫斯基[2]、雷蒙·格诺等。

今天，是谁要回答皮埃尔·布尔雅德的提问呢？

---

1 安德烈·皮耶尔·德·芒迪亚格(André Pieyre de Mandiargues，1909—1991)，法国超现实主义作家，代表作品为《玫瑰送终》《黑色摩托》等。——译注

2 皮埃尔·克洛索夫斯基(Pierre Klossowski，1905—2001)，法国小说家、哲学家、编剧，代表作品为《生存货币》。——译注

讨厌《波利厄克特》(*Polyeucte*)[1]。

憎恨帝国主义。

爱上一个中国人。

PB：您做梦吗？您有熟悉的梦境吗？

X[2]：这段时间我梦到一个很大的场地，我安排嬉皮士睡在那里。

PB：经常吗？

X：是的，经常。

PB：为什么？

X：为了在夜幕降临时，使他们逃离被抓的危险。被警察追捕的风险。我爱他们。

PB：在这个场地里，他们什么时候能走？

X：他们想走的时候，这是当然。他们都知道有一个地方可以躲避警察。

PB：他们在那里做什么？

X：做他们想做的事情。这个梦，认我们来解一解。这是个关于隐蔽空间的梦。关于空间中的空间的梦。这是一个反梦。

PB：怎么样，这个地方？

X：很大。远离了其他场所。远离其他建筑，这样嬉皮士就可以在里面演奏音乐。

PB：躺着还是坐着？

X：他们想怎样就怎样。

PB：谁会进来？

X：任何人都可以进来，权力机关职员除外，我说的是警察。

PB：有音乐吗？

---

1 法国古典主义剧作家高乃依(Pierre Corneille)的著名悲剧。——译注

2 X指接受访谈的这位神秘嘉宾，她就是玛格丽特·杜拉斯。——译注

X：有，或者什么也没有。如果他们愿意可以什么也不做！他们有绝对的权力。什么也不做。

PB：他们跳舞吗？

X：是的。

PB：他们也可以睡觉？

X：是的。

PB：墙上有画吗？

X：是他们的东西。他们自己的画。或许很快就会有一些招贴画。

PB：您会来吗？

X：我跟其他人一样。我来，但是他们不知道这个场地属于谁。他们找到了这个场地。他们安顿下来。然后继续生活下去。

PB：您来看他们。他们不认识您。

X：当然。我无所谓。

PB：白天还是夜里？

X：夜里。

PB：您坐下，什么也不说。

X：不，我跟他们聊天。我对嬉皮士有一点了解。就目前来说，他们不能在夜里走动。他们会被逮捕。被警察抓。平均每夜抓捕六次。这是个平均数。有时是七次。有时是五次。

PB：回去之后，您是在街上散步，还是回家？

X：当我在巴黎时，我整晚都在街上。

PB：您阅读吗？我的意思是说：在您小时候。您一本书也不记得了？

X：《臭皮匠》[1]。我哥哥读这本书。

PB：您能回想起他们的样子吗？

---

1 《臭皮匠》（*Les Pieds nickelés*），直译为“镀镍的脚”，法国编剧、漫画家的路易·福尔东（Louis Forton，1879—1934）创作的漫画。——译注

X：不能。

PB：还有别的书吗？

X：我不知道。《尼莫》（*Nemo*）。关于潜水艇的。当它钻到水下的时候。

PB：是的。

X：我想跟您说说我年轻时讨厌的东西。是维克多·雨果的诗，《陷入困境》（*L'enlisement*）。您知道是哪首吗？

PB：不知道。

X：还有《鹈鹕》（*Le pélican*），是谁写的？

PB：是缪塞（De Musset），我想。

X：是缪塞。我记得很清楚这两首诗对我的身体产生了什么影响。恶心。

PB：鹈鹕，在最后，当它把自己撕碎，诸如此类？

X：是的。

PB：这令人恶心？

X：是的。这不够简洁。把撕开的伤口展示给人看。这是在玩弄读者的神经。这是卖淫。

PB：那我还描写谋杀呢。

X：我痛恨把鲜血展示给人看。我感到恶心。感觉作家让读者喘不过气来。您明白吗？

PB：是的。

X：即使在童年，我也有这种感觉。很痛苦。

PB：在其他书中，您的感觉相反？感到简洁？美？

X：是的，在化学书里。

PB：后来，您读过……

X：没有再读，我是二十岁才开始读书的。

PB：什么书？

X：纪德，还是兰波。我想是兰波。

PB：您当时已经写作了？

X：我一直在写作。我十二岁就写作了。

PB：写诗？

X：是的。

PB：关于自然的？

X：是的。

PB：大海？

X：不是。

PB：您不了解的东西？

X：是的，当然。还要讲讲这件事：后来，有一天，我在法兰西喜剧院看《波利厄克特》。我发出一阵狂笑。然后停了下来。随后，我又发出一阵狂笑。我不得不出去。我狂笑不止，不得不借助调理气息来恢复。因为这个，我一直不能听古典剧。在歌剧院也是一样。我会狂笑。我既不能去歌剧院，也不能去法兰西喜剧院。我不能听古典剧。我反对古典剧。就像十六岁时那样。

PB：您十六岁时是怎样的？

X：很放荡。我家里没有钱。我发明了一个很简单的办法来为家里赚钱：跟有钱的人要。我给家里赚了买肉和看电影的钱。

PB：需要卖淫吗，还是不用？

X：不卖淫。完全不用。这个方法就是这样找到的。有一次，我带回一辆车。

PB：您是在哪里找到那些人的？

X：到处都有。在大街上，或在中学里接近我的人。在我上的中学里，我知道哪些人富有，于是我就直截了当地去跟他们要钱。我做得十分巧妙。有点羞愧又很自然，您明白吗？……

PB：介于两者之间。

X：我觉得这么做很正常。我觉得这越来越正常。

PB：当我构思这些访谈时，我想人们可能会跟我说这样的事情。一些从未说过的事。您从来没有说过这些事吧？……

X：没有。公开场合，从来没有。

PB：今天，您为什么告诉我了？

X：因为我突然不在乎了，说还是不说都一样。

PB：这很难说出口吗？

X：不难。如果有人问，就该说实话。为什么不呢？不应该尝试掩饰。名誉，玩完了。

PB：我们继续吗？

X：好的。于是，有一两个年轻人迷上了我，他们开始从家里偷钱给我。发生了一些故事。警察跟踪了我。我当时十六岁。我母亲收到了十六区一些大户人家的威胁信。我们住在克拉玛尔。她把信都扔了。我继续。

PB：他们不给您寄信吗？

X：谁？

PB：那些给您送花的人。

X：不。我完全是在戏弄他们。

PB：好吧。

X：我戏弄他们。我记得，这像是一项真正的工作：带回吃饭和看电影的钱。在我家里，人们迷恋电影。

PB：您回想这一切的时候是忧伤？是怀旧？还是什么感觉都没有？

X：是喜悦。

PB：这一切是怎么停止的？

X：我哥哥赌博。他欠了债。我们离开了巴黎。我遇到了一个俄国人，他给了我很多钱。还有一辆车。这辆车成了共有财产。一家人都可以开车兜风。这是一种生活方式，对吧。

PB：这辆车是什么牌子的？

X：一辆带敞篷的雪佛兰。

PB：什么颜色的？

X：绿色的。我会接受别人的邀请，只要他们也邀请我的哥哥们和我母亲去很贵很高档的地方。我们从来没有机会吃好东西，您明白吗？我们住在小城里。我的名声坏透了。同时，我继续学习，这方面没有问题。

PB：但是，您从来没有爱过别人？

X：我爱过一个中国的亿万富翁。

PB：一个中国人？

X：非常富有。非常、非常。

PB：啊，好吧。

X：我只能爱上一个非常富有的人，因为我是为整个家庭而爱的。我母亲说："太好了，我们把她嫁出去。"但是中国人的父亲反对这桩婚事，因为我名声不好。这是我冒的最大的风险：要是中国人的父亲能同意就好了。我爱上了他的钱。

PB：他没有杀死您吗？

X：谁？

PB：那个中国人。他们从来没有试图杀死您吗？那些人？没有人想给您一刀？

X：没有。发生过一些悲剧。

PB：不是开玩笑？

X：是的。(笑)没有产生太严重的后果。幸亏如此。

PB：幸亏如此。

X：我想到了我们的那个家庭。不做作的典范。现在，都结束了。我还有一个哥哥。但他不读《半月刊》。

PB：好吧。

X：您没有问我任何政治问题。

PB：没有。

X：问一个吧。

PB：布拉格。您如何看待布拉格？

X：我希望击溃苏维埃俄国。俄国人成了革命中的帝国主义者。我认为革命者的首要任务便是与苏维埃俄国和所有依附于苏维埃的附属党派进行抗争。

PB：好的。您是谁？

1969 年 10 月 1 日，皮埃尔·布尔雅德
“这是谁？与一位作家的秘密访谈”
《文学半月刊》，第八十期

无知的魅惑

（磁带Ⅰ-A面）

雅克·里维特（Jacques Rivette，以下简称 JR）：……不仅要给予信任，还要愿意完全负责。

MD：是的，但同时，我想到要负责就会惊慌失措。一旦切切实实开始做了，一切反而显得很简单。但在此之前我很害怕。我想这是一种非常幼稚的害怕——害怕花钱。一旦我打消了这种偏见，我就更加从容了。

JR：这是一种您在排戏剧、面对演员时不会有的害怕……

MD：我只排过两部戏剧，没有成功：《萨迦王国》和《是的，也许》。那些成功了的，说到底，都不是我排的。

JR：但您还是很投入的，我觉得。

MD：与赫奇一起，是的，我们一起合作——十分紧密。

JR：在访谈中前几个问题总是很难提的，但或许可以尝试从一个点出发，也就是您似乎越来越希望连续采用多种形式来表达您的每一个作品——不是指您写的故事本身，《广场》有好几个版本，《音乐》有好几种艺术形式，还有《英国情人》。这是因为……

MD：……因为我总想打破之前的。至于《毁灭》，从小说的角度看，《毁灭》是一本破碎的书。我想那里面不再有完整的句子。此外，有一些让人想到剧本的舞台说明："太阳""第七天""炎热"等，"强烈的光""黄昏"，您明白吗？——这些就是舞台说明，通常……也就是说我希望有一些风格尽可能清晰的素材来读；我根本无法再去读小说了。因为句子的原因。

JR：现在几乎所有人都是这样……

MD：您读过《毁灭》的小说版吗？

JR：刚出版的时候我没有读过，然后我得知您拍了电影，我一下子就不想在看电影之前读这本书了，因为如果先读书，然后再看电影……我害怕自己会在脑海中构思电影，我希望先去看您拍的电影。后来我读了书，但很显然，几乎就像在读剧本一样……但是，当您在写这些说明时，您有将来要拍电影的想法吗？或者仅仅是因为您只能以这种方式写作？

MD：没有要拍电影的想法，但有写书的想法，怎么说呢——想到了一本书可以既被阅读，又被表演，又被拍成电影，我还要加上：被丢弃。

JR：无论如何，有要排戏剧的想法，因为这本书的最后两页……

MD：是的，是的，克洛德·赫奇要去排这部剧[1]，然后我在那之前拍了电影，我无法阻止自己……——我想应该去做越来越省钱、读起来越来越快的东西，也就是说越来越多地考虑读者。《毁灭》有十种阅读方法，这是我想要的。或许也有十种观看方法。但是您知道，这是一本我几乎不了解的书。我对电影的了解超过书，我写得非常快。有一段不错的剧情，名字叫"长椅"——我们试着排练，它还是属于某种心理范畴的，甚至是深刻的心理，这依然是心理范畴：施泰因（Stein）不在那里。

JR：剧情是在写书之前就有了吗？

---

1 参见玛格丽特·杜拉斯《作品全集》（*Œuvre complètes*），第二卷，巴黎，伽利玛出版社，"七星文库"（Pléiade），第1792页。

MD：“长椅[1]”……是的。只有三个人物。还是一个人们能认同的故事——经典故事。当我发现施泰因时，这段剧情突然显得毫无意义，在光天化日之下。

让·纳尔伯尼（Jean Narboni，以下简称 JN）：在书和电影之间有一点我觉得很有趣，也就是即使书里关于导演的说明非常简洁，有一些出现在书里的行为和动作是不会出现在电影中的：总之，这是一种机制，如果碰上一个差劲导演，在这种情况下，就是拿过一本书，保留其中的事件、事实和具体行动，去除其中被视作写作所特有的一切。在这里，人们感觉到您去除的恰恰似乎是直接属于“电影”的一切，您保留的显然是属于文学的部分。

MD：正是。我是有这种感觉。您想到了某个动作？

JN：想到几个动作：例如，施泰因抚摸阿丽莎（Alissa）的腿的那一刻。在电影中，只剩下了谈话的片段。

MD：也就是说，在排练中，看到身材魁梧的迈克尔·朗斯代尔[2]，我意识到这是不可能的。您知道，坐在阿丽莎脚边他太魁梧了。都要挨着她的腿了。我要把他与其他两人分开，才不会让那两人有一种被碾压的感觉。我确实是从实际的角度出发而删掉这个动作的。我研究了这个动作——或者说保留这个动作的可能性——研究了很长时间。我未能保留。我很遗憾。

JR：但这是之前进行的排练……

MD：在我家里。一个半月。

JR：在拍摄之前您从头到尾排练过？

MD：是的。

---

1 同名剧本现存于现代出版档案馆的作者档案中。

2 迈克尔·朗斯代尔（Michael Lonsdale，1931— ），法国演员，代表作品为《007之太空城》《人与神》。——译注

JR：不过这难道不是基于一个事实，在那一刻，施泰因与其他人物在一起太抢镜了？不是吗，还是说只是因为这个动作本身是不可能的？

MD：是的。啊，很难说为什么这是不可能的。这不可能：看着就感觉不可能。——或者应该让他不要说话。要么有动作，要么说话，需要做出选择。至于我，我觉得这是因为迈克尔太重了。您觉得他在这部电影中怎么样？

JR：他十分出色。他一直是一位十分伟大的演员。但在这里更好，看到他扮演这样的角色很好……

MD：这是第一次。这是第一次这样用他。

JR：但在《英国情人》[1]里，您已经这样用他了……

MD：是的。他是提问者。您知道，在迈克尔扮演提问者之前，我完全不知道我写了什么。您没有见过他？这是一个切实存在的人物，但是，当我在写他时，他就是我，总之，是一个遥远的声音……当迈克尔表演他时，很显然是某个人——某个难以定位的人；但无论如何，我认为并不是无人称代词"on"……随后，他又参演了我的两部戏。

JR：其他演员的人选是您很快就想到的吗？这是这部电影确实很让人佩服的地方之一：也就是五个演员的选择，他们彼此之间默契的配合。就我个人而言，使用盖林[2]让我震惊不已。

MD：盖林，几乎是我立刻就想到的。最难找的是马克斯·托尔（Max Thor）：加尔辛[3]。还有阿丽莎：去哪里找阿丽莎[4]呢？

JR：啊，非常好：我还没有真正提跟她有关的任何问题……

JN：即使在一开始，《毁灭，她说》也表现出很多可能性，从某种程度上说，

1 在克洛德·赫奇于1968年12月在TNP导演的电影中，玛德莱娜·雷诺（Madelaine Renaud）和克劳德·多芬（Claude Dauphin）也参演了。

2 盖林（Daniel Gélin，1921—2002），法国演员，代表作品为《轮舞》《欢愉》等。——译注

3 加尔辛（Henri Garcin，1929—　），比利时演员、编剧，代表作品为《一切很安静》《少女与死亡》。——译注

4 阿丽莎这个人物是由妮可·伊斯扮演的。

它可以被丢弃、被拍成电影、被表演、被阅读，用惯常的手法去导演……

MD：是的：被读者、被观众……创作。我以后都只能按照这种视角进行工作。

JN：因此，在这时，我想问的问题就是，在《毁灭，她说》里，结构是由多重目光构成的。例如，其主轴线之一便是：某个人看着网球，他被另一个人看着，这个人又被第三个人观察着，而叙述者，或者说扮演叙事者角色的人，承担了一些叙事——还有看的功能……

MD：您看到一位叙述者……

JN：不，不。实际上，没有叙述者……

MD：是摄像机……

JN：有一种永恒的滑动，形成了一种超越叙述者的力量——或者说造成了叙述者的缺席。但我想说的，正是在摄像机身上，有最后一道无法逃脱的目光，也就是摄像机的目光，它俯瞰所有这些互相观察的人。于是，我想知道对您来说（尤其对于《毁灭，她说》的结构来说），为什么必须有俯瞰其他人的这最后一道目光——也就是摄像机的目光。

MD：在您看来，谁存在？

JN：谁作为目光存在？

MD：是的：在《毁灭》里，在电影里。

JN：不，因为“目光”这个词不是一个准确的词，但可以说这是一种最终决定，是最终定论。

MD：就像有人想用绳子把包裹扎起来？

JN：不，不，根本不是要用绳子把包裹扎起来的那个人。不是一种“目光”，一种静态的东西，而是以某种方式观看的功能。

MD：是的，但观看的功能，人们也可以称其为进入角色。您同意这一点吗？这条神圣法则是萨特在一篇回应莫里亚克的文章里提出来的，我想，那是在二十几年前，他声称人们只能进入一个角色[1]。为了解其他人物，需要借助已经进入的角色：如果有A、B、C——A是观众，A进入了角色——那么为了解B和C，就需要通过A。

JR：是的，他指责莫里亚克把自己当作上帝，俯瞰所有人物。

MD：是这样：但这是几个世纪以来一直统治着表演界的一个法则。以及小说。我试着打破它；我不知道有没有实现。在《毁灭》里面人物彼此之间没有优先性……会从一个人物滑动到另一个，为什么呢？我想这是因为他们是一样的。这三个人物，我想他们完全可以互换。因此，对于他们某个人的态度或另一个人的话语，我从来不会让摄像机对他们下结论，您明白吗？一个人说的话，另一个人也能说。另一个人说的话，第三个人，阿丽莎，也能说。男人们与阿丽莎之间有一点差距，这是真的。因为她不说话。男人。当男人们谈论阿丽莎时。她从来不评判。她从来不进行全面的思考。——哎，等等，我脑子有点乱……

JN：最终，您还是给我们作出了完美的回答。也就是说：从某种程度上说，摄像机所面临的危险就跟莫里亚克式上帝的全知视角一样……

MD：这是十九世纪的一种偏见，它依然统治着电影界……

JN：正是：因此，您拒绝了这种通过摄像机捕捉到的某个区域或某个人而造成某种封闭的空间，而是让摄像机扮演多种角色，同样地，人物也可以互换。

MD：是的，就是这样。总之，我是这么想的。

JR：自一开始这就令人震惊：在一开始，我看到的镜头正是某个人物的目光，而随着镜头本身的移动，这个目光变成了落在镜头一开始人们以为的这个人身上的目光，而他自己也在看。

---

1 让-保尔·萨特，《弗朗索瓦·莫里亚克先生和自由》（*M. François Mauriac et la liberté*，1939），收录于《境遇种种 1》（*Situations* 1），巴黎，伽利玛出版社，1947年。

MD：此外，在我的剧本中，有很多说明跟您刚才说的一样："某个被看的人也在看另一个人。"

JR：这是已经出现在书里的，但显然也留下了其他方法的痕迹——书里的手法。

MD：但人们之间的关系不对，或许吧，在《毁灭》里……

JR：无论如何，这是一部必须十分关注摄像机在人物面前的表现的电影——抛开所有的专业性改变不谈。正是在这个方面，它与《音乐》有着根本的不同，在《音乐》一片中摄像机在人物面前扮演的角色要更传统得多。

MD：从摄像机的角度来看……我不是很清楚我做了什么，您告诉了我一些东西……当我在放映的时候，我觉得就应该这样去做，但是——之前几乎没有想过。

JN：人们在这部电影中发现的（也是在以《爱情纪事录》[1]为首的很多"现代"电影里发现的），是摄像机确实具有多种变化，它不再满足于只扮演一种角色，就像在某种类型的传统经典电影中那样，在其中俯瞰整件事，具有一种"客观"视角——虽然还是加引号的——，但是这种摄像机在功能上具有了灵活性，让人们永远也不知道它是否代替了一个人的目光：当人们以为如此时，实际上它又重新采取了"客观"的视角，而当人们以为它俯瞰整件事时，它又成了某个人物的目光，就这样在一个镜头或一组镜头中变化。我想，这是现代电影伟大贡献之一：在整部电影或整组镜头中摄像机扮演的角色不再是唯一的和固定的，而是不断变化的。

MD：但在写作中，您刚才所说的对应的是什么呢？比如说，作者在书中的角色……不，是作者希望读者扮演的角色。

---

1 《爱情纪事录》（*Chronique d'un amour*），米开朗基罗·安东尼奥尼（Michelangelo Antonioni）导演，1950年。

JN：这发生于说话者（而非叙述者）和读者之间：我不是很清楚，但或许是在两者的较量之中，在写作层面，在阅读和说话者角色的较量之中；但我不会用“叙述者”这个词，我觉得它太固定了。正因为如此我向您提了这个问题，因为说到底，在我看来它回应的是同一种类型的担忧：今天，摄像机扮演着什么角色？同样有一天，人们也会思考：叙述者扮演着什么角色？在一本书里真正在说话的是谁？在一部电影里是谁在观看？……我向您提出这个问题是想知道，对您来说，在书和电影这两个方面，有何种相同，或者何种根本的不同，或者您对它们进行了同一类型的何种研究？

MD：好吧，《毁灭》这本书，我尝试着写……怎么才好意思对您说出实情呢？我不知道。真不好意思……我感觉我是在愚蠢之中把它写完的。在黑暗之中。当我去拍电影时，在排练过程中书变得更加清晰了：它的框架，它的意图，尤其是政治意图——但在拍摄过程中，我再次陷入了黑暗。我不知道您是否能记下这个……我需要再次潜入黑暗，才能让摄像机变得跟我写作时用的笔一样敏感，您明白我的意思吧。——我不知道电影中能否感觉到这一点。

JR：为了尝试继续探讨这个问题，我想到有这么一个片段，这个片段在书和电影中的差距十分明显：是第一段长对话——或者，我想，是第一段极短的对话——它发生在阿丽莎和伊丽莎白之间，在书里，它不断被马克斯和施泰因的目光、话语和评论打断，但在电影中反而是连续的，我们可以想到，摄像机这种连续的目光或许对应着两个男人，或者其中一个男人看待她们的目光。

MD：是的，这就提出了一个问题，也就是说如果让男人们看着她们，阿丽莎是知道有人在看自己的。至于伊丽莎白·阿里奥纳，则有一些阴险：她知道有人在看她，但假装没有被看。我无法忍受阿丽莎会有一丝阴险的想法。

……

JR：打牌那一段非常出色。卡特琳娜·塞勒斯[1]当时的表现，的确是十分惊险。但这之所以很美，正是因为没有表现出惊险的感觉……

MD：这很可怕。可怕。因为在同一时间，要控制纸牌——它慢慢发生着变化。因为她是在不会打牌的情况下打牌的。她几秒钟之后就把学到的给记住了。但她确实是一个人在打牌：没有人会授意她做这样的事。她一个人在家里打牌，在拍这部电影之前她连怎么拿牌都不知道。

JR：我感觉与她相比，她身边其他三个玩家的手摸牌和出牌都十分精准，十分老练……

MD：也就是说把镜头对准手：镜头推进，一旦框定镜头，他们就自由了，除了施泰因，他和他的牌成了特写镜头。因此他不可避免地要一直出现在镜头里：固定不动……

JR：在镜头持续过程中，我一直看着他的手收回又伸出的方式……就像，即使不是在打她，但看着也差不多……

MD：我们排练了一个月，打牌这段。一个月之后我意识到看别的东西完全没有用：只看手就够了。

JN：在阿丽莎和伊丽莎白之间那一场长戏里，我注意到在书里，镜子出现得很晚。但在阿丽莎真正进入到没有镜子的空间之前，一开始镜头推进很慢……

MD：您知道发生了什么？因为我忘记书里是怎样了，现在。

JN：镜子出现得很晚，在书中的场景里。她们谈了很长时间，到最后才提到镜子。在指出这一点之前镜子没有出现。

MD：是的……——这是您最喜欢的一场吗？在电影里……

JR：这根本不是一部可以说我最喜欢这一场或那一场的电影。我认为它

1 卡特琳娜·塞勒斯（Catherine Sellers，1928— ），法国演员，代表作品为《毁灭，她说》《恒河女子》和《黄色的，太阳》。——译注

确实是一个连续的整体。

MD：我把它放映给一些巴黎人看，他们觉得打牌那一场太长了。

JR：是的，正是如此，因为他们的视角也的确是……很巴黎。

MD：他们觉得……他们不理解。例如，意大利城市的华尔兹：那不勒斯，佛罗伦萨……我没有按照司汤达的顺序排列，但这样正好……对资产阶级来说，到意大利旅行跟跳舞是一样的，旅行……已经完全僵化了，不再有任何意义。他们没有觉察到这一点，因为他们当局者迷，您明白吗？他们处在资产阶级这个局里。所以他们觉得这一场有点长，有一些重复的话。对我来说都一样。无论如何都不能剪辑。

JR：再回到我们刚刚谈论的摄像机角色的问题，另外一段也让我很震惊，但恰恰相反，那是一段被剪辑过的片段，是那场——可以说是倒数第二场，如果可以用场去划分的话：五个人围在桌边谈话，是一个全景镜头，但时不时会移动，有五个人的特写镜头；令我震惊不已的是，丹尼尔·盖林那个镜头的视角似乎完全是伊丽莎白的视角。这是由于观看的方向造成的。当她看他的时候，摄像机就在伊丽莎白的位置，包括伊丽莎白离开的很长一段时间里也是……

MD：是的。也就是说我们放弃了其他所有视线；此外这也给我们的剪辑带来了困难。我们放弃了其他所有视线，只留下了从伊丽莎白眼睛里看出去的这一条……

JR：但当他看着阿丽莎时，他左顾右盼……

MD：但这一点，人们也批评了我。技术人员也批评了我……这毕竟还是很不好确定的……

JR：阿丽莎和施泰因在摄像机左边，马克斯在摄像机右边；因此摄像机在伊丽莎白缺席的地方，因为她在这一场里自始至终几乎都是缺席的。也就是说当镜头第一次出现的时候，我想伊丽莎白还在那里；但是随后，当伊丽莎白离开时，依旧还是从缺席的她的视角，继续看着贝尔纳·阿里奥纳；然后，当她在这一场结尾重新回来，他通过窗户看着她时，我感觉他看着她的目光正好对应着摄像机里面的目光……

MD：午餐那场拍得很痛苦……我完全放弃了多视角是因为，从人们看到的窗户的另一侧看过去，从翠绿的大窗格看去，有一扇用铁栏杆围着的窗户；我不能移动视线，也就是说：这扇用铁栏杆围着的窗户让人想到疯人院。我不想这样。于是我加了一块白色的帘幕。但是这块白色帘幕糟糕透顶，因为人们以为这是另一个房间：在窗户视线里看到的盖林，突然成了在别处的。于是，去除这两条视线，最后只剩下一条：也就是您说的那条。

JN：但您希望电影的观众或读者扮演的角色就是从这里开始的，也就是把伊丽莎白固定在摄像机的位置，即使伊丽莎白不在，只要同一条视线，同一条对角线对着盖林就行。我像雅克一样，确切感觉到存在贝尔纳·阿里奥纳-伊丽莎白这条视线，当伊丽莎白被认为出现在公园时它变得更明显了……

MD：就像是物理上的力线……不是吗，为了弄明白发生了什么，盖林去求助伊丽莎白。他经常说：发生了什么？然后看着他妻子，让她解释清楚……

JR：是的，但同时，他没有被她评判，但毕竟也得到了更多的目光：更多的关注。这个看着盖林的天使，仿佛突然之间开始看着他，就像她从来没有看过他一样。

MD：是这样……她发现了他。

JR：她是通过其他三人发现他的。摄像机也明显强调了这一点……

MD：她已经处在辩证法中，处在某种自然辩证法之中，重新找到或发现的……在电影中，有两个人物是完全属于我的，还有两个人物不属于我：我不知道这是否明显。是阿丽莎和施泰因，我对他们非常熟悉，而托尔和伊丽莎白是外人。

JR：托尔，他是最晦涩的人物。

MD：他睡着了。

JR：在书里，几乎更加明显，因为我觉得，与电影相比，书是从他开始，从他的目光开始的，然后他在书进展过程中变得模糊了。施泰因没有取代他的位置，但是……

MD：托尔在某种程度上被陶冶了：自从遇到施泰因之后，他甚至就沉浸在这种陶冶之中；在书的结尾，同样也是在电影的结尾，他们变成一样了。在最后，托尔只向施泰因提了三个问题——然后结束了。随后，他说话就跟施泰因一样了。在午餐过程中他说话就已经跟施泰因一样了。他们是可互换的。

JR：对阿丽莎来说，他们扮演着同样的角色……

MD：对阿里奥纳夫妻来说也是。他们同样失礼。我希望是绝对的失礼，我不知道她有没有受到伤害。无耻又失礼。但很自然。对演员来说这是最难的要求。但他们做到了。加尔辛是一个极为谦逊的人，您知道。由于他出演过不同的戏剧角色，他可以进行任何改变。此外，他们五个人全都……十分出色。我们来聊一下结尾？

JN：您觉得，书跟最后一个镜头一样都有声音吗？

MD：不。

JN：因为有一段关于音乐重要性的简短说明，在镜头中，声音十分重要。

MD：然后姿势也不一样：在书中，阿丽莎躺在施泰因身上。就像躺在地上，在地面上一样。在施泰因身上，她伸展开四肢。这是不可能的。在电影里。应该根据画面做出调整。因为阿丽莎的身体让施泰因当时一动也不能动。还有音乐——从而使这一切具有意义……音乐是革命性的。我应该破坏它，直到最后。如果它突然变得很纯净很清晰……

JR：是的，如果这是唯一的音乐……

MD：我们就什么也不用做了……

JR：会产生完全理想主义的一面，就像一种神一样的存在降临到人物的心里。

MD：是的，是这样：而这是我不惜一切代价想要避免的。

JR：会产生音乐在抗争的感觉……

MD：我本想对它做更大的改变，但是我没有找到办法。声音，来自一架钢琴。是一架普莱耶尔（Pleyel）——如何称呼普莱耶尔大钢琴？“带尾巴的”？总之尺寸很大……因此，是在公园中间，在一个大厅里，窗户打开着，人们让钢琴的盖子重重地摔下来：这打断了剪辑的起奏，获得了所有的和声。这里的声音是不绝如缕的。这是我和迈克尔两个人在一天晚上完成的，还有音响师。但是最后一卷中声音的混合很戏剧化，因为音响师不同意破坏音乐。他不能那么做。二十分钟里，我对他说：“去做吧！”我给了他一段绝妙的音乐——然后我对他说：“破坏它。”他不能那么做。然后我对他说：“不，去做吧！去做吧！”……到最后，他绝望了，尽了最大努力。——您不想谈论下这部电影的政治方面吗？

JR：是的，这个我觉得我们必须……

MD：我可以给您读一读我在电影预告片里说的话吗？——我要读了……于是，人们问我：“我们在哪里？——比如在一家旅馆里。——可以是另一个地方吗？——可以。由观众来选择。——永远也不知道具体时间？——不知道。只有黑夜，或者白天。——什么天气？——寒冷的夏天。——心冷？——不是。——头脑里冷？——或许吧。——没有象征手法？——被删掉了。”说了旅馆这个词，这就足以让人以为是一家旅馆了。“这是一部政治电影？——绝对是。——这是一部丝毫不涉及政治的电影？——根本不是。不。”——在这个问题上，我……我全然不知所措……“通过大毁灭您想表达什么？——个体存在的毁灭。——相对于什么而言？——相对于未知。共产主义者的世界会变成什么样。明天。——还有什么？——毁灭所有的权力……”至于这个，我可以改变一点……“所有的警察。知识警察。宗教警察。共产主义警察。——还有什么？——记忆。——评判。——还有什么？——我支持……支持关闭所有的小学和大学。支持无知……”我加上了“强制性的”，这毕竟是在颁布一些东西。等等，我重新说：“我支持关闭所有的小学和大学。支持无知。支持人们向最后的苦力看齐，支持人们重新开始。——支持人们向疯狂看齐？——或许吧。疯子是这样一种存在，他身上最重要的成见，也就是自我的界限已经被摧毁。——他们疯了吗？——按照现有的陈旧的分类，可以这么想。2069年的共产主义者，将完全拥有……自由和宽容，现在则会被视为疯子。他会被关起来。——为什么是德国犹太人？——应该这样理解：我们全都是德国犹太人，我们全都是外国人。这是五月风暴的一个口号。相对于您的国家，您的社会，您的联盟而言，我们全都是外国人。——森林是什么？——那也是弗洛伊德（Freud）。——您说森林被列为历史古迹了？——正是。弗洛伊德和马克思都被列为文化……”总之，在这里我要……“这是一部表达希望的电影吗？——是的：革命的希望。但是在个人层面，内心生活层面。如果没有这一点：看看您周围。革命是完全无济于事的。”好了。——于是我要瞄准某一部分……某一部分观众……说得太过了，或许，不是吗？您不觉得吗？

JN：不。但是这提出了一些问题。我同意大部分观点，但是……——您真的觉得，只需要进行内部研究，哪怕是为了实现共产主义社会这一希望而去研究，就足以进行经济斗争了吗？

MD：您知道，我说的是要通过让人放空：也就是让他忘记一切。为了能够重新开始。让他获得新生，您知道的。人们可以，极为谨慎地回归认知。当然。但是永远也不会成为经院哲学家。解释一下。永远不会。我不知道有什么方法。实际的。到达那里。但是我知道，就像共产主义一样……——什么是共产主义？我不知道。没有人知道。——总之，就个人而言，我知道除了共产主义别无他途。但是我不知道这条路会把我们带到哪里。您知道，在我看来知识既靠不住又为人所希望……这两种属性是一样的。某种知识。无论如何，那些属于某些人特权的知识，那些被颁布的知识——即知识的法则：好吧，对此我是完全反对的。

JR：但是对这种知识所做的显然很明智又极为严格的评论，是不是也无法发挥积极作用？与无知发挥作用的方式不同，无疑比无知发挥的作用更加积极……我承认我觉得这个想法既迷人又恐怖，我对您说出我个人的感觉，在无知的魅惑中有一种东西让我害怕：我害怕的，恰恰在于这是一种魅惑。这种无知的道路，我很清楚与它对应的是什么，也就是作为重要步骤的毁灭，那个时刻——用让-皮埃尔·法耶[1]经常引用的一句话来说就是："作为形式改变的重要时刻的毁灭"。但与此同时，自我损毁就没有风险吗……我想说，自我损毁以至陷入困境……——您真的觉得推翻一切是唯一的……

MD：——您有什么其他方法联系剩下的人吗？您有什么其他方法到达原点？——前段时间我去了古巴。我跟大学生们谈了话，在大学里组织了访谈。他们对我说："应该读蒙田（Montaigne）吗？拉伯雷（Rabeblais）呢？在这里，我们不读。"您会怎么回答？——至于我，如果我说不读，还是会表现出权威性。我说："我没有看法。"——好，我们就走不出这个问题了。但是走不出来也没有任何关系。事情失败并不是因为没有出路。五月风暴成功了。在政治活动方面，这是一次比任何成功都要成功很多的失败，不是吗？

JR：绝对是的。

JN：在这里，我想向您提两个问题：第一个，显然带有调侃的意味：当您说"今天，弗洛伊德和马克思·都和历史古迹一样被列入文化遗产了"的时候，您是不是想说这是对他们的某种偶像崇拜，完全禁锢了

---

1 让-皮埃尔·法耶（Jean-Pierre Faye，1925— ），法国作家、诗人、哲学家，代表作品为《闸门》。——译注

他们的思想，或者把他们当作一种教条去参照……

MD：弗洛伊德被当做心理分析来阅读，这是我想说的。阅读弗洛伊德并非不拘泥于形式的。阅读弗洛伊德并非每个人都能做到的。但这本应该是谁都能阅读的。尤其因为弗洛伊德读起来很简单。——但它已经成为了全世界阐释的对象……是的：我在这里说得容易……

……

（磁带Ⅰ-A面结束）

（磁带Ⅰ-B面）

MD：这就好像一边要摧毁战争一边在电影里谈论战争一样：您知道我想说什么。只要人们拍摄关于战争的电影，这些电影还是……宣传了战争的——可能我有点词不达意。

JN：是的，很显然宣扬和平主义的电影说到底还是一些战争片。

MD：这都是一样的。是这样，有了知识……总之，知识——应该知道：我所说的是绝对无法实现的。我绝对是在空想。我知道。但这不重要。我还是可以这么说。不能因为人们不知道走向何方就不去。在我看来去哪里都一样。

JR：这是一种挑衅的空想？这是一种为了划出界限的空想？为了先“拿下一城”。

MD：这是一个前提。从这一点出发，我可以写，我可以做一些事……

JR：但这是为了先“拿下一城”？

MD：是的，或许吧。甚至毫无疑问。

JR：因为，例如您在电影里加了一句话，它没有出现在书里，正是这句：应该把书扔掉……

MD：是的。因为我把书扔了，或许。就这么简单。

JR：但您是没有把这句话写在书里……

MD：因为我当时没有想到。正如关于毁灭的那句话，我也没有写上：“是关于什么的？关于毁灭。”

JR：如果您现在来写这本书，这些句子会出现在书里……

MD：是的，但是您知道……年轻人……我了解他们，嬉皮士，孩子。我儿子也还是个孩子。对于知识和文化，他们有一种抑制不住的厌恶。他们什么也不读。在这里有一种根本的东西，新的东西。——法耶是一个读书的人。他想摧毁知识，但是要借助知识。至于我，我想摧毁知识，并用空虚代替它。人彻底空虚。

JR：我很理解，但是……我不敢说我们跟法耶一样，都是有知识的人……

MD：无论如何，我从来不是……我学习了数学、法律、政治科学，总之学得非常……粗浅。除了数学。而且，不是根据兴趣来学的。这一点很清楚。而是根据教育体制要求而学习的。你们是共产党吗？不是：《电影手册》的成员一个都不是……您呢？您是共产党吗？

JN：不，我不是，但是在很多点上，尤其是在这一点上，我更倾向于……对一些事情进行真正的具体的尝试，而不是求助于空虚……"放空"这个概念，我知道它有多么诱人……

MD：这是年轻人的行为，您知道……在全世界，他们都在放空。

JR：即便这是一种积极的行为，是的：但是放空这种行为就没有危险吗，一件积极的事，变成了一种极为消极的状态……

MD：应该经历消极。这是我的看法。他们处在这一阶段，现在。

JR：是的，但是经过消极，这也是一种活动。如果我玩弄一下文字……

MD：是的，但我认为现在还不是。因为他们也什么不做。他们擅长这个，什么也不做。到达这一步很神奇。您会什么也不做吗？——我不知道。这是最严重的缺失……他们放空，而且所有这些……求助于毒品，我想，是一种……不是一种借口，而是一种方法。这一点，我很肯定。——您也这么觉得？——他们放空，但用什么来替代他们身上已经被摧毁的东西，这个人们甚至还没有看到，这还为时过早。

JN：是的，但如果以嬉皮士现象为例，如果随着时光的推移来评判它，很显然它很快便划定了非政治化的界限，而且他们中很大一部分……

MD：在美国？

JN：是的：很明显，在一段时间后，这种由第二道藩篱构成的、与一个人们拒绝正视（依然存在、真实存在）的体制共存的平行世界，被证实十分舒服。在这些嬉皮士中间，有一部分被政治化了，他们离开了嬉皮士界，成为了美国政治活动的一部分，还加入了学生争取民主社会组织（SDS）[1]等。

MD：这很好，是的：但他们之前毕竟有过这段休整的时间。

JN：是的，但不是所有人。有一些被政治化了，但另外一些依旧处于空虚之中，严格来说他们构成了第一个阶段，但这个阶段有过于舒适的风险，它可以很舒适！

MD：但是，即使他们不被政治化，依然是一股政治力量。您同意吗？

JN：不。——不。不。我不觉得他们是一股政治力量。

JR：也就是说，由于他们数量众多，构成了体制中的某种"空洞"，但是这个空洞足以阻碍体制吗？

MD：不。他们代表着一个问题，一个像山一样的问题：现在要怎么做？怎么做？

JR：但这个问题能阻碍体制吗，或者恰恰相反，体制并没有强大到足以绕过它、孤立它、控制住它让它结痂……

MD：但如果数量增加，将是一个可怕的问题。如果数量增加，会是世界末日……如果世界上所有的年轻人都什么也不做，什么也不做……世界会很危险。这样更好，这样更好。

JR：是的，但这就像罢工，确实需要所有人都罢工，彻底的，全体的……

MD：是的，正是，正是：这就像罢工一样。

JR：但需要……

---

1 二十世纪六十年代在美国兴起的学生激进运动组织，由百名学生开始迅速发展壮大，自称"新左派"组织，以示与共产主义组织的区别。——译注

MD：……苏维埃到来……

JR：无论从哪个方面看，如果不是真正全面的罢工就没有意义：如果是全面停工，五月风暴那三周里几乎就是那样……

JN：但罢工的工人是这样做的：他们占领了工厂，把生产方式保护起来，而不是摧毁它们……

MD：是的，但工人们制定了生产流程。他们维护自己的定义。他们全都是列宁主义者——自然是。

JN：但我恰恰觉得，所有人都应该成为列宁主义者：那些出于时间和智力等方面的优势最适合成为列宁主义者的——大学生最适合，我觉得……

JR：他们也应该保护自己的生产方式。

MD：这也就是说？

JR：也就是说他们的能力……

MD：他们是什么？从定义上来说——在这一点上马尔库塞[1]说得对，虽然我不认为他在所有问题上都说得对：从定义上来说，他们是处于生产流程之外的。嬉皮士是一个完全脱离一切的存在。不仅仅是所有的保障，所有的保险，而是一切。脱离了所有的生产方式，所有的定义……

JR：但学生是没有脱离生产流程的，因为以某种方式融入知识流程，这也是一种生产形式——它显然跟工人的生产不同（不应该进行粗略的类比），但毕竟也有一种"工具"需要保护。不是学院院长认为的反动意义上的"保护"，而是……

JN：按照他的利益进行改变……

JR：但不是毁灭。我想说：应该毁灭这种工具的反动用法，而不是工具

1 马尔库塞（Herbert Marcuse，1898—1979），美籍犹太裔哲学家和社会学家，法兰克福学派的代表人物之一，代表作品为《理性与革命》《爱欲与文明》《单面人》《论解放》。——译注

本身。

MD：这是最理想的。但实际上这不可能。

JN、JR：为什么不可能？

MD：至于我，我希望行动委员会到工厂里去，让工人们给我们开会。应该彻底颠覆所有的角色。但什么也不对他们说。您知道，实际上在去工厂并关注他们的过程中，毕竟还是有……有某些斯大林主义的残余。因为……

JN：或者民众主义……

MD：这是最落后的工人阶级至上主义，您懂的；这十分危险。所有的新教徒都会陷入，这一点无法避免。

JR：这是十九世纪的一种慈善形式……

MD：绝对的。家长作风……

JR：它有着教士—工人的一面，十分危险……

MD：这是最糟糕的。

JN：正是，在这一点上我完全不同意否定和回归原点，因为我觉得最严重的风险就是一种宗教型的偏离，革命的构想几乎是宗教的，在我看来这十分危险。

MD：我不明白您理解的宗教。人们感受到的是空虚。不存在空虚的宗教。您知道，有一种古老的直觉促使这些年轻人卷入不知何种神秘主义，不管是印度教也好，共产主义也罢。此外我认为，实际上，他们在尝试到达原点；但是他们走了一条很奇怪的道路。或许这与德国的经历不同。希望如此……

JN：支持《毁灭》原则的想法是一旦人们之间重新建立起真正的交流方式……

MD：几乎是身体的，您知道……

JN：……革命随之而来。然而，我不这么认为。我不认为如果人们能够谈话，能够交流，就必然足以引发革命。在我看来这掩盖了一个根本问题，它不属于个体和人际关系，而是一个阶级斗争问题。

MD：您说得对。但造成革命的是革命本身吗？您是否相信雅尔塔（Yalta）授意的革命？同样：创造诗歌的是诗歌本身吗？我不这么认为。我认为整个欧洲都是虚假革命的受害者。未经许可……——那么，是什么造成了革命？

JN：再回到空虚这个想法，我几乎十分单纯地认为：在我看来这陷入了一种拒绝一切的想法，几乎是基督教徒式的……

MD：不，这不是一种拒绝，这是一种等待。正如某个不急不慢的人。之前。在投入某种行动之前。我是这样看待的……很难从另一种状态过渡到另一种状态。急剧地。这甚至不正常，这不健康。您知道，1940年到1945年人民民主主义的过渡，就是一种急剧的过渡，未经认可的，而且……——应该等一等。在伍德斯托克（Woodstock）[1]发生了什么？您知道伍德斯托克现象吗？那是在新泽西：那里有四十万嬉皮士，这个人数相当于什么？比里尔（Lille）的人口还要多，不是吗？他们聚在一起，一连八天待在一起，什么也不做。这仅仅是一次集体生活体验。完全消极的。人们记录下来的唯一结果，是没有发生任何暴力事件：没有人打架，没有人互相侮辱。没有歌手，也没有娱乐活动。这是一次体验，纯粹而简单。就我个人而言，我觉得这非常好……——在打破过去的事情之前，您是做不了什么事的。

JN：当然是打破，而不是通过武力，通过另一种强制力去否定……

MD：这不是一种强制力。

JN：……也就是说：我置身外部，内部宏伟壮丽，但我不在那里，所以它不存在。

MD：您所采取的还是一种政治道德视角。在这里。当您谈论这一切的时

1 美国纽约州北部城镇。伍德斯托克音乐节，是目前世界上最著名的系列性摇滚音乐节，最早举行于1969年，主题是“和平、反战、博爱、平等”。——译注

候，我想。在这里，在绝望和失望之间，有一个区分，您知道。它们处在那里。人们还无法为其定性。我想它逃避了定性。这就是我所说的空虚和原点。或许空虚这个词说得太过了……原点。中立的点。在那里感觉重新聚集，重新恢复……好，据说现在精神错乱的人越来越多。疯子越来越多：疯人院到处人满为患。这让我很放心。这恰恰证明了世界难以忍受，人们也是这么觉得的。这仅仅说明敏感度增加了。还有智慧……您明白吗？我认为应该颠覆。应该颠覆性地思考——现在——很多事情。所有人都得了神经官能症，当然，因为所有人都感觉到世界是无法忍受的。越来越甚。而且令人窒息。您同意这一点吗？

JN：绝对的。产生的结果正是这样……

MD：但我在这里表达的是一种希望。有越来越多的疯子：我很高兴、很满意地注意到了这一点。就我个人而言。这证明就要有解决方案了。解决方案的前兆。因为我知道人们离得还很远、很远。——但是在这里，我们接触到了自由这个问题。现在，我们接触到了……

JR：令我担心的，是拒绝就这一主题展开工作，这项工作是由您从原点开始的愿望带来的。我认为人们不可能逃脱对自我展开的工作、由自我进行的工作。

MD：但这是本义的工作吗？您知道上班制发明于十九世纪……

JR：不，我说的这项工作是……

MD：内在的？

JR：内在兼外在的：这正是行动与人们简单地称为外在的一种相互作用，因此也就是外部行为向自我的回涌和回归……

MD：但是人们无法逃避。这种互动永远是无法替代的，一直是严格属于个人的。永远没有人能代替……

JR：正因为如此，我觉得必须要把原点当成一项工作来经历，而不是某种让人沉溺其中的东西。因为一旦开始沉溺其中，就会有单纯的只想耽于其中的危险，之后就会沉沦……

MD：好吧。那然后呢？

JR：然后，就有被重塑的危险。肯定的。以一种或另一种方式被重塑。

MD：是的。但我更喜欢被这样重塑。

JR：但当我说重塑的时候，我的意思并不是说：因为被关在了疯人院里等原因而被重塑；而是因为陷入了像古代神话一样使人异化的神话中而被重塑。

MD：是的，但到那时候，人们会对自己的异化负责。他们什么也不想做。什么也不做。他们想当流浪汉。我就有一个什么也不想做的儿子。他主动说：我什么也不想做。有一天他写信对我说："快乐地为人父母吧，不要再觉得要对我的青春负责，我就只想一事无成，我对成功不感兴趣。我什么都不会去做。"——他去北非游历…他经常饿肚子，回来时瘦得厉害。他完全承受得住。这是一种典型的自由，是我所尊重的。强迫这个孩子去做一份办公室的活儿，去跑跑腿，或者到电视台去帮忙，这是不可能的：我认为自己没有这个权力。

JR：对极了。您说到了尊重，我很理解这个词；实际上，并不是任何人都能强迫的，甚至可能也不能向任何人提出任何解决方案，但对于这一点的尊重……

MD：您有孩子吗？

JR：没有。

MD：不要觉得对我来说这很简单。在我对儿子说出"去做你想做的事"之前，我自己做了很多努力。此外，我觉得，如果没有这个孩子，我就不会写出《毁灭》。他是野性的。他让人难以忍受，但是他找到了一些东西……一些居于所有法则之外的东西。一种自由。他会利用这种自由。他拥有自由。这是很少见的。我经常观察他们，这些嬉皮士：他们成群结队，和我儿子在一起，他们组成了一个团伙……但奇怪的是，当您一个一个看着他们的时候，您很难看到他们和成年人维系的关系有什么差别。差别产生于他们之间，您明白吗？他们形成了某种阵线，来面对我们。客气。不激烈。但是——他们有着同样的面孔。说到底，还是辨认不出他们。——您会觉得因为我有这样一个孩子，我才为嬉皮士辩护吗：那就太简单了……他有一个伙伴在中学毕业会考那天睡着了。人们发现他睡着了。一个字也没写。他一个字也没写。——不过说到这个，我们跟这部电影扯得就有点远了……

JR：也没有太远……

MD：您或许有点被暴力震惊到了。被午餐过程中贝尔纳·阿里奥纳遇到的骚扰惊到了？我删掉了一点……

JN：恰恰相反，我觉得这一场很震撼又恰到好处，尤其因为这一幕很难演，因为盖林扮演的人物可能很快就遭到了鄙视，被排斥在某种让其他人、让观众、让电影、让导演感觉舒服的外面。

MD：他没有迷失，呃……

JR：是的，正是：在这一场开始时，我一直很害怕，害怕会变成……

MD：一场审判？这是一片暗礁，这里……

JR：确实，当人们明白他也可以被"拯救"——不应该用这个词——时，我松了一口气。

MD：被改变。

JR：是的，是这样。

MD：他要求留下。待一天。

JR：他也可以被爱……

MD：是这样。

JR：这是电影最激烈的时刻，从这时起……

MD：总之，在我看来，这是……是的，大概是最重要的时刻。"我们可以爱您，您也是。"当他们对他说出这句话时，他们绝对真诚。应该阻止骚扰。他们很冒失。他们不知羞耻，但是，他们没有侵犯贝尔纳·阿里奥纳。总之我不知道为什么最后是这个样子……您知道：我没有让他们吃饭。您可能会对这一点感兴趣。因为只有贝尔纳·阿里奥纳一个人吃了东西。跟书里一样。由于他吃了饭而显得滑稽，但吃饭这件事是所有人都会做的，无论是不是傻子。因此，我删掉了这一让人觉得很假的滑稽……

JN：在这里，盖林完成得很出色……

MD：我替换了一些东西。例如，当施泰因问盖林“您是做什么的”之前，在书里，他回答说：“罐头食品。”而现在，他回答：“推销房产。”我发现之前的有点像恶搞，罐头……也有些感人，有些幼稚。而德·巴尔卡尼[1]先生是个彻头彻尾的坏蛋。您知道德·巴尔卡尼先生吗？他是帕利2酒店[2]的发起人……

JN：当大家直接邀请贝尔纳留下时，伊丽莎白最后几乎是在催促他离开，这里有一种急迫感，您是否希望读者将其理解为，她与丈夫之间的距离或许比与其他人更远，还是理解为某个感到自己就要……的人的一种恐慌的反应……

MD：这是最后一次恐慌。在此之后恐慌烟消云散。您知道，这是死亡之前的最后一次爆发。她之前的人生的死亡。当人们对她说“您吐了”，她厌弃的是她的人生。她并不知道这一点。她只知道这样很舒服。她处在这种感情里，伊丽莎白。她出发是为了保护她的“财产”，她已经厌弃的财产。

JN：在书里有一句话，我不记得是否也出现在了电影里，是关于伊丽莎白的，说得很残酷，类似于：她不能爱了，或者她不会再爱了……

MD：我删除了这一句。在书里是这样的：“她那时可能会爱上您，如果她

---

1 德·巴尔卡尼（Robert Zellinger de Balkany，1931—2015），匈牙利商人、房地产商。——译注

2 凡尔赛帕利2水星酒店（Mercure Versailles Parly 2），巴黎著名酒店。——译注

能爱的话。”这说得太过了。有点假。

JN：电影对最后惊慌的一面表现得更多。书给人的感觉是最后更加残酷。

JR：所有这些惊慌……——这是我在看电影时根本没有想到的——我突然感觉到这一切运作起来就像解除了对伊丽莎白连续不断的、越来越深入的审查，而电影的运作有一点像分析。在看电影的过程中我无疑深刻地感受到了这一点……

MD：尤其是打牌的时候。实际上就是在分析……

JR：整个的……但尽管如此，大概还是不应该把事情说得太过，因为人们很快就会忍不住把施泰因看作一位精神分析师，但实际上这些角色要更……

MD：均等。一致。在午饭过程中。

JR：不仅仅是在午饭过程中，而是在整部电影中：正因为如此，电影才不会听任自己流于一种可以立刻回溯的线性诠释：在角色之间有一种渐变，一种贯穿始终的著名的渐变，使得这既可以是马克斯·托尔，也可以是施泰因，还可以是阿丽莎，他们都以某种方式担任着精神分析师，而且也都以另外一种方式被分析。只是，伊丽莎白可能只有被分析的一面……

MD：她一直是被分析的。除了出现镜子的那一刻，那时产生了滑动……作用于人物之间关系的审查被解除了。我所说的施泰因和托尔的相同实际上是在电影结尾产生的，它产生于镜子那一场的某个时刻：“我们多么相似……”不是吗？也就是说有一种滑动，正如您所说的，从伊丽莎白向阿丽莎的滑动。人们可以将其称为爱情。或者共产主义的要求。

JN：我觉得实际上电影比书更加复杂。在书里，人们多少可以感觉到——这一点在电影里缺失了——施泰因有点像知识的分配者。

MD：他说过一件事，可以解释您说的话，意思是说不应该再受苦了。“没有必要受苦，阿丽莎，永远没有，谁都一样，没有必要。”这几乎就是巴枯宁[1]说的那句："人民准备好了……他们开始明白他们根本没有必要受苦。"——布朗肖曾经……我不想歪曲他的思想。总之，他给我写了一封震撼人心的信。他还没有看过电影。他说在他看来，阿丽莎是这本书的轴心人物，他把她视作死亡与生命之间的一种持续的平衡。他是用死亡的视角来看待她的。永远将要受到致命打击。在生命的每一分钟……人们说：施泰因，就是布朗肖。菲利普·布瓦耶[2]在《半月刊》里写道，施泰因是那个"谈论托尔欲望的人[3]"，而且使他可以违背廉耻，违反外部世界、有序世界的规则。对他来说阿丽莎是——我在此引用："那个毁灭并使疯狂的至高权力降临的人。"对于《毁灭》里面的人物，很多人都说他们是另类。说施泰因尤其是个另类。我很赞同。

JN：尤其让我震惊的，是一种向麻木的过渡，强烈的……

MD：嬉皮士的麻木，几乎是……

JN：……正在觉醒。

MD：在施泰因身上？还是在所有人身上？

JN：在所有人身上。这是一部关于颓废的电影，有瞬间，有涌现，在这份麻木之外……

MD：这让我很高兴，这一点。我在写作的时候很害怕。我是在害怕中写作的，我无法跟您讲我当时的状态。但这是一种真正的害怕。或许这就是您刚刚所说的……或者是害怕被这种麻木所感染。害怕根本不知道它会把我带向何方。或者是害怕醒来。

JN："毁灭"在电影里出现的比在书里晚得多。"毁灭吧，她说。"在电影里

---

1 巴枯宁(Mikhaïl Aleksandrovitch Bakounine，1814—1876)，俄国无政府主义者，巴枯宁主义的创始人。——译注

2 菲利普·布瓦耶(Philippe Boyer，1932—)，法国作家、记者、文学评论家，代表作品为《不予起诉》。——译注

3 菲利普·布瓦耶，"三个心怀欲望的存在"(Trois êtres de désir)，《文学半月刊》，1969 年 6 月 16 日。

则变成了："她说：毁灭吧。"

MD：因为这句话里有很多含糊之处。因为当托尔和阿丽莎说这句话时，一对一说的时候，当这是两个人之间说的话时，人们会觉得这是一种私密的色情暗示，不涉及其他人。在电影里这个词变成了大庭广众的。就像一个口号，我是这么理解的。否则……

（磁带Ⅰ-B面结束）

（磁带Ⅱ-A面）

MD：还有在"施泰因"这个词上面……

JR：它在德语里的意思也是"石头"……

MD：是的。"劳儿·瓦·施泰因：纸做的翅膀……V，剪刀，施泰因，石头。"——有一天，拉康(Lacan)约我午夜在一家酒吧见面。他让我害怕。在地下室。跟我谈论"劳儿·瓦·施泰因"。他对我说在临床上，这是一种完美的谵妄！他开始向我提问。持续了两个小时。我从那里出来的时候有点踉踉跄跄的。

JR：但他没有跟您谈论《毁灭》？

MD：没有。他还没有读过，我想。或许他对出走的人物感到遗憾，劳儿·瓦·施泰因。我不知道。布朗肖跟我谈论了阿丽莎，在这封信里。他看到她"……在致命关系的青春中……在她给予的死亡中，她永远和死亡维系在一起[1]"。他说我们所有人都要去发动大毁灭。他说：发动，发动毁灭。这个"发动"让我充满了快乐。布朗肖是一个会让您充满爱和快乐的人。他对阿丽莎所做的评论，我在看电影的时候也有同样的感觉。阿丽莎可能会因为接近伊丽莎白·阿里奥纳而

1 "我读了您的书，我不停地阅读；夜里，它离我那么近，以至于我的一切都是它给予的。阿丽莎一直在那里，在致命关系的青春中，而作为她的伴侣，我在她给予的死亡中，在她永远接受的死亡中。"莫里斯·布朗肖写给玛格丽特·杜拉斯的信，1969年3月12日（让·马斯科洛资料库）。

死……——她忧心忡忡，您发现了吗？就我个人而言，我发现她非常担忧……——她想杀人。这个小女孩来自哪里？来自曼彻斯特？这个英国小女孩让我想到阿丽莎……——这个小杀人犯。在她身上，爱的冲动和杀人的冲动一直得到了平衡。在电影里也能感受到这一点，我希望？

JR：在我看来，与此同时她易碎的一面也得到了平衡，仿佛她可以粉碎自己。

MD：或许因为我很想从身体上表现她。以施泰因为例，人们对施泰因最早的认识，就是"施泰因"这个词：仿佛这个词对她产生了作用。她说："施泰因"……她接收了这个词，在身体里。之后当她看着施泰因时，只是在确认这些事。她完全是身体上的，阿丽莎，对我来说……您知道，在某个特定时刻，她说话太多，我剪掉了这一切。在书里，她说的话要比在电影里多。

JR：在电影里，她行动的方式就是接近，就是接触，哪怕是远距离的，就是……

MD：反应……——在除了施泰因之外的人看来，她是很难相处的。我想这就是布朗肖想要表达的意思，她生来并不是为了活下去的，但她活着。

JR：她不舒服……最为强烈的……

MD：是的。——也就是说：她就是焦虑本身。经历过的。无辜地经历过，并且不求助于话语。我不能谈论一个人物：我心想演员们会读出其中的奥秘，他们会说：看，她喜欢阿丽莎超过施泰因……不，施泰因是让我觉得最像兄弟的人物。——您想谈论一下拍摄条件？电影是两周之内拍好的，之前经过了一个半月的排练，花费了两千两百万。我不知道你们读者会不会对这个感兴趣。

JR：当然感兴趣……不过总共才两千两百万吗？

MD：我不知道。如果没有这些排练，我就无法做到。但不要觉得这一组一组的镜头会省钱。您知道吗？——我怕人们会这么说……

JR：省钱的，通常是剪辑。

MD：不一定。不。想想吧，有一百三十六个镜头。

JR：一百三十六？我本来以为要少得多。我本来要说五十个。

MD：有一百三十六个镜头，但其中五十多个被剪掉了。午餐时的特写镜头。因为我注意到在拍完之后，在初次剪辑时，很有趣的一点是其他人的话对贝尔纳·阿里奥纳的影响，例如在打牌过程中。并不是其他人说：我们是德国犹太人，而是贝尔纳·阿里奥纳感受到了。不如说他接受了这种身份。于是，在所有特写镜头里，都被剪了一段。但是在两周内……想一想：有时候会连续拍摄特写镜头，而且不编号，您想象一下……这可能会很危险。——但是没有关系。应该听之任之。

JR：您想说什么：您听之任之？

MD：哦，我只是跟着感觉走。因为这本书我已经写完——是根据我身上的某种空虚写成的。我现在不能为这一点辩解了。在事后。有一些非常晦涩的东西。在我看来一点都不清楚，即便现在。在电影里。但是我想保持这个样子。我没有兴趣解释清楚。例如，阿丽莎到达时的整个布景。当她说"森林在哪里？它危险吗？"这句话时所隐含的所有象征意味。然后托尔对她说："你是怎么知道的？"她一边看着他一边说："我看着它，我看到了它……"是在事后，但是在很久以后，我才能够为自己辩解，但在当时，完全本能使然。森林在当时代表的是托尔经历的危险。他被伊丽莎白·阿里奥纳吸引了。而阿丽莎的态度已经很放心："不要害怕……"，是对她丈夫的放心。这是在导演完之后我才感觉到的。是在重新看电影的时候；当我在看电影时，我对自己说：看，很到位……

JN：他说"我不知道阿丽莎疯了"这个镜头到底是怎么来的？

MD：她离开桌子。对她进行仰摄。施泰因的画外音响起："您没有跟我说过阿丽莎疯了。”随后人们看到了之前说话的施泰因；然后人们看到托尔说：“我不知道。”关于托尔，有一句画外音，是施泰因说的：“我在这里找了很久的女人，是阿丽莎-托尔。”这是唯一一次阿丽莎被冠上了婚后的姓，因为施泰因……——需要注意，无论如何，阿丽莎已经结婚了这个事实不会妨碍到施泰因……您是否以为他们是她的情人？

JR：这是一个我甚至没有想过的问题。

MD：我自己也不知道。——但是在观众看来，我对细节很感兴趣。我心想：他要看这个，还是那个？……因为现在，我开始想到观众。或许有点蠢，但不可避免。——我想是的，毕竟……思考人物的互换性？这是可以感觉到的吗？——是的：这就是你所说的渐变。这样称呼很好。现在，我要这么说。从一个渐变到另一个。因为互换性，它是没完没了的，是丑陋的。

JR：但这不仅仅体现在人物上，也体现在物品上，因为信又被重读了一遍……——体现在摄像机的作用上，也体现在从一个人物滑动到另一个人物的目光上，我已经不知道是什么样的目光。或者不再是目光……

MD：体现在头发上……我刚想提问，但被您打岔了……

JR：头发，这更让我困惑……

MD：对我来说这十分晦涩。她在剪头发……这是一个很奇怪的动作。是的：这是最晦涩的地方之一，我不能这么说。我知道这是用来献祭的。这是一件进入了伊丽莎白的世界的事，是她给伊丽莎白·阿里奥纳的，是从世界的另一端传来的……但是为什么？我不知道。

JN：如果我们丢下《毁灭》，来谈一谈您跟电影的其他关系——把《广岛》放在一边，会不会让您心烦？在何种程度上您感觉或多或少与您的小说改编成的作品联系在一起？其中有一些是您创作的……

MD:《毁灭》抵消了其他的。

JN：甚至是《音乐》？

MD：这是一个冒险之举，即对话本身就是电影的题材。这是一个冒险之举，它成功了，但是……——您在看《毁灭》的时候害怕吗？

JR：是的。就是害怕电影不再那么令人不舒服。

MD：人们对我说这是一部让人害怕的电影……它让我害怕。

JR：我害怕这是一部不再让人害怕的电影。

MD：但是《毁灭》把我与我为电影所写的一切都隔绝开来了：现在，我已经根本没有兴趣再去做以前做过的事了。我想把我现在在写的另一个文本拍成电影。标题是“美国佬，他说”（Gringo parle，lui）。

JR：它是直接为电影而写的？

MD：不是。还有这些众所周知的混杂文本……有一点像《毁灭》，也就是说某些东西的某种过度曝光——还有非现实的擅入，但不是主动的。也就是说，当它在那里的时候，我也不管它。我试着不去用现实主义的方法来表现它。

JR：我不会说“非现实”……

MD：我觉得这毕竟不远。但是当我说“过度曝光”这个词时，您意识到了什么东西吗？——如果我说“非现实”这个词，您不会觉得……如果我说“超现实”这个词呢？

JR：是的，我更能理解，除非它被包含在“超现实主义”这个词里……

MD：超现实。是的。——但我们说到哪里了？这部电影……绝不是心理电影。我们不处于心理学范畴。

JR：我们更像是处在感触之中。

MD：是的：这一点，让我开心……它奇怪地把我与其他东西隔绝了开来。也包括书。某些其他的书除外，例如《劳儿之劫》《副领事》。在这一点上，我还是同意的。但是其他的……在《琴声》中，我还是被自己缠住了。之后，就好了一点……但在《毁灭》里，我确实十分自由。说到底，还是处在害怕之中。但同时，也具有绝对的自由。但处于内心恐惧中……

（谈话是用录音机录下，并如实记录的。）

1969 年 11 月，雅克・里维特，让・纳尔伯尼，
玛格丽特・杜拉斯，“话语的毁灭”，
《电影手册》(*Les Cahiers du cinéma*)，第 217 期

电影中的一块宝石

雅克·尚塞尔(Jacques Chancel,以下简称 JC):玛格丽特·杜拉斯,您于4月4日出生于西贡郊区的嘉定(Gia Dinh)。当时那里称为交趾支那(Cochinchine),即今天的越南南部。您在西贡中学上学,大概是在夏斯卢-洛巴(Chasseloup-Laubat)中学,我想……

MD:是的。

JC:……在巴黎法学院,以及巴黎自由政治学院(École libre des sciences politiques)。您获得了法学学士学位,为了更好地认识您,我先说几部您作品的名字——过后我肯定会忘:《抵挡太平洋的堤坝》《直布罗陀水手》《琴声如诉》《塞纳-瓦兹的高架桥》,无论是对法国电影还是对您来说都十分重要的《广岛之恋》《是的,也许》《莎伽王国》,然后还有一部,当然是《音乐》,它同样十分重要,或许比《广岛之恋》还要重要,还有您的最新电影,您的电影,也就是《毁灭,她说》。

但是为了更好地了解您,玛格丽特·杜拉斯,我想在这个节目的一开始,追忆一下您的过去。我想知道对于您的童年,也就是印度支那,您保留了什么样的记忆。

MD:呃,不太好,不太好。您知道,就是在那时,我第一次尝到了被社会抛弃的滋味。我的父母很穷,跟我们一起生活的主要是越南人。远离了白人，不是吗？您知道，今天上午我跟一位精神科医生谈到了《广岛之恋》，当《广岛》中的年轻法国女人被内韦尔（Nevers）的正统社会所抛弃时，她之所以能那样谈论内韦尔，这确实来自于我童年时代在印度支那经历的创伤。

JC：您曾经因此而感到很痛苦吗？

MD：是的，作为一个孩子我曾经感到很痛苦，是的！总之这也是一段十分丰富的经历，当然。

JC：不能说这是您所希望的，但是……

MD：我却觉得是，是我所希望的。

JC：玛格丽特·杜拉斯，您是否觉得有朝一日这一切都会化解？因为我们两人都很了解这个国家，一边是所谓的白人，另一边是越南人，这就是种族问题，然后还有夹在中间通常很不幸的一群人，也就是欧亚混血儿。

MD：是的。

JC：这是一个很严重的问题。

MD：我从来没有回过印度支那。我想从长远来看这个问题会得到解决，总之缓慢而艰难，但我跟您一样十分乐观。

JC：玛格丽特·杜拉斯，您是否觉得您的童年时代决定了您今天的样子？

MD：噢，毫无疑问，是的！您知道，抵挡太平洋的堤坝，可不是我编造出来的！那是我的亲身经历。毕竟在十八岁之前，我一直生活在那里。我不完全是法国人。在这里，我从来不会感觉像在自己家里一样。

JC：那么，您更愿意做什么人？国际公民？

MD：是的……我希望。毕竟我的中学毕业会考是跟越南人一起考的！在十七岁之前，我的法语和越南语说得毫无差别。

JC：但是对于这段让您受苦的童年，今天您排斥它吗？

MD：啊不，绝对没有，相反，我还要依靠它。这是我唯一的财富，总之，这段经历……

JC：它极大地帮助您跨越了人生各个阶段？

MD：它使我自懂事起就成了共产主义者，而且一直是。

JC：如果没有印度支那，您就不会是共产主义者？

MD：谁知道呢？否则我得花更长的时间才会成为共产主义者。那是立竿见影的，是经历过的生活立竿见影的结果。而不是通过阅读，或者文化、意识形态而得到的结果。

JC：对您来说，玛格丽特·杜拉斯，共产主义是一种精神状态还是一种政治激情？

MD：不是精神状态，而是现实状况。

JC：有一天，我接待了罗杰·加洛蒂[1]，他是一位真正的共产主义者，目前反党。他向我讲述了像他一样反党的痛苦。您同意他的观点，还是支持官方党派？

MD：啊不，我完全反对官方党派！我甚至说过，我还要重申，一位革命者的首要任务便是与官方党派作斗争。在法国，首当其冲的便是法国共产党。

JC：您决定走得更远？

MD：我觉得法国共产党要首先对法国的非政治化负责。

JC：您天生就是革命者吗？或者简单地说，是……

MD：严格来说，没有人是天生的革命者！但说到底，我希望成为共产主义者……

JC：在内心深处，政治在您的生活中占据着重要地位吗？会超过文学，超过电影，超过戏剧吗……？

MD：这是每时每刻累积的后果，不是吗？我做的、想的、看到的或者听到的每件事都会产生政治后果。我无法阻止自己。现在这是无法避免

1 罗杰·加洛蒂（Roger Garaudy，1913—2012），法国政治家、哲学家、作家，代表作有《论无边的现实主义》。——译注

的结果。

JC：对您而言，何谓共产主义？

MD：是您在周遭看到的一切的终结，现在的，这里的，到处的。我不知道此外会怎样。

JC：但您接受有些人的想法跟您不一样吧？

MD：啊，不，我不接受！

JC：您是宗派主义者。

MD：我支持某种宗派主义，是的。我不知道共产主义是什么，您也不知道，没有人知道。到目前为止共产主义探索都失败了，不是吗？除了在中国和古巴[1]。

JC：您觉得，古巴人和中国人幸福吗？

MD：这不是问题所在。他们会幸福的。他们现在还不算幸福。

JC：您跟说过"应该让工人们幸福，不管他们愿不愿意"这句话的西内[2]一样吗？

MD：不，我不会这么说，不。应该把幸福的方法给工人。不应该把幸福给他们，应该让他们自己获得幸福，否则没有任何价值。

JC：玛格丽特·杜拉斯，您堪称——这几乎有点俗气，但这是一句赞美——一个了不得的好女人；我压根不是共产主义者，但我尊重有想法并把想法实施到底的人，无论是怎样的想法。我觉得您把艺术和政治很好地糅合在了一起。那么，人们是如何发明出这个学科的，因为这确实是一门学科？

MD：我不这么想；听我说，在伯克利，有人刚刚发表了一篇关于我的博士

---

1 应菲德尔·卡斯特罗(Fidel Castro)之邀，玛格丽特·杜拉斯在1967年7月15日至8月7日之间旅居古巴，与她共同前去的法国知识分子中还有迪奥尼斯·马斯科洛(Dionys Mascolo)、米歇尔·莱里斯、莫里斯·纳多(Maurice Nadeau)……

2 莫里斯·西奈(Maurice Sinet, 1928—2016)，人称西内(Siné)，法国著名漫画家，《西内月报》的创办者。——译注

论文[1]：在这篇论文中，让我十分欣慰、让我很高兴的是，人们说我的政治介入已经是习惯成自然了，所以我不需要去想，不需要斟酌，您明白吗？是的，我承认，这让我很高兴。

JC：目前您在艺术界占据的一席之地，您之前配得上它吗？

MD：我不知道，我从来没有想过，这个。

JC：我用的是过去时；您现在配得上，但在一开始，您配得上吗？或者这只是您要求采用的既属于文学又属于电影的某种形式？因为您是带头人！

MD：因为《毁灭》，我想；因为《广岛》，总之是雷乃和我一起要求的，您知道。因为《毁灭》，我想，是的。总之人们不会立刻知道，或许会在……一年、两年之后才知道。

JC：玛格丽特·杜拉斯，您是否意识到了这个事实，人们对您既爱又恨？

MD：是的，是的，是的。

JC：此外，从您的作品来看，关键不在于人物。《广岛》，我清楚地记着《广岛》在戛纳的情形；在一个两千五百人的大厅里，支持《广岛》的只有不到三十人。我觉得这很有趣，因为持反对意见的人曾在巴黎表示支持，那是同一批人……但说到底，观众在变……

MD：当时阿沙尔[2]在场，我想是的，这是别人告诉我的。

JC：是的，他还是评委会成员。

MD：马塞尔·阿沙尔说："别进来，"抱歉，他还说，"这真是狗屎"！（笑）是的，我当时不在戛纳。我是通过《法兰西晚报》（*France-Soir*）得知的，我记得。

---

1 指的应该是阿兰·柯恩（Alain Cohen）于1969年在伯克利大学答辩的博士论文《杜拉斯作品中的唯我论和相异性辩证法》（*La Dialectique du solipsisme et de l'altérité dans l'œuvre de Duras*）。

2 阿沙尔（Marcel Achard，1899—1974），法国编剧、演员、导演，代表作品为《间奏曲》《伯爵夫人的耳环》。——译注

JC：玛格丽特·杜拉斯，您没有感觉到，对观众来说，《广岛之恋》这种电影一开始会很难吗？

MD：我不能这么说，您明白吗？有容易懂的作品，也有难懂的作品。我指责评论界的，就是把某部作品定义为难懂的。一部作品不仅仅是这样。除了难懂，它还有别的特点，不是吗？正因为这种简化，法国评论界变得很贫乏。

JC：您相信评论界吗？

MD：不。

JC：无论如何，受到评论界的好评，您还是喜欢的吧？

MD：受到评论界的恶评我当然不喜欢，但受到好评时……对，说到底……我更喜欢这样，但也不会因此而高兴得发疯。

JC：您就像人们用“你做了一支好雪茄烟”这句话来评价的好艺术家一样，这个表达法是伯夫·梅里[1]发明的，对了，这话是评价克洛岱尔[2]的。

MD：真的吗？……（笑）

JC：玛格丽特·杜拉斯，您在文学界占据怎样的位置？

MD：我不知道。我甚至不知道我是否有一席之地。我有自己的位置：我不属于任何流派；我被归为独行者……

JC：很难给您归类是吗？

MD：哦，归类是自行完成的，我觉得。这开始于《抵挡太平洋的堤坝》。确认于《广岛》。您所说的那种恨，以及那种尊重，如果可以这么说，始于《广岛》。

JC：但您没有想过，玛格丽特·杜拉斯，您是在以某种方式维持着这种尊重和这种恨吗？

---

1 伯夫·梅里（Hubert Beuve-Méry，1902—1989），法国记者，《世界报》创办者，著有《第四共和国的自我毁灭》《十一年的统治 1958—1969》等书。——译注

2 克洛岱尔（Paul Claudel，1868—1955），法国诗人、剧作家和外交官，代表作品为《正午的分界》《缎子鞋》等。——译注

MD：啊，我对这个感兴趣……怎样维持的，在您看来？

JC：我不知道，您不会让步，您几乎乐于让别人攻击您。在内心深处，您可能有一点不快，但您在心底想："他们什么都没搞懂，算了，这群笨蛋。"或许在这一点上，您有失公允。

MD：不，我不会这么想……我心想，他们弄混了，例如……他们以为，因为他们不喜欢，所以那不是一部好电影。因此，我把他们视为没有完全成年的人，您明白吗？没有鄙视的意思。

JC：总的来说，您是如何看待世界的？我知道它是要毁灭的，我们刚刚谈到了这一点。

MD：是的！（笑）我觉得它很糟糕，我每天看着人们如何忍受它，震惊不已。数以百万的男男女女是如何忍受的。我永远都不会从这种震惊中回过神来。

JC：这或许是不幸的年轻时代的延续，而且您很尖刻？或者可能是您比其他人更清醒？

MD：我不知道。这句话不应该由我来说。尖刻，我不觉得吧？不……我不认为《毁灭》是……一个尖刻的人能写出来的作品，您觉得呢？

JC：我不知道。我不那么认为，但说到底有些感情……十分激烈，又很执着，于是人们……

MD：是一个生气的人写出来的，或许？

JC：不，是一个饱受痛苦的人写出来的。这没有问题，您因为年少过往和在印度支那的经历而愤世嫉俗。

MD：不，我跟所有人一样受苦，我受的苦也不特殊！

JC：总之，我认识一些童年在那里生活过、但现在非常幸福的人！因此在感情方面可能也有千差万别……

MD：是的，但是，我跟您说，我不会依靠任何特别的痛苦。我确实是跟所有人一样受苦的。

JC：您支持一个理想世界，或许还是过于田园诗般的世界。

MD：或许吧！我跟您说，我不知道什么是共产主义，我完全不知道。那些告诉您它是什么的人，他们在撒谎，世界上没有人知道。

JC：俄国人也不知道？

MD：哦，俄国人已经完蛋了。

JC：但是应该对比一下共产主义和左派？这很天真，大概是不可能的……

MD：不，当然可能，左派的定义是相对于信奉苏联的官方共产主义而言的，不是吗？在这个意义上，我完全属于左派。我完全支持他们。这是您应当知道的。

JC：玛格丽特·杜拉斯，难道您不觉得，可能有些右派的人也很优秀？

MD：嗯，是的，我想有很多右派的人，他们只需要读一点书，稍微有一点了解，有时我甚至认为只需要一个梦，您知道吗？……只需要在大街上让他们互相好好交流一下，他们就会完全改变。也就是说很多人一生中只是少了一个瞬间的机会。

JC：而同样地，让一个人从左派变成右派也只需要这些，不是吗？……

MD：不，不，您看，我认为成为左派是不可逆转的。左派会永远是左派。

JC：过去不会，但将来或许会？

MD：在将来，是的，左派是属于将来的，无论如何。

JC：但左派是分裂的。

MD：左派是分裂的，是的……

JC：左派会走向崩溃。

MD：……但就算是分裂的，它比任何一个群众阶层都更有活力，到处都是这样。

JC：您很固执，玛格丽特·杜拉斯。

MD：呃……如果您非要这么说的话。

JC：您心里是十分倾向于左派的。

MD：我不是用心来思考的，我是用头脑来思考的。我想我的头脑是左派的，是的。说到底我希望如此，这是我的一个愿望。

JC：玛格丽特·杜拉斯，我们将放点音乐做第一次中场休息，您亲自选择了唱片的曲目，您一开始会放一些十分青春的音乐——此外在这场对话中，我们将有机会谈论青春——滚石乐队[1]。

JC：玛格丽特·杜拉斯，刚才我们完全是在政治领域，我想向您提一个十分简单的问题：您相信会建立一个人民阵线吗？

MD：不会马上建立。

JC：对此您向往吗？

MD：不……不，不应该立刻建立，为时过早了一点。

JC：1968 年 5 月……

MD：是的，我相信戴高乐主义及其残余的失败。彻底的失败，此外它已经不复存在，大势已去。

JC：但在 1968 年 5 月，政权……

MD：……它并不存在！

JC：……对人民来说，这是有可能的。

MD：并不存在，不是吗，我想像罗莎·卢森堡[2]这样的女性会兴高采烈。而列宁则不会，或许吧！

JC：但您不觉得你们这些共产主义者错失了良机吗？

MD：请注意，当您在说这句话的时候，想表达什么意思？

JC：我想说，在那个时候，你们可以要求你们多年以来一直要求的东西。

MD：但是与所有的官方左派、官僚左派、法国共产党左派一样，我们不可能成功。这并不妨碍五月风暴取得神奇的成功。在谈论这件事时，不应该再像以前那样，使用失败或成功这样的字眼。不能因为五月风暴没有建立政权就说它失败了。

---

1 滚石乐队（Les Rolling Stones），英国摇滚乐队，1962 年成立于伦敦，自成立以来一直延续着传统蓝调摇滚的路线。——译注

2 罗莎·卢森堡（Rosa Luxemburg，1871—1919），国际共产主义运动著名政治活动家和理论家，德国社会民主党和第二国际左派领袖。——译注

JC：是的，但是从右派到左派，所有人都知道这一点……

MD：是的。要永远强调这一点。

JC：确实。玛格丽特·杜拉斯，对您来说，新小说派代表着什么东西吗？

MD：我不属于新小说派。（微笑）那是别人以为的……

JC：是的，我知道，您刚刚跟我说过了，您是隔绝的，孤立的……

MD：不，不，别人把我划到了那一类，您想怎样……

JC：我知道。

MD：……我不会对自己进行归类，您想怎样呢？我慢慢试着过一天算一天，像所有人那样。

JC：如果需要在文学和电影之间选择呢？

MD：现在？在1970年的现在？我想我会选择电影。因为我不能再阅读了，于是……一旦我不能再阅读了，这就意味着一些事情，不是吗？

JC：但您是那种认为文学并非是为电影而创作的人，还是正相反？

MD：我认为一切都将走向电影。一切都将走向电影，而且我认为，目前文学也正在融入电影。今天上午我跟一位编辑通了话；他对我说现在的滞销简直可怕。电影院人满为患，书却卖不出去。根本卖不出去。还是新书。以前，书总能卖出两百册、三百册、四百册、五百册。这是以前，不是吗，我说的是三年前。现在的营业额只有五十册。

JC：是的，我知道。

MD：您知道。

JC：但这或许是因为出版的书太多了，而且什么书都出。

MD：已经不再出版了！不，不……人们对阅读失去了兴趣。

JC：是电视导致了这一切？还是娱乐活动？

MD：呃……是去政治化。话语有点滞后，人们聚在一起是为了谈话。他们读马尔库塞，他们去电影院。

JC：您认为读马尔库塞的人很多吗？

MD：噢是的！马尔库塞的新书的印刷量达到了五十万册。

JC：是的，是这样。

MD：这很神奇，是的……

JC：这个印刷量很大了。

MD：啊是的，我想在书籍年鉴中这是前所未有的。

JC：玛格丽特·杜拉斯，您以前经常说电影跟文学没有任何关系。现在，您似乎在重新审视这句或许有些轻率的话，而且您现在也投身于电影，因为我相信您将投入大量精力担任导演，如果可以这么说的话。

MD：是的，但是《毁灭》不是一本文学类的书。因此我还是可以这么说……文学与电影没有关系。《毁灭》是一本不属于文学的书，因此它可以毫发无损地被改编成电影。

JC：您是否曾比较过《广岛之恋》和《毁灭，她说》？在您看来，简单地说，我知道这两者无法相提并论，但从您重要的创作要素来看呢？

MD：好吧，我做不到。我试过几次，没有发现《广岛》和《毁灭》之间有任何关系。您觉得有吗？

JC：是的，或许吧，我们稍后再来讨论这个问题。不，首先，对于《广岛之恋》，我想首先知道您希望赋予它什么东西——您自己是怎么想的？

MD：我想赋予广岛事件，或者说广岛所代表的难以置信的灾难和某种虚构的，是不可能抓住、不可能系住的任何东西。如果您相信，当我在开头让人说出那句"在广岛你什么也没有看见"，我想表达的是"对于这一事件，你永远什么也看不见，什么也写不出来，什么也说不出来"。因此我的确是基于无法谈论这件事来拍摄这部电影的。

JC：您把十分消极的东西，变成了十分积极的东西。

MD：我们可以说《广岛》是一部积极的电影吗，我不这么认为！无论如何，在我看来《广岛》中的精神分析意义上的迁移现在看似乎更顺理成章了：她跟日本人完整地重温了这件事，她把日本人留在了广岛，也就是她第二次杀了他，正如德国情人被杀害一样。十年之后，这件事似乎变得更顺理成章了。

JC：毫无疑问，《广岛之恋》在电影史上占据着十分重要的位置。很多人根本没有理解它，很多人不喜欢它，甚至有很多人讨厌它，也有一段时间所有人都爱它。您是否觉得某个特定的时刻人们去看《广岛之恋》是为了赶时髦？

MD：这一点我没办法解释。您觉得呢？

JC：我不知道。但是有一阵风，一种潮流，一种特定的风格。

MD：这很奇怪，是的……

JC：如果文学和电影可以相提并论，在某种程度上，您会排在罗伯-格里耶之前。因为您的作品更震撼。

MD：您知道，人们把好多东西都弄混了……

JC：噢，人们一直在混淆！

MD：我记得，我遇到的一位匈牙利朋友对我说："你去看雷乃的新电影吧，名字叫《去年在广岛》[1]。"（笑）

JC：很别致！……（笑）说到底，这是一个很好的联想。

MD：是的！

JC：但是《毁灭，她说》——必须要谈到这部电影——我认为它是您的职业生涯中的一个大日子；总之无论如何，它都是您职业生涯中的一块宝石。

MD：我也是这么想的，我也是，是的。

JC：所以您要跟我解释一下为什么现在这部电影在英国和美国的接受要比在欧洲好，英国和美国的年轻人在影厅里起身呼喊："好样的，就应该这样创造世界，就应该这样思考。"

MD：听我说，如果这部电影不是我的，如果它没有署上我的名字，我想人们会以完全不同的方式接受它。我只能这么说，不是吗？

---

1 这位朋友混淆了杜拉斯的《广岛之恋》和罗伯-格里耶的《去年在马里安巴》（*L'Année dernière à Marienbad*）。——译注

JC：您觉得人们不爱您，玛格丽特·杜拉斯？还是说应该不惜一切代价轰炸您？甚至向您开枪？

MD：是的——我说的不是所有人，不是吗，我说的不是那些去看电影然后跟我谈论的年轻人——，我说的是现在的评论，是属于某个阶层的评论，是的，或许。

JC：您一直喜欢用奇怪的标题，但我说的奇怪是带引号的。《广岛之恋》已经很天马行空了……

MD：是的！（笑）

JC：《毁灭，她说》，就我个人而言，我永远也想不到这样的标题……

MD：这些标题不好，您觉得？

JC：不！您很清楚您在做什么，清楚您取的这些标题——您知道它们之后都会变成别出心裁的好标题。

MD：现在《毁灭，她说》变了，您看，现在人们称它为《毁灭》。在美国称为*Destroy*。在这里我也加上了英语的标题，因为这部电影开始在那边，在美国和英国活跃起来了；我放了两个标题。

JC：这是一种对世界本来面目的厌倦，还是一种对自我的厌倦，您想表现什么？

MD：二者皆有，还有一种非常非常强烈、非常激烈的需要，对另一种时代的需要。

JC：对您来说，在这部电影中，疯狂可能是一种至高无上的智慧——这几乎是矛盾的，同时也很了不起？这已经走得很远了……最后您比较了疯子和孩子，他们是真正的智者。平静的疯子，当然。

MD：我没有说他们是智者。我说孩子就是疯子。您有孩子吗？

JC：没有。

MD：孩子就是疯子，总之在达到懂事的年龄之前，都是疯子！如假包换！我没有说疯子是智者，您知道——但疯子是属于未来的一股清流。彻底刷新了感觉。还有智慧。我经常说他们是唯一对抗自我的存在，这里指的是社会自我，不是他者而是社会自我，我会一直这样想。我不会写一本没有疯子的书！现在。

JC：《毁灭，她说》，您可以用几句话向我们讲讲这个故事吗？是四个人物……

MD：是的，是被困某地的四个人物。

JC：……那里既是旅馆，又是诊所……

MD：是的，当它是一片区域。

JC：一片区域。

MD：一片区域，挨着森林。这些人在走动，在谈话并在自我毁灭。

JC：您想杀死他们的社交习惯？

MD：也就是说一旦他们进入这片区域，他们的社交习惯就没了。他们互不相同。跟他们后来的样子有一点像，您明白吗？在弗洛伊德之后，根据我的观点。

JC：在您看来哪些是社交习惯？

MD：最严重的是判断的习惯。

JC：可能是喜爱，修养，偏见？……

MD：是的，占有。最广义的占有。占有孩子，喜爱的物品，还有经济财富，不是吗，以及汽车或房产。

JC：您赞成拥有汽车和房产吗？

MD：当然！总之房产，是的，我支持人们拥有汽车！我不支持人们拥有孩子，或者妻子，或者丈夫……

JC：但这不是一种很左派的逻辑！

MD：您这么觉得？

JC：我不知道……（笑）

MD：（笑）我也不知道！

JC：您赞成放弃，玛格丽特·杜拉斯。

MD：不，不，根本不是。相反我赞成一种更加浓烈的人生。我想《毁灭》里面的人感受十分强烈，他们比其他人感受强烈十倍，不是吗？例如，施泰因。

JC：是的，这是真的。但在比较时，会发现这些能克服习惯的人最后变得像修道士一样了！或者修道院里的加尔默罗会[1]修女……

MD：那么，您看，以您为例。当您这么说的时候，就是源自一种思维习惯。

JC：是的，这是当然！

MD：为什么要成为修道士的只有修道士？

JC：但是您，您源自于另一种东西，那就是政治激情。

MD：是的，我想施泰因是一个异类。我不想给他定性。您说他是修道士，但是我，我不知道施泰因是什么。我想在以后，还会有施泰因这样的人，越来越多，我衷心希望会是这样；但从过去的角度定义他，我做不到，因为他属于未来。假设您见到一种陌生的颜色：您不能用以前的颜色来定义它。

JC：玛格丽特·杜拉斯，是否应该不惜一切代价地毁灭？

MD：是的，我这么觉得。我希望人们摧毁所有的小学、大学，一切。

JC：为了从头再来？

MD：或许吧，是的。但要在之后。要首先浸润在巨大的无知中。浸润在黑暗中。

JC：在您的电影《毁灭，她说》中，总之在《毁灭》中——因为就像您刚才所说的，人们现在称它为《毁灭》——您创作的人物厌恶他们的过去，正在看到所谓的重生。

MD：有一个人物厌恶她的过去，是那个女人，不是吗？在我看来，这个女人完全来自于外界，她就是伊丽莎白·阿里奥纳。她只是处于这个阶段而已，厌恶她的过去。施泰因走得更远。

1 加尔默罗会（Ordre du Carmel），天主教托钵修会之一，十二世纪中叶创建于巴勒斯坦的加尔默罗山，其会规要求会士安贫、守贞、服从、静默、斋戒。——译注

JC：但您不觉得，玛格丽特·杜拉斯，按照您的想法——因为您完全进入了这部电影——您可以打破结构，变革一切，因为自说出“应该毁灭”这句话开始，一切都变得很危险了？因为您也要毁灭自己了？

MD：（笑）是的，但我毁灭了自己是为了写出这一切，您知道！一旦被毁灭了，我就能写出这本书和这部电影。也就是说我尝试了，我尝试了摧毁我身上源于作家习惯的一切。我在很久之前就开始写作了，我写得很多。在创作它之前我先停了一年没有写作，您知道吗？整整一年，是的。

JC：按照这种想法，玛格丽特·杜拉斯，只有两条出路：您要么极为不幸，要么极其幸福。

MD：不，有第三种。

JC：是什么？

MD：非此非彼。

JC：我们来听巴赫。

JC：玛格丽特·杜拉斯，我们谈论了这部电影，我们之所以谈了那么久，是因为，不管人们爱它还是恨它，就像我刚才所说的，它是电影中的一块宝石。正如《广岛之恋》也是一块宝石。如果您发现，玛格丽特·杜拉斯，有人不喜欢它，您会觉得失望、伤心或愤怒吗？

MD：不，我说过有些人不可能喜欢它。不是吗？这一点，我是知道的。令我伤心的——到目前为止还很少见——是年轻人无法进入这部电影。因为在创作《毁灭》时，我完全沉浸在对年轻人的爱中。因此如果他们不能进入这部电影，您知道，是的，我会感到某种痛苦。但至于其他人群，不，应该说不会。

JC：您觉得，玛格丽特·杜拉斯，可以这样刻意地对一个年轻人说“去毁灭自己”吗？这不是个糟糕的建议吗？

MD：是糟糕，可以对他说“什么也别听”……

JC：反正学不到什么！

MD：“什么也别听”，“你想做什么就做什么”。

JC：这是个糟糕的建议。

MD：（微笑）不是。

JC：就像有的国家把课本全烧掉了，您认为这是好事？

MD：我认为是。我认为这是好事。

JC：在您看来，这一切都如田园诗一般。

MD：不，这是很现实的！

JC：您不会有时做做梦吗，玛格丽特·杜拉斯？

MD：我做梦不多，不多。

JC：如果这是一个梦，那是好梦还是坏梦？

MD：对我来说我觉得这是个好梦，但我觉得这只是一个梦。

JC：玛格丽特·杜拉斯，如果您需要把自己的思想贯彻到底，您就应该做家务。

MD：不……不，我觉得我的孩子们，您的孩子们，还有我们的孙辈们会去做家务。

JC：您很悲观。

MD：所有人将来都会做家务，但现在不会。

JC：您很悲观，玛格丽特·杜拉斯。

MD：说到做家务，这就是乌托邦了，您明白了吗，现在？这就是乌托邦！我十分悲观，是的。是的。

JC：您希望保持如此。这是您喜欢的领域，您的氛围。

MD：噢，不是我希望这样……不，我就是这样的。

JC：与其他导演相比，您是如何给自己定位的？您会见到他们吗，您经常与他们来往吗？您爱他们吗？

MD：不，我见不到他们。我认识几个，但不与他们来往。甚至根本不来往，哎呀！（微笑）我注意到了这一点。不，不。

JC：玛格丽特·杜拉斯，您有没有说过“只有我一个人是对的”？

MD：哦不！不不不，从来没有。

JC：玛格丽特·杜拉斯，在您的电影中有一种典范性的东西，那就是拍摄电影的方式。需要提醒的是，这是一种集体经验，除了置景工和技术人员之外，所有人都没有报酬。

MD：置景工和电工，是的。

JC：这是以何种方式进行的？在1969年，人们如何能接受没有报酬？

MD：我想题材起到了一定的作用，然后我有两个绝妙的制片人，妮科尔·斯黛芬[1]和莫尼克·蒙蒂维耶[2]，在巴黎只有她们两人接受拍摄这部电影，而且是在那种环境下拍摄，也就是说完全自由的环境！是她们组织了……用英语怎么说呢？*package*[3]。

JC：用法语呢，怎么说，这个？因为我不说……

MD：我不知道，我……

JC：L'affaire[4]什么的？

MD：L'affaire，是的，就是这个。演员，还有……让·彭策[5]，米歇尔·勒邦（Michel Lebon），也就是摄影总监和摄影师，他俩也没有报酬。

JC：您是否觉得，玛格丽特·杜拉斯，把这样一份无偿的工作强加给演员们是正当的？

MD：他们可以选择做或者不做！

JC：他们本可以拿到报酬的，或许……

MD：啊，这我就不知道了，但是……！

---

1 妮科尔·斯黛芬（Nicole Stéphane，1923—2007），法国演员、制片人，代表作品为《毁灭，她说》《菲德拉》。——译注

2 莫尼克·蒙蒂维耶（Monique Montivier），法国制片人、演员，代表作品为《牺牲在马德里》。——译注

3 意为“一套”，在这里指一套人马。——译注

4 意为“事务”。——译注

5 让·彭策（Jean Penzer，1927— ），法国电影摄像师，代表作品为《伯纳黛特》《失落的一封信》。——译注

JC：这完全是另一回事了。

MD：是的……！（微笑）

JC：可能是为了给自己做广告。

MD：我还是不会这么认为。

JC：您进入了电影界的某个领域，玛格丽特·杜拉斯。我知道演员们喜欢跟您一起拍摄。

MD：您知道这个？

JC：是的。

MD：这是拍摄这部电影的唯一方法！没有人会往里投钱，没有人！

JC：当您进行比较，例如与其他电影……或许不该称其为商业片的电影进行比较时——我想到了《暗度陈仓》（*Le Corniaud*）、《虎口脱险》（*La Grande Vadrouille*）、《神机妙算》（*Clan des Siciliens*）——您有什么想法？

MD：您知道，我没有看过这些电影。

JC：您不想看，这是很严重的！

MD：不，我没有想到要去看……

JC：然而这是一种消遣，是人们的一种娱乐方式？

MD：我喜欢的电影，我认为十分伟大的电影，看过的人却极少！在过去的四年里，我看过两部伟大的电影，或者说是两部非常非常伟大的电影，是斯特劳布[1]的《安娜·玛格达丽娜·巴赫的编年史》（*La Petite Chronique d'Anna Magdalena Bach*）和罗西里尼[2]的《路易十四的崛起》（*La Prise de pouvoir de Louis XIV*）。的确是两座高峰，是的，最近五年以来的。是的，五年。

---

1 斯特劳布（Jean Marie Straub，1933— ），法国导演、制片人，代表作品为《历史课》《阶级关系》《访问卢浮宫》。——译注

2 罗西里尼（Roberto Rossellini，1906—1977），意大利导演，意大利新现实主义电影滥觞的发起人，代表作品为《罗马，不设防的城市》《罗维雷将军》《德意志零年》。——译注

JC：您是电影爱好者吗？

MD：我经常去电影院。

JC：您对我说您看过两部伟大的电影。但毕竟还有其他的！……

MD：还有其他的，是的，是的，还有其他一些也非常非常好。但是……

JC：如果电影卖座，演员们就会根据进账领取报酬？

MD：是的是的！所有人都会领到。

JC：有一份合同……

MD：啊是的是的是的。所有人。我们都会从中抽成。

JC：您觉得，玛格丽特·杜拉斯，在或早或晚的将来，人们会在这种环境下拍摄电影吗，也就是说在拍电影时人们无偿表演，之后再根据进账领取报酬？

MD：某一类电影。

JC：是您拍的那一类吗？

MD：说到底，这种电影的受众极小，不是吗，所以只能用这种方式拍摄。而且，我还见了男演员，您知道，就是朗斯代尔。他参演了德·菲奈斯[1]的电影《冬眠者》（*Hibernatus*），因而有能力在之后参演《毁灭》！对他来说，这十分清楚。他的思路极为细致而理性。

JC：您会给演员很多自由演绎的空间吗？

MD：呃……

JC：还是把他禁锢在您的想法里？

MD：（笑）啊，我不知道！我跟他们排练了很长时间，长达一个半月。这样他们所有人受到了同样的熏陶。您注意到他们几乎是用同样的方式在表演，他们四个人。

JC：是的，有杜拉斯的风格，在里面。

---

1 德·菲奈斯（Louis de Funès，1914—1983），法国电影导演、演员、剧作家，代表作品为《穿越巴黎》《虎口脱险》。——译注

MD：（笑）

JC：玛格丽特·杜拉斯，您不会有意也要摧毁观众吧？

MD：也就是说我觉得，如果他不自我毁灭，如果作为观众他不摧毁自己所熟悉的某种电影，他就不会看《毁灭》。我是这么想的。于是人们说我想摧毁观众——在这个维度上，或许吧。但说到底这不是我的……我的主要计划，不是吗？

JC：玛格丽特·杜拉斯，您十分贴近群众，但如果追究到底，您不是在为他们拍摄电影。

MD：我不知道该怎么拍。

JC：您难道不觉得有一种差距，一种不平衡，在那里？……在您所想和所做之间？

MD：不会，因为如果我拍摄大众电影，我就不得不歪曲我所想的一切和我感觉到的一切。这就是造假了，不是吗？这就是撒谎了。这一点我做不到。我感到非常遗憾，不过我不能拍大众电影。

JC：如果逼您呢……？

MD：我不想逼自己。

JC：您谈到了撒谎。

MD：是的，正是，我不想。

JC：这是很大的缺点吗，撒谎？

MD：我去了古巴，我问在那里我能做什么，在古巴，您看？我想在那里待上一年。

JC：不会更长？

MD：我想在那里待一年，不，我在法国有个孩子，我不能离开他太久，我不想那样。人们对我说如果你待在古巴，那么你以前做什么就还做什么。继续写你以前写的书。如果你想拍电影，就去拍。不要改变，千万别。

JC：但在法国，您能完全自由地做您想做的事吗？

MD：是的，在这里我有一点，您知道……在这里有一点像在其他地方，您知道，在法国，我对人不是很了解。巴黎人，我不知道他们是怎样的人，我从来见不到他们。我处在一个极为封闭的环境中，但是……不管怎么说，我读报纸。

JC：玛格丽特·杜拉斯，您几乎不觉得自己是法国人，但是……我们一致认为是法国造就了您的名气，让您变得广为人知。或许甚至让你发了财。

MD：您这样觉得？您觉得是法国？

JC：《广岛之恋》，是法国拍的！

MD：但我觉得这部电影在美国取得了更大的成功。

JC：它是从戛纳走出去的。这一点不能忘记。

MD：是的，但它也可能从其他地方走出去……

JC：或许不能以同样的方式走出去。《毁灭，她说》是这样，这部电影是从其他地方走出去的。

MD：是的，例如英国人对我说，不要待在法国。这里……应该来我们这里，我是这么理解的。他们对我说电影的受众会很少——其实还不错，我夸张了；但是我确实觉得有一点……像是在国外，是的，我不知道怎么跟您说更好了，在这一点上。

JC：在您的电影中有一点非常好，就是您懂得如何把沉默和音乐结合在一起。而且这是一种很艰难的结合，但是最后很和谐，这样一种结合。

MD：（微笑）《毁灭》是一部没有音乐的电影。

JC：正是……

MD：有一种被毁灭了的音乐。

JC：您毁灭了一切，甚至是音乐。

MD：音乐在最后被毁灭了，是巴赫。

JC：玛格丽特·杜拉斯，您是否——我已经向您提过这个问题了：对于幸福您是否有个人的看法？正如我刚才所说，在一个过于田园诗般的世界里，属于您个人的看法，因为您一直都是超前的，因为您会预料到一百年之后发生的事——也就是说共产主义者当权，左派统治世界……

MD：(笑)混乱！

JC：不，我没有说过这个！

MD：不，但至于我，我希望如此。持久的混乱。

JC：有序的混乱。

MD：是的，持久的混乱，是的……隐蔽的。

JC：人们总是说有两件事情非常严重，秩序和混乱。因此，应该如何为自身定位？

MD：哦，我觉得在中级阶段会达到。幸福，我感受过，您知道，我还是感受过的。

JC：但这是生活带给您的。

MD：当然！但这是直接的，只有生活能带来。

JC：但是这种生活，您拒绝吗？

MD：您好像很关注这个问题。

JC：是的，不，这是因为您的电影……确实是彻底的毁灭，它会引导人们相信您没有两只脚稳稳地站在这片土地上。

MD：我不觉得《毁灭》里面的人不幸，一点也不！

JC：但这就更糟糕了，当人们感觉幸福却还想毁灭的时候！

MD：施泰因是幸福的！

JC：是的。

MD：有人问他我们幸福吗，他回答说我们是幸福的。

JC：也就是说他意识到了这一点。他知道他要做什么！

MD：是的！只不过，您会跟我说，是其他人问他的。他们不知道。

JC：当无意识的人想打破一切时，这不严重，永远不会走很远。

MD：是的。

JC：只有当他们确切地知道他们要做什么时，一切才会变麻烦。

MD：例如德国的学生争取民主社会组织，现在开始采取行动了，不是吗？也就是摧毁商店。您觉得他们不对，您本人。

JC：也就是说我不明白这类事情，说得更远一些，我不理解参加示威游行的人，例如，从某个特定的视角来看，我看到很多游行示威者，他们游行反对这个，反对那个……但当他们游行支持越南和平时，我在游行最后听到有人喊："越共必胜。"我想到了所有的游行示威者，如果让他们投入战斗，会组成一支多么出色的军队……

MD：但我觉得您过于从字面意义上理解《毁灭》了。您理解得太具体了，不是这样的。是要毁灭旧的，毁灭您心中那个旧的自我！

JC：也就是毁灭过去。

MD：也就是首先毁灭过去。及其残余。

JC：对您来说，玛格丽特·杜拉斯，还有重生？

MD：啊我不知道。

JC：这是一个梦？

MD：我不知道。我觉得在重生之前会有一段很长的极为黑暗又很痛苦的阶段。我在《毁灭》里面说到了这一点，这是很恐怖的。（笑）但我是笑着说的。

JC：鲍勃·迪伦[1]在歌曲领域也是超前的。

MD：是吗……？

JC：因为您选择了他。

JC：玛格丽特·杜拉斯，在毁灭的过程中，有哪些困难？

MD：呃，也就是说，有各种各样的问题！比起往橱窗里扔石头，想要摆脱，想要抽身，想要离开，都更困难得多，不是吗？更难以摆脱的是自己

1 鲍勃·迪伦（Bob Dylan，1941—　），美国摇滚、民谣艺术家，代表作品为《答案在风中飘荡》。2016年获得诺贝尔文学奖，成为第一位获得该奖项的作曲家。——译注

的思维习惯和判断习惯。都更困难得多。

JC：这已经是偏见了。

MD：是的……（笑）

JC：玛格丽特·杜拉斯，您说过："只有疯狂是受世界庇护的。"我们又回到了刚刚谈论的把疯子和孩子作比较的问题上。

MD：是的，我经常谈论疯狂，不是吗，人们也就我的书谈论疯狂。尤其是拉康。您大概知道，疯狂不仅仅是一种求助，还是一系列状况的结果。就这一点，我想说疯子是一个*无法忍受*当今社会的人。尽管在越南战争、比夫拉战争和阿尔及利亚战争之后，人们的心理依然完全健康，我依然确确实实地感到一切都令人绝望。您明白吗？一个无法忍受这个世界的人，会坠入神经官能症的深渊。好极了，这说明什么呢？说明他的敏感度增加了。说明他对世界的感知变得敏感多了。还有他的智慧。当我为疯狂辩护时，我想说明的就是这个。

JC：但在1969年，或者说在马上到来的1970年，还有可能相爱吗？

MD：人们不再像以前那么相爱了。

JC：向着更好还是更坏的方向变化？

MD：在这一点上，例如，说到年轻人，我对他们有一些了解——他们走出了我们的爱情模式，这是肯定的。那种优先和占有的模式，他们已经走出来了，不是吗？

JC：昨天晚上，我在电视上看到一位女修道院院长。她谈话的语气跟您一样平静。她是为了建设，您是为了毁灭。

MD：建设什么？

JC：她有她要建设的世界。她看上去是一位非常幸福的女士。功德圆满。我被这位女士打动了，我心想，人怎么能这样幸福，怎么能以这种方式获得幸福？至于您，您是以另外一种方式，因为您要*毁灭*——当我们这样看着您，很遗憾我们不是在电视上，您在您的毁灭中也同样完美，也就是说您是幸福的。

MD：我很快乐。我经常说我是快乐的悲观主义者，我希望一直这样。

JC：您喜欢一些看上去没什么用的东西，例如音乐、歌曲吗，您有特别喜欢的歌手吗？

MD：是的，我很喜欢鲍勃·迪伦，我很喜欢英国歌手。音乐，当然，那是我最喜欢的。

JC：也就是说如果要毁灭，不应该毁灭它？

MD：呃，我觉得音乐是永远也毁灭不了的，因为人们不了解它。人们还没有把所有音乐都听遍。我认为没有人听过巴赫。

JC：没有人听过？

MD：人们经常说没有人听过莎士比亚，您明白吗？莎士比亚，对，他很重要，但对我个人而言，他可能跟别人一样；但是巴赫，我觉得没有人听过他。没有人有足够多的闲情来听他。

JC：玛格丽特·杜拉斯，那么现在呢：我们谈论了《广岛之恋》，我们谈论了《毁灭》，我们谈论了您；我们谈论了您的共产主义，它是真诚的，但可怕的是，出于一些与您有关的原因，与目前的执政党相左；那么现在呢？您在做什么？

MD：现在，马上？我要动身去美国；至少待一个月，或者两个月。因为《毁灭》要在纽约上映，我需要到场[1]。我正在尝试写一本书，但我无法完全确定是否能成功，是否能成功写完。

JC：但是，玛格丽特·杜拉斯，去美国，这已经是一种让步了吧？

MD：完全不是，这是一场旅行……

JC：比去古巴或中国要容易，对您来说？

MD：是更容易，是的；是更容易。

JC：因为您的思想。

MD：不，单纯从物质上讲，也更容易。因为我不知道这一次能否拿到签

---

1 《毁灭，她说》于1969年9月中旬在纽约电影节上映，当时作者在场。

证。但我完全看不到有什么阻碍。纽约带给我的，就算不比巴黎多，至少也是一样多。但这是一座我每次都想烧毁的城市，您明白吗？

JC：是的，您还说过："在十年之内，纽约将是一座沙漠。"

MD：不，在五年之内！在五年之内，纽约将成为一个拥有八百万无产者的城市群。这在世界上将是独一无二的。因为每年有五十万有产者离开，还有五十万波多黎各人、南斯拉夫人、现在的葡萄牙人和黑人达到那里。到曼哈顿。在世界上这是一个独一无二的现象，这是激动人心的。

JC：玛格丽特·杜拉斯，您觉得您是女商人吗？

MD：（微笑）我不知道您所说的女商人是什么意思！

JC：您喜欢钱吗？

MD：呃……我想要很多。我没有那么多。

JC：但这是一种缺乏共产主义精神的想法？

MD：是的，不，但是我觉得您对共产主义的看法确实是……很抱歉这么说，但确实有些天真，您觉得呢？

JC：但我是很天真的。

MD：（笑）我很想在一个没有钱的世界里没有钱。但我不想在一个有钱的世界里没钱。

JC：我刚才说出那些话时，是为了引出您刚才那种回答……

MD：（笑）

JC：应该说，在采访罗杰·加洛蒂或者他那样的人时，我的提问经常让人感到惊讶，但重要的还是结果！

MD：我明白。加洛蒂对您说了他不喜欢钱？

JC：他没有跟我说过这个。谢谢，玛格丽特·杜拉斯。

1969年12月28日，《X光透视》(*Radioscopie*)，法国国内台，
雅克·尚塞尔，法国广播电视公司制作

1974

人们不太清楚您是谁了

继《恒河女子》(*La Femme du Gange*，伽利玛出版社出版)之后，现在是《话多的女人》(*Les Parleuses*，午夜出版社出版)。玛格丽特·杜拉斯与格扎维埃尔·戈蒂埃[1]未经修改的谈话。正如作者在前言里告诉我们的，重要的东西在口误里。

让-路易·艾齐纳(Jean-Louis Ezine，以下简称 JE)：最终，您是想写一本失败的书？

MD：不，是一部反-书(anti-livre)，因为这是一本没有开头，没有结局，也没有虚构的书，它甚至没有被重读或修改。

JE：失败，我就是按照格扎维埃尔·戈蒂埃在前言中使用这个词时的意思来理解的：在清晰话语方面的失败，由于未经修改便按照原始状态交出，因此透露出了您不想说，但在您不知情的情况下说出来的东西。

MD：是的，我觉得我们第一次从对审查的恐惧中解放了出来……

1 格扎维埃尔·戈蒂埃(Xavière Gauthier，1942—　)，法国作家、记者、编辑，法国女权主义代表人物，代表作品为《超现实主义与性》。——译注

JE：这是如何做到的？

MD：事情是这么来的。《世界报》有一个关于女性写作的档案计划。雅克琳娜·皮亚捷(Jacqueline Piatier)[1]没有接受。格扎维埃尔·戈蒂埃和我，我们还是顺着这个思路继续下去。在一个美丽的夏天，我们在乡下相聚，我们继续。

JE：像格扎维埃尔·戈蒂埃说的，你们还在谈话的间隙做果酱。

MD：是的，我有很多水果……

JE：在这些按照谈话进行的原貌整理出来的对话中，有没有对某种天真的寻找，按照巴特的说法，审查是与写作一同开始的：写作在压缩、修剪、擦去，总之是在装扮并粉饰最初的冲动……

MD：这些都是在事后进行的，我不能对您说：一旦记录到纸上，我们就意识到这些谈话可以保持原样，交给读者阅读，赤裸裸地……

JE：现在您从这本书里读出了哪些暗示？

MD：在这一点上我没有什么要说的。

JE：您没有什么要说的？

MD：没有，当然。我在和格扎维埃尔聊天……

JE：这并不意味着您什么想法也没有……

MD：人们对我说这有点让人困惑，因为它读起来比一篇改过的文章还要好。

JE：还要好？

MD：不是从文学阅读的角度。而是从"聆听"阅读的角度看更好，您知道。这不是一本用来读的书，这是一本用来听的书……这变了。

JE：您希望更多地袒露自己？

---

1 1973年5月，《世界报》本来打算刊登关于女性写作的两页内容。雅克琳娜·皮亚捷拒绝了，理由是这些文本"完全无法理解，荒谬不堪，没有任何意义"。参见玛格丽特·杜拉斯，《作品全集》，第三卷，巴黎，伽利玛出版社，"七星文库"，第1587页。

MD：我不想袒露自己，谈话是自然而然进行的，正如您在这本书里听到的那样。我们不想按照这样或那样的方向前进。我们聊得很随意，没有丝毫刻意。或许这一点正是您难以想象的。每天早上起床的时候我不会对自己说"今天我要多说点"或者"今天我要少说点"。

JE：您希望这本书呈现出心理分析的面貌？

MD：不，再说一遍我什么也不希望。

JE：毕竟有两个主体……

MD：谁？

JE：玛格丽特·杜拉斯和格扎维埃尔·戈蒂埃。

MD：好像我问了她很多问题……我很喜欢这个想法。

JE：想到审查自然会引出言论自由的想法：想逃避所有的思想或文学审查，也就是想彰显言论的某种质量，某些独特的真理……

MD：审查这个想法不是一开始就有的。何种审查？盛夏，在乡下的一栋房子里，我们女人之间聊聊天，没有目的，没有计划。我们不知道写成文章是什么样，不知道会不会修改，通常都要修改的。最终我们决定保留它原来的样子……我想男人们可能会喜欢每天晚上再听一遍他们之间的谈话，并做出评判。房子里没有男人，不管远近都没有，我想这起了很大作用。

JE：审查是男性的？

MD：您想说什么？

JE：您是否认为对写作理由的审查具有男性色彩？

MD：男性的压迫并不是理由，但它对理由产生了影响。这证明了它之所以伴随着我们，是因为人们一直在谈论它。

JE：您呢，您拒绝评判您做的事。

MD：您不惜一切代价地认为我有什么意图。这不是一个需要作者评判的文本。此外，在这本书里也没有作者。

JE：对于您出版的这个文本，您什么也不想说。您对于出版它有什么兴趣？

MD：按照原始状态，比如前后不一致，等等，发表出来的谈话，可能会包含更多的……真诚。文本是按照另一个时代的样子存在的。仿佛您走的是一条实实在在的路上……一切都不是既定的。与其说它是一本书，不如说它是格扎维埃尔·戈蒂埃和我，与其说它是我们，不如说它是一本书……这本书想表达您所想的。我在书里跟格扎维埃尔讲的话，就是我写作时想到的。我没有剖析我的计划：我没有计划。我只是在谈论写作时突然想到的东西。这件事，是女人才会做的。男人则会谈论他的书有什么意义，挖掘他的动机。并不是说我拒绝这么做：这没有发生，我没有动机。我可能会撒谎。在我看来，这是一种女性现象。

这是在写作内部进行的。我写作，就是这样。我听到一些话，那个地方关上了，声音变弱了。于是我要特别认真听，为了不漏掉一字一句……在《话多的女人》里，我只是原原本本地说出了当我回归写作领域时我想到的东西。

JE：人们不太清楚您是谁了，玛格丽特·杜拉斯。

MD：这样更好……

JE：自 1968 年 5 月以来。

MD：为什么是 1968 年 5 月？

JE：您彻底改变了您的写作方式。

MD：您说的是《毁灭，她说》……这是一本政治书，表达了我相信 1968 年 5 月。此外这是年轻人的看法。

JE：令人担心的是，是当您在摧毁的时候，没有留下任何清晰的计划……

MD：我解释过，在这本书里也解释了。这是一种完全内在的毁灭……以您为例，我希望您打破的，就是某种提问习惯，这种习惯有点像是既定的，有点机械。“您在……方面有什么意图？——您通过……想表达什么？——您想不想稍稍谈论一下……？”仿佛我们真的可以稍稍谈论一下。我们要么谈论,要么闭嘴。毁灭,对于我来说,是内在的。您也知道这一点。我可以更加严肃地对您说,我不属于任何政治政党,我的政治觉悟比以前要高得多。我没有被那些林林总总的口号埋没。

1974 年 4 月 15 日,让-路易・艾齐纳,
“谈论不想说”,
《文学快讯》

1975

导演执念

在最近一届戛纳电影节上,《印度之歌》(*India Song*)荣获艺术和实验电影奖(le Prix du cinéma d'art et d'essai)[1],它构建了一场迷幻的爱情与死亡的仪式,以分散拼图的形式,因为各种画外音勾起的无形和有形的记忆而变得鲜活。偶尔故意混杂在一起的声音,永远模糊的见证,小心翼翼地维护着重组的拼图的阴影区域。

仪式发生于二十世纪三十年代前后,在印度,恒河岸边:确切地说是在加尔各答的法国大使馆和印度岛上——那里是安娜-玛丽·斯特雷特(Anne-Marie Stretter)最后的逃亡之所,这位迷人而痛苦的大使夫人,在身患麻风后灵魂也染上麻风,并因而死去,爱情和疾病的爆发并没有把她从生活在一个悲惨和不公正的世界的绝望中拯救过来。

面对大使府邸富丽堂皇的大厅里的镜子,在装饰着玫瑰、散发着乳香的爱情祭坛的阴影下,从过去苏醒过来的仪式伴着因热浪而停滞的动作和步态的节奏缓慢进行,发生在使馆舞会的边缘。这是一场关于在一个封闭的、世俗的、礼节性的世界中困顿生活的哑剧,它

1 《印度之歌》,在 1975 年的戛纳电影节非竞赛单元中当选,荣获法国试验艺术电影协会奖。

笼罩着幽魂般节日氛围的无谓仪式，既无法阻止河畔女乞丐的赞美诗，又无法使人们免受无处不在、已经将印度吞噬的饥饿之苦，其中心在于安娜-玛丽·斯特雷特慢慢滑向她那些一个接着一个或彼此平行走向自杀的情人的怀抱。耀眼的华尔兹、淫荡的探戈、伦巴和忧伤的印度之歌烘托着爱情的绝望者和生活的绝望者之间不可能的联姻庆典。

一天晚上，厌倦极了的安娜-玛丽·斯特雷特纵身跃入肮脏的河水，一直重蹈覆辙的爱情游戏已经不足以支撑她活下去了。

电影以细细扫过印度版图作结尾：麻风肆虐的大陆，悲剧的起源。

《印度之歌》使其作者赢得了联美公司（Artistes associés）经理的评价："玛格丽特·杜拉斯是指出我们拍摄的电影存在最多错误的人。"

丽塔·马里昂西斯（Rita Mariancic，以下简称 RM）：玛格丽特·杜拉斯，您可以描述下您在电影写作方面的品味吗？

MD：这是一个观众问题。电影写作更直接地针对观众。观看电影的集体视角，与单独阅读一本书正好相反，它与时间、与时代、与我们的政治阶段的关系更为密切：自大革命以来这是最为密切的。

RM：与文学表达相比，这种造型艺术对您来说意味着什么？您在努力维系写出来的词语与画面之间的何种关系？

MD：我直到第三部电影［《黄色的，太阳》（*Jaune le Soleil*），最初的题目为《犹太人》（*Les Juifs*）］才辨别出两者的区别。现在我不再区分了。如果您去听听《印度之歌》的有声磁带，它跟书一样。对于《印度之歌》，我从来没有说过：这是一部电影，不应该谈论过多。我是把它当作一本书来创作的。此外，电影还为作者带来了看待其作品的"视角"。在屏幕上，我也在向您展示我看到的东西；我可以让您听到我听到的音乐，声音的质量，文本的停顿，还有其速度。在一本书里，东西是说出来的；在一部电影里，一切都是展示出来的。这既是电影的贫乏之处，又是其丰富之处。写作是完全独立完成的，这与画面完全不同。因此人们越来越想获得有价值的剧本。徒有漂亮的画面，这会让他们厌烦。

RM：因此《印度之歌》只是把书抄写到了屏幕上？

MD：勉强可以说是一种抄写。书非常非常接近电影，只是在最后一刻有一些微不足道的修改，要么是在剧院演出，要么是在电影院演出。修改是由聆听，是由福楼拜所说的"大喊"引起的。

RM：您会努力从您的电影中驱除一些特别的幻影吗：例如，我们在《恒河女子》，在《副领事》，在《劳拉·冯·施泰因之劫》（*Le Ravissement de Lola von Stein*）（原文如此）这些文学作品中发现的幻影吗？

MD：绝对的。我导演了我的执念。出于习惯，人们从一种幻影出发，对其进行分析，试图找到一种对整体消耗的叙述。但是我，我把幻影本身搬上了舞台。在《劳拉·冯·施泰因之劫》（原文如此）中，在《印度之歌》中，在《副领事》中，已经有了电影人物的重复出现。我试图在作品中摆脱这些人物，但没有成功。在《劳儿之劫》中已经有了安娜-玛丽·斯特雷特和理查逊。副领事也第一次出现在了同名故事中。在电影中，所有的人物也都出现了，除了劳儿，但她的名字也已被提及。

一些恒定不变的东西也出现了，虽然不是故意的：《劳儿之劫》中的舞会，以及《毁灭，她说》和《副领事》中的网球。网球与我在印度支那的童年有关，它们就像幻景一样。我没法打网球，因为我出身低微。在我的思想中，舞会是和杀戮联系在一起的。在我十八岁时，世界是作为一件难以征服的事情展现在我面前的。对我来说，活着变成了苟延残喘。我如此绝望，以至于想自杀，在这一点上我混淆了自己和安娜-玛丽·斯特雷特的界限。我无法忍受不公平。这种绝望也体现在了电影中。

RM：电影是在何种自然环境中拍摄的？

MD：在巴黎地区。这是个奇迹。法国大使馆在第十六区，印度岛宾馆是在凡尔赛宫，而暴风雨的全景则是在布洛涅森林拍摄的。拍摄持续了十四天，电影只花费了四千四百万[1]：这是一部短片的花费。《印度之歌》是当年制作费用最低的电影。

RM：在《印度之歌》中有一种刻意的唯美主义？

MD：我不这么认为。我更愿意谈论导演的理念。例如，也正因为如此，我希望演员和真实人物之间不可能达到一致。也就是说，商业电影基本的前提，也就是这种一致性，被我打破了。我不会说：安娜-玛丽·斯特雷特就是德菲因·塞里格。我不会明说，但会暗示：安娜-玛丽·斯特雷特，是我的歇斯底里。也正因为如此，它是不可描绘的。我无法传达这一点。我传达的是一种可能的画面，或是安德烈·布勒东所说的"一种可能性"。有玫瑰和乳香的照片是安娜-玛丽·斯特雷特的其他可能性。至于镜子的使用，那是她自发进行的。人们任由镜子发挥。它成了第二个屏幕，造成了视角的混乱，破坏了视角。由于镜子的存在，德菲因·塞里格自始至终都有两张面孔。

RM：在文学中，您是位神秘的作家。比起为特定的观众创作，您更喜欢直接为电影创作？

MD：在我拍电影时，我处在某种激情危机中，我不会去想观众。在剪辑时我会去想，但我不会把观众视为一种阶级现象；我把他们当成独立的个体。

人们说《广岛之恋》是一场观众的意外。我希望《印度之歌》也将是一场相似的意外。

1975 年 7 月 23 日，丽塔·马里昂西斯，

"玛格丽特·杜拉斯和《印度之歌》"，《建造》(*Construire*)（苏黎世）

---

1 杜拉斯指的都是旧法郎，100 旧法郎等于 1 法郎。——译注

1976

自画像，我不明白

MD：自画像，我不明白这是什么意思。不，我不明白！您怎么会希望我描述自己呢。我的画像，那是要让别人来画的。我认识多少人，就会有多少幅画像，它们都是有价值的；但对于自己，我没什么可说的。

这不存在，这是一个伪命题。说到底，总之，这不存在。这些问题太宽泛，答案也就最荒谬。您知道，说到了解，了解一个人，这是一件很难的事，一件应该重新审视的事。不应该一边思考“您是谁？”或者思考我为什么写作，一边回答您的问题。呃？您知道吗，这一点？这是什么意思，我是谁？您是谁，您呢，呃，您是谁？来，回答我！呃？是的，但您是谁呢，您，向我提问的人？我尝试去做我想做的事。您明白吗？人们不知道他们想做什么，通常是这样。好，在这里，有一件事，是的，要说一说。是的，人们一直让我谈论童年，在印度支那度过的，等等。好吧，好吧……当然它发挥了一定作用，但就跟所有人的童年一样。既不多也不少，您明白吗？（笑）您听到这些问题了吗？它们不会惹我不高兴，但对我来说没有任何意义，因为在我还是个孩子的时候，我听到的是法国狐步舞！我毕竟还是处在法国人的环境中。

人们从来不去做他们想做的事，他们总是旁观。您同意。我最欣赏的，是性堕落者，他们完全知道自己想要什么。这件事，毕竟还是非常明确的。他们知道他们需要这种东西，一连串的，这种东西，这些词语，这些动作……但他们是怎样发现这一点的呢，通过某种非同一般的内省？但他们知道自己想要什么，需要什么。但是大部分作家和电影业界人士，零蛋。好吧，呃，没有必要这么说，因为人们会说我在说别人的坏话，而我……我只是泛泛而谈！人们不知道他们想要什么，总的来说。是的。我既没有说作家，也没有说电影业界人士。威士忌里面有冰块在融化，在那里。好。

（冰块的声音。）

但是你那首印度支那的歌让我厌烦。你以为我会从中获得灵感？啊！都一样，对我来说。（笑）如果说有什么有趣的事情，那也是我在做什么，而不是我是谁。至于我是谁，这毫无意义。我不再读书了。我什么也不读了。我不再听音乐。我拍电影。我在半年里拍了三部电影。说到电影，我做过的最重要的事情，或许可以说是我做过的最重要的事情，是在今年做的，在12月。这是一部电影，名字叫做《在荒凉的加尔各答她的名字叫威尼斯》（*Son nom de Venise dans Calcutta désert*）。这是《印度之歌》的第二版。在这里我没有什么要说的。什么也没有。呃，好吧，就这样，您想让我跟您说说别的什么？我一生都在工作，我对工作怀有热情。也就是说应该审视这个概念，因为它是假的。我一生都在忙我喜欢的事情。夏天会让我很厌烦。人们去度假，这让我很厌烦。我知道他们有这个需要，我知道他们是迫不得已才娱乐的。总之我跟您说这些是因为，我不知道，巴黎今天有多少度，三十二度，是吗？是的……人们出发，在出发之前，他们就这样跟随广告推荐的路线，他们是迫不得已的；想想很可怕，因为……总的来说，他们不知道他们想做什么，永远都是一样的。永远都一样。或许我曾想去加尔唐普[1]河畔钓鱼，在利摩日[2]旁边，跟朋友们一起。此外，那里还有美丽的圣萨万(Saint-Savin)教堂，一座罗马教堂，没有人知道那里，一座彩色的教堂。

都一样，工作也是，他们工作是因为人们要求他们工作，他们度假是因为人们要求他们度假。如果您认真想想这一点，这很可怕。这很可怕。他们去游泳，他们去日光浴——还能有比日光浴更讨厌的东西吗？但是，他们去做了！他们去日光浴。他们晒黑了：他们晒黑是因为应该晒黑。可怜的人，这真可怕。他们不知道自己想要什么。

好了！您看我说了很多话！呃？您用不着抱怨！

好了，通常人们会说："无法忍受的，是工作。"我要说，娱乐也是如此，它被错误地对待了。被错误地领会了，被错误地理解了。呃？因为没有理由让几千几百万的人做同样的事情！这难以忍受。在七八月间，我要逃跑，要躲起来！躲开法国那个时候呈现的场景。不，没有人拥有一样的生活，跟别人一样的生活！没有人！认为一个知识分子和另一个知识分子之间有差别，但一个工人和另一个工人之间没有，这很蠢。在一个家庭主妇与另一个家庭主妇之间，一个工人与另一个工人之间，也有同样的差别，同样的距离，同样的……怎么说呢，同样的……是的，切切实实的差别，是吧，需求不同，方式不同，欲望不同，跟知识分子之间的差别一样大，认为一个葡萄牙人，和另一个葡萄牙人一样，这太可怕了！用同样的方式去看待人们，这跟军事化管理一样可怕，让我非常气愤，这一点。当人们对您说他们在拍一部关于雷诺生产线的电影时；好，雷诺生产线，有六百个家伙，得

1 加尔唐普(Gartempe)，法国克勒兹(Creuse)省的一个市镇。——译注

2 利摩日(Limoges)，法国南部上维埃纳(Haute-Vienne)省的一个城市，法国历史文化名城。——译注

了，可能有两千个家伙，他们在做同样的事情；由于他们在做同样的事情，所以他们都是一样的，人们称其为“雷诺生产线”！而根本不知道，不去问其中的一个人在做什么。这里面有一种对人的蔑视，这是很可怕的。在这种整齐划一的工作性质里。人们认为由于有数以百万的人在做同样的事情，他们就是一样的。在这里，马克思主义突然变得极其贫乏。在这里它不再行之有效，这种感受，已经有十几年了。因为个体失去了权力。

……

1976 年 7 月 5 日，米歇尔·贡萨雷斯（Michel Gonzales）和
宝拉·雅克（Paula Jacques），
“周一嘉宾”，《法国文化台的午后》（*Les Après-midi de France Culture*）

某种丰碑

玛格丽特·杜拉斯无处不在：《音乐》《是的，也许》《水和森林》《萨迦王国》《薇拉·巴克斯泰尔》(*Vera Baxter*)《印度之歌》《英国情人》和《在荒凉的加尔各答她的名字叫威尼斯》。为什么停在了这里？她在这里谈论她的新计划。

安娜·德·加斯佩里(Anne de Gasperi，以下简称 AG)：玛格丽特·杜拉斯，您在巴黎无所不在。米歇尔·波尔特(Michelle Porte)在穆夫塔尔剧院改编《音乐》和《是的，也许》之后，您在同一家剧院执导了《水和森林》和《萨迦王国》。去年冬天，人们急匆匆地赶到奥赛剧院(théâtre d'Orsay)去看您那时拍摄的《成天上树的日子》[1]。为了看这场电影，年轻人在巴黎电影节上排了两个小时的队，但并不是所有人都能入场。《印度之歌》已经上映一年了。最后玛德莱娜·雷诺[2]主演的《英国情人》创下了奥赛剧院的最新创收纪录。

---

1 电影拍摄于 1976 年春天。它于 1977 年 2 月在影院上映，11 月在 2 台播放。

2 玛德莱娜·雷诺(Madelaine Renaud，1900—1994)，法国演员，代表作品为《夏日时光》《天空属于你们》。——译注人们甚至在传强势的高蒙(Gaumont)公司雪藏了您的最新电影《薇拉·巴克斯泰尔》,想留着它参加来年的戛纳竞赛单元[1]。您的书销量大概增加了两倍;您成了某种"丰碑"。对此您有什么话要说?

MD:我不想知道这件事。我不会让自己被雪藏……在《印度之歌》之后,人们期待一部公众电影。而且我拍了一部不能被雪藏的电影,《在荒凉的加尔各答她的名字叫威尼斯》。人们很满意!

齿轮

AG:您一直是"宗派"文学、戏剧和电影的作者?

MD:我不知道,面对我的书,或者我的电影,我的感情一直是一样的。我想要留住它们,把它们交出去是一种痛苦的考验。我觉得我永远也不会改变。在生活中,也是一样的。我哪里也不去。我的朋友们一直是同一批人。如果我把小指头放进齿轮中[2],我就会迷失。我感觉那将是真正的死亡。在十五年、二十年之前,我离开了圈子。在《广岛》之后。人们觉得我有什么成功的秘诀。电影业就是这样运转的。有一段时间我一直被巴黎所折磨……我溜掉了,正如今天我逃到了乡下。

AG:然而,您刚刚在穆夫塔尔剧院公开排练了几个星期,为什么要采取这种形式?

MD:大厅里人满为患,他们专注,安静。导演是双重的。演员要同时听我和观众指挥。大家支持我们,就像期待中的一样!就这样大厅由空到满没花多少力气。对演员来说这样很有好处。然后我感觉到应该进行这种体验:开放剧院!我想研究导演方法和演员的演技是戏剧

1 电影于1977年5月在戛纳电影节电影市场专业馆上映,而《卡车》(*Le Camion*)则进入了电影节正式竞赛单元。

2 意为"插手错综复杂的事情,陷入泥沼"。——译注

必不可少的组成部分。这场戏不是从全体排练和初演开始的。它是从阅读剧本开始的。我不知道剧院为什么不好意思,要把这个人们一无所知的阶段隐藏起来……自一开始演员们手上就有这本书。我呢,我经常停下来跟观众说:这里我不知道怎么做,这一段我有点问题,我们之后再排。

自由流动

AG:某些人说:传统戏剧已经没有可能,先锋戏剧已经没有可能。然而,您的戏剧《英国情人》赢得了胜利。

MD:因为这是一个文本。我想各种类型之间的封闭性越来越弱。应该能够自由流动。在《英国情人》中,没有把优先性交给心理主义,也就是交给表演,而是交给了文本。玛德莱娜·雷诺在一篇文章中讲到,她不会表演罪行的逼近。没有"闪回",一切都发生在过去,的确是在过去。在这里没有谎言,没有重组。这是一部戏剧的反面,这是一回事。

AG:或许正因为如此,在那位女士的故事中,人们感觉如此自由……

MD:这让我高兴,您说的话,我喜欢听人们这么说,而不是说这很美……

AG:为什么?

MD:当人们对我说《樱桃园》(*La Cerisaie*)[1]很美,应该去看,这很美。哎呀!我就不爱听了。我们看到的一直都是这样的评价。这是人们教我的唯一标准。

AG:但您的电影很美。人们是这么说的。

MD:然而,我一直都在跟自己对着干。预算很少。灯光很难调,摄像师很难找,还有我自己。我们不拍"美"的电影。

---

1 契诃夫的戏剧,创作于1904年,描写的是十九世纪末二十世纪初俄国资本主义迅速发展,贵族庄园彻底崩溃的情景。——译注

AG：您刚刚拍了两部电影，但还没有上映。您准备暂时先告一段落？

MD：不，我一月份会跟德帕迪约[1]一起拍[2]。这是一部两个人的电影，另一个演员是我。因为这是即兴创作，所以我会参演。在镜头下会发生那么多事情。有些东西一直憋在我的心里，我从来都没能把它们说出来。主题是一场谈话。谈论的是无产阶级。德帕迪约代表的是开车的无产阶级。这位卡车司机停在路边，载了一位搭便车的女士。当她下车时，电影也就结束了。一路上，她用一种根本不适合他的语言跟他说话。他听着。能请德帕迪约参演，而且让他在一个小时里不说话，这让我很高兴。

差别

MD：他也很高兴。我们之间很有默契。我们只谈论维京人……女人写书，而他，他被禁锢在自己对这个阶级的定义中。工团主义的定义。共产主义的定义。应该谈论这一点，不是通过批评细节，不是。这五十年来，无产阶级是最受奉承、最受尊敬、最有安全感的阶级，而且不止如此……由于一种政治压迫的存在，使得无产阶级如此具有安全感，对自身如此自信，以至于停滞不前。有一种彻底的凝结现象。它不再出牌。它不再推动世界前进。一方面，它因为得到了所有左派的保护而获得了安全感，它是所有左派的重中之重，另一方面工团主义者也给了它安全感：它让知识分子良心不安。这是它无上的权力……对移民、青年、女性问题感到良心不安……我受够了这个！人们甚至向工人们推荐工人主题的电影。竟到了这步田地！无产阶级的自恋。我觉得，正是在这一点上电影表达了对工人阶级最深刻的

1 热拉尔·德帕迪约（Gérard Depardieu，1948— ），法国演员，2013 年加入俄罗斯国籍，代表作品为《悲惨世界》《巴黎圣母院》《三剑客》《高卢英雄传》。——译注

2 拍的是《卡车》。

蔑视。有人要说:"但是工人们只能理解工人主题的电影!"至于我,我觉得年轻人之间没有差别……即使有差别,或许也是工人对知识分子的蔑视。但是语言的平等应该以其他方式确立。我要在冬天拍摄这部黑白片,我将彻底跟自己作对……

一部以一场谈话为主题的电影,在一个谁都不倾听谁说话、谁都不理解谁、谁都在头脑里贴了标签的时代,这就是玛格丽特·杜拉斯从容面对的真正困难,她也同样从容地超越了所有的传统文化形式,她在其中孤独漫步,步履自信,很高兴能走向未知,对于事物的感知又如此准确,因此大众的门开始处处为她敞开。

1976年11月25日—12月1日,

安娜·德·加斯佩里,"我不会让自己被雪藏……",

《文学快讯》

露面的考验

若瑟·阿尔图尔(José Artur,以下简称 JA):玛格丽特·杜拉斯,现在大家看到的是您,在特写镜头中,这在电视上是很少见的。您不怎么接受采访,这很奇怪,因为您在采访中表现非常好?

MD:呃,对我来说这很难,像这样在电视上*露面*。总是有些考验人。

JA:我觉得您和某些人属于一类,比如西蒙·西涅莱[1],其他还有很多,他们……您很喜欢用词*准确*;因此您搜肠刮肚找那个词,有时给人感觉会沉默很久;而且您很喜欢沉默。

MD:呃,在这一点上,我……我确实会花时间在词语上。我宁愿花更长时间也不想说错话,总之,好吧,我希望不要呈现出这种样子……

JA:与此同时,您经常说在电影中说话的时候画面太多,我觉得这是一种……有一天您曾经这样宣称。人们花了很多精力在……

MD:不,我觉得电影没有……没有赋予话语应有的位置,是的。

JA:因此,玛格丽特·杜拉斯,我已经反复说过了,您是位很令人惊讶的人物,因为您从来没有做出任何让步,就已经在公共生活中取得了成

---

1 西蒙·西涅莱(Simone Signoret, 1921—1985),德裔法国籍演员,战后法国电影界的代表人物,代表作品为《罗莎夫人》《金盔》《如此人生》。——译注

功，我们不会谈论您的私生活，这是您自己的事，但可以这么说，您不想讨好大众，但最终，也一点点实现了。您一直有忠实的追随者，他们喜欢您的创作，现在大众也开始知道玛格丽特·杜拉斯是谁了，这几乎成了一种表达方式；人们说："啊，这是一本杜拉斯"，就像以前人们说："这是一本卡夫卡"，或者"这是一本贝克特"……因此这意味着："或许刚上手有点难，但这很棒。"这会让您微微一笑吗，还是不会？

MD：我想忽略这一点。您知道，当人们在做某件事的时候，会有两段时间。有做事的时间，这段时间是不会被异化的……人们绝对孤独，在这段时期。然后当交给公众之后，公众夺走了它，这段时间将不再跟作者有关。我梦想，一旦我的书和电影出版了，一旦它们完成了，我可以真正做到完全不再去管它们。不过我想以后我会做到的。

JA：但当它们被搬上舞台时，您还会对它们感兴趣吗？例如，现在穆夫塔尔剧院正上映《音乐》，还有《水和森林》……

MD：这个会，我……我感到很亲近，因为这是我很喜欢的两部戏剧，是我导演的……因为我很少导演戏剧，而且我非常非常珍惜这两部戏剧，嗯……

JA：说到《音乐》，我尤其觉得，当您去看演出的时候，这是一部会让您流泪的戏剧……

MD：是的……

JA：……说实话，您的眼里噙着泪水吗？

MD：我觉得这涉及到所有人，《音乐》。这对在埃夫勒[1]分开、离婚的夫妇，离婚后最后一次在这座城市的宾馆里见面，他们意识到（原文如此）一旦离婚，他们再度见面，也就是说他们不再是……夫妻，而是情人。他们弄错了，他们曾经尝试就这样将爱情安顿在婚姻的图景里。而

1 埃夫勒（Évreux），法国北部厄尔（Eure）省首府。——译注

实际上，他们就适合生活在宾馆里，是的，适合做情人。

JA：在《音乐》里，您设定了地点，在埃夫勒，您说到了这一点，而有时在您的作品中，玛格丽特·杜拉斯，很少有确切的地点……

MD：是的。

JA：……很模糊，例如在《水和森林》里，这是您唯一一部喜剧作品，可以说……

MD：也就是说《音乐》是一部现实主义电影；《水和森林》，则是……——“一部电影”，对不起：是一部戏剧，事实上……

JA：没关系，这个口误我完全不会介意！

MD：《水和森林》，要更抽象得多；我承认，总之在我看来，它具有无法抵挡的喜剧性。

JA：这是一个关于人行横道线的故事，或许？

MD：……非常平淡，但同时又非常荒唐。

JA：用两个词来说，……趣事？

MD：嗯，是三个穿越人行横道线的人，两个女人和一个男人，其中一个女人有一条狗，它咬了男人。她想把他送到巴斯德研究院[1]去，跟她的狗一起，但他不想这样。在演出过程中，他们一直在说话，也就是说了一个小时，五十五分钟到一个小时的样子，然后分开。您知道，这就是那些有时会在大街上闲逛的人。您知道这些让人无法忍受的女人，她们带着十件大衣，还有几个大大的拎包。出现在穆夫塔尔这一带，就是那些生活在社会边缘的人。

JA：虽然不想显摆，但您的工作方式开始变得为人所知了，人们知道您要么手写要么用打字机写，要么在酒馆里要么在乡下，您可能半年之内一行字也不写，但至少头脑在工作，各种想法已经就位，然后您甚至

1 巴斯德研究院（l'Institut Pasteur），法国一个私立的非营利研究中心，致力于生物学、微生物学、疾病和疫苗的相关研究，其创建者巴斯德于 1885 年研发出第一剂狂犬病疫苗。——译注

会在几年之内停止写作，这曾经发生过，有一个阶段您没有写……

MD：几年，这……几个月还好，但是几年……

JA：从来没有一次……

MD：当我儿子出生的时候，是的。

JA：就是这次。我觉得曾经停了一段时间……

MD：一直到他两岁、两岁半之前，我除了照顾他，什么也看不了，什么也做不了。

JA：您是直接为戏剧、为电影写作的，您脱离了……总之这是您越来越想去做的事，不再混淆文体，也就是说不再把为小说而创作的作品改编成电影或戏剧，您更喜欢直接为电影或戏剧媒体创作。

MD：是的。也就是说我想在六天之内完成电影。不是为了赶速度，而是因为我觉得有一种冲动；演员和导演的冲动，有一种动感，电影的动感，它会在一周之后消失。这是一种瞬时性，您知道。我不是很喜欢这些词语，但是……

JA：我们说到了这里，"事件，间隔，动物性"这些词，呃……

MD：不，不，绝不是。

JA：……"即时性"，现在，有了一个新词，还不错，也就是及时性。

MD：我会称其为"瞬时性"……我想在六天之内完成电影，我有两个计划，就是这样。

JA：例如，您花了多少时间拍摄《印度之歌》？

MD：《印度之歌》，我花了十四天。《成天上树的日子》。我花了十天加一个半天，也就是十天半：这是一部电视……

JA：《在荒凉的加尔各答她的名字叫威尼斯》呢？

MD：《她的名字叫威尼斯》，我不得不花了十天。

JA：如果也有人问您接下来我要提的这个愚蠢的问题，我就不这么犹豫了，我想《印度之歌》和《荒凉的加尔各答》或许是您珍爱的两个孩子，不是吗？目前是这样？

MD：我感觉，一方面，从《在荒凉的加尔各答她的名字叫威尼斯》开始，我不再随随便便地写作或拍电影。现在我重新开始拍电影了；但这是两段极为不同的时期，几乎可以说出自不同的作者。

JA：我这样问会不会太冒昧，您或许会给自己演绎自己的作品，您会在卡车里，在卡车车厢里，跟杰拉尔·德帕迪约在一起吗？会付诸实施吗？您正在为自己创作一个角色，为他创作一个角色，在一个载重卡车的车厢里，电影自始至终都有你们的两张脸吗？

MD：好吧，您已经说出来了！我正试着促成这件事，是的。风险那么大！

JA：您正在写这个吗？

MD：我没有写。我设定了一些东西，然后由此出发，即兴演出。我不想写这个，我不想冻结在写作中。但这是我第一次不写作。因此风险是双重的。这是一个巨大的政治风险，这是我一生中冒的最大的风险。但最终我欢喜地去做了。

JA：玛格丽特·杜拉斯，感谢您来上电视节目，而且我想再说一遍，有时候您会出现在剧院大厅里，正在为《音乐》哭泣，或者为《水和森林》欢笑，在穆夫塔尔剧院，因为您好心告诉我们说当一部作品被搬上舞台，它对您而言依然存在，您会去看。

MD：我想提醒您在本月底，我们与穆夫塔尔剧院的合同就到期了，如果能找到另一家剧院，我们会很高兴，可以这么说。

JA：好的，我相信您会找到一家剧院的，因为我们的听众中就有剧院经理，我觉得这会得到解决的，会有所帮助的。

1976年12月12日，《白屏红幕》(*Écran blanc rideau rouge*)，
若瑟·阿尔图尔，2台，盖伊·萨盖(Guy Saguez)制作

1977

打破文本的黑夜

每当玛格丽特·杜拉斯拍摄一部电影，忠实的观众们有多么热情，诽谤者们——他们也同样忠实——就有多么愤怒。《世界报》一直在强调这部电影作品的重要性，它不可能与其他任何一部电影类似，因为它一直处于法国电影的前列，与法国电影齐头并进。《卡车》(曾在戛纳电影节上被挑选出来代表法国)和《巴克斯泰尔，薇拉·巴克斯泰尔》几乎是在同时上映的。《卡车》的剧本刚刚在午夜出版社出版，因为玛格丽特·杜拉斯的电影最初都是一些文本。

玛格丽特·杜拉斯对生活和人们有着深切的关注。她有一种属于自己的哲学，她谈论了从写作到导演的过渡，使得此后人们再也无法如此平静地去看电视、看电影、听广播。在我们出版的访谈中，她对器材短缺和财政不足只字未提。她写剧本已经有将近二十年时间了(《广岛之恋》写于1959年)，拍电影也有十一年了。从《音乐》到《卡车》，她拍摄了十一部电影；人们寄希望于她的激情，任由她去奋斗，希望她能以几百万微不足道的费用拍出别人拍不出来的东西。对于这次本可以冠以“电影和政治，这是一回事”之名的访谈，她说“应该走出死气沉沉的绝望，达到快乐的绝望”。

克莱尔·德瓦利厄(Claire Devarrieux,以下简称 CD):你是如何构思一部基于话语的电影?

MD:《卡车》不是一部仅仅基于话语的电影,有人在读书,有人在倾听。卡车在路上,这是一幅画面,这就是那幅画面。它不可能属于戏剧,《卡车》没有被表演,它只是被朗读,没有排练过。如果排练过,可能就是另一部电影了。

我不知道我们是否可以谈论《卡车》中的导演甚至是剪辑,但或许能谈谈拍摄过程。在一连串的表演中,有一段空白:通常,一个文本,要记住它,把它演出来,表现出来。而这次,要把它读出来。这就是拍《卡车》这部电影的不确定因素。我不知道发生了什么,我是出于直觉这么做的,我注意到表演被删掉了。《卡车》仅仅是对朗读本身的表现。其次有一辆卡车,这是统一的元素,自始至终它都是一样的,像音乐一样穿过屏幕。

我说《卡车》,因为我听到写作在自我完成。因为在拍摄稿子之前,就已经听到了。在句子被写出之前,它已经被听到了。我处在这个空间,也就是距离内心话语最近的地方。通常,有拍稿子的镜头,还有稿子被第三者拿在手上的镜头。这就是表演。在这里,它不存在。人们没有陷入文本的光芒。朗读让人回到自身,回到尚未言明的地点。在一种亲密关系中,在生活中,有一种话语的涌现,什么也不用做,人们永远也不会再次经历,无论是在电影中,还是在戏剧中。有一种从动作到文本的过渡,消耗了它,让它老化。在《卡车》中,除了因为写作而了解它的我,没有人能理解这个文本。当然,这是一个巨大的风险。《卡车》所表现的,就是这种风险。

对于大部分人来说,《卡车》是一个粗略而不可替换的文本。这一点很重要。在任何时刻,我都不允许自己做任何修改。电影在被拍摄的同时也在自我完成;电影随着其进展而被书写出来。这也是,《卡车》。电影每时每刻都处在危险之中,进展没有被事先写下来,即便现在它也有不复存在的风险。即使是我，当我在观看的时候，我也会对自己说它会停下来，它有抛锚的危险。我从来没有在同样的怀疑中创作过别的电影。但这种怀疑并非一无所获，杰拉尔·德帕迪约和我都感到越来越自由。我们不知道会走向何方，在这个没有发生，在这个即将结束的故事中，自始至终都有各种可能性。说到这里，或许应该就这个故事的结束提一个问题。

CD：……

MD：故事结束的责任落在了司机身上。他拒绝她。司机也是观众。女士经常通过他来回应观众。他们之间的不平衡正是电影的目的所在——女士回应观众，在戛纳这一点尤为令人震惊。卡车车厢，成了电影院放映厅。他们被锁在同一个地方，观众和电影，女士和司机。

CD：或许应该回到表演上来。

MD：在戏剧和电影表演中，是谁在说话？我想不是作者。是导演和演员。他们对文本负责。用文字记录下来的文本，文本本身，书，都被合上了。在经历的这个时刻，没有人知道文本的意义，除了作者。还没有人对它进行翻译。作者的活动是十分孤独的，因为导演和演员而变得不可传递。演员们理解文本，演绎文本。要么作者认可它，要么就惨不忍睹。这曾经发生在我身上。这时我得回到书中去找回文本。在《卡车》中，由别人来演绎我的文本的风险不复存在。

当一个文本被表演出来时，是它离作者最远的时候。甚至在我导演自己的文本时，我也有过这样的感受——《印度之歌》除外。在《印度之歌》中，演员有对应的人物，但是没有去扮演角色。"画外音"依然属于写作的领域。德菲因·塞里格在《印度之歌》中神奇的表演，是因为她从来没有以安娜-玛丽·斯特雷特自居出现在我们面前，而是作为她遥远的、并不可靠的化身，那里仿佛空无一人，因为她从来没有把这个角色当作一个要表现的空白，而恰恰相反，她似乎完完全全参照了写出来的 A.M.S.。对于其他电影来说，在拍摄时的几个晚上，我感觉失去了自己的文本。我很绝望。它无限的可能性被摧毁了。它走出了写出来的状态，沦为某种确切的宣言。十分坦白地说，这种打破文本的黑夜的经历一直让我很痛苦，正因为如此我创作了《卡车》。不是演员的问题。我有过最为伟大的演员，例如《薇拉·巴克斯泰尔》中的克劳迪恩·嘉贝(Claudine Gabay)，不，仿佛写作是秘密进行的，一旦要由话语来负责，它就出局了。

CD：那么《卡车》呢？

MD：一位演员出现在文本面前，拿过文本。他永远不会站到后面。至于我，当我在阅读时，我与我的文本有一种契合。在《卡车》中，没有把阅读搬上舞台。其中有一种阅读，而我尝试表现的，正是我在写作时听到的东西。这就是我一直所说的内在阅读的声音。如果人们拒绝了《卡车》，那么他们不但拒绝了文本的性质，还拒绝了阅读。因此这是一种彻底的拒绝。

因为文本和叙述是由演员和导演负责的，所以我不再去电影院了。这样说出来很难。戏剧已经在我们身后存在了几千年。在我们身后有几千年的权力。

CD：是同一种权力吗？

MD：是权力，是的。每天晚上在电视上播放的东西和商业电影之间没有差别。在执政党和反对党之间也没有区别，演员们的表演也一样。有时，会产生喜剧效果。这很少见。孟戴斯·弗朗斯[1]之前有一次说话的时候有过这个效果。这令人震惊不已：这是一个不会说谎的人。其他人都是表演者，他们是在表演。当一位演员在演戏时，他就是在表演。演员和政治家都是代表，他们已经不再是他们自己。他们销售自己的产品。一位好演员，就是销量最好的人，是他所卖的产品的

1 孟戴斯·弗朗斯(Pierre Mendès France，1907—1982)，法国政治家，1954—1955年期间担任法国总理。——译注

唯一代言人。有的人却做不了街头的杂耍艺人，他们跟孟戴斯·弗朗斯一样，把表演当作一种娱乐。

电影和政治，这是一回事。这一切都属于演出。电影属于演出，政治要么是娱乐性演出，要么不是娱乐性的——对于很多人来说是一种娱乐。在政治表演和商业电影表演的一开始就有同一种断裂，甚至可以说是同一种谎言。以一种已经确立的权力之名发表言论，或者以一种即将确立的权力之名发表言论，都是一样的。在政治言论中，完全不允许出错。所有人都有理想的解决方案，他们都是救世主，是我所说的政治解决方案的完美无缺的持有者。所有人的言论都基于一种彻底的解决方案，基于权力。这种自信，我能在古典喜剧演员身上看到，在他们说台词的时候，在电影演员完美的心理中看到。掌握着角色真理的正是他们，掌握着未来真理的正是他们。对于这一点，人们已经受不了了。

这种需要政治解决方案的习惯是根深蒂固的、理性主义的，尤其多见于欧洲，或许应该予以摒弃。国家对所有个体的这种保护是一种圈套。可怕的是，这种对自暴自弃的恐惧，是一种后天习得的恐惧。他们在政治规划中看到了解决方案。在党派的解决方案中。比起没有规划，他们更喜欢随便哪种政治规划；比起没有解决方案，他们更喜欢随便谁执政、荒淫腐败和政治欺骗。执政党的解决方案和反对党的解决方案别无二致。电影无处不在，戏剧跟它分庭抗礼，但也是从众的。或许正是这一点已经玩完了。政治谎言是显而易见、无处不在的，为什么没有以同样的方式来揭露新闻和电影的谎言呢？

CD：《卡车》中的女士说“愿世界走向消亡，这是唯一的政治”，这句话是什么意思？

MD：这里有些模糊。“愿世界走向消亡，这是唯一的政治”，这并不是无政府主义信仰的宣言。这是一种选择。政治观点和政治要求的消亡。比起二十世纪的这种大杂烩，这种所有意识形态的巨大垃圾桶，我更喜欢一种虚无，一种真正的虚无。比起这些完全是欺诈、虚假、谎言的关于民主国家可能性和社会主义道路的提议，我更喜欢国家的缺席、权力的缺失，然而过去五十年以来的一切都否决了这种可能性。

我的这种政治绝望，也是所有人的绝望，成为了电影中的陈词滥调。从意大利的新现实主义[1]，到美国的死亡现实主义[2]，电影一直沉浸在政治绝望中。人们心如死水，所有人都很绝望，这成为了人类的一种状况。这变成了一种厚古思想，这是最危险的。应该从中走出来，我想。自童年时代开始，人们就告诉我们，我们所有努力的目的都在于找到我们所拥有的、别人提供给我们的存在的意义。应该从中走出来。应该保持快乐。

CD：在何种意义上可以保持快乐？

MD：转折点在于反复灌输的对于缺失和无序的恐惧。应该克服它。我可以这样说：当一个人不再有这种恐惧时，他会破坏所有的权力。在整体之中有一种绝对的平衡，个人只能通过自身走出去，达到一种对于所提供的一切，包括政治事务和商业事务的绝对冷漠。应该让恐惧减少；每当出现恐惧，权力就有了抓手。恐惧和权力之间有着直接的关联。

《卡车》中的司机赞成，并且一直会赞成法国共产党提出的解决方案。他扼杀了自己身上所有的自由思想。人们怎么会走到这步田地？这就是电影提出的问题。司机被禁锢在这种定义中，在集体异化中。加入组织的工人阶级是怎样走到这一步的？如何做到否认1968年五月风暴的？做到从本质上否定生活，否定活着的？没有政治立场，也就是加入法国共产党。我不知道法国政治的未来在哪里，我也不知道电影的未来在哪里，我不在乎。如果我对未来有一点点

1 新现实主义（le néo-réalisme），第二次世界大战后在意大利出现的电影流派，追求生活的真实，表现人民在战争中经历的苦难，谴责社会的不公正。——译注

2 死亡现实主义（le nécro-réalisme），二十世纪七十年代起源于苏联的艺术运动，其奠基人为欧仁·尤菲特（Eugène Yufit）。——译注

想法，我还会去揭露权力，我的评判对象依然会是权力。《卡车》是一种电影的揭露手段。

CD：《卡车》中的女士呢？

MD：这位女士，没有面孔，没有身份，失去了社会地位，甚至可能是疯人院跑出来的，她打算成为所有在奥斯维辛（Auschwitz）死去的犹太儿童的母亲，打算成为葡萄牙人、阿拉伯人或马里人，她重新改造了人们教给她的一切，在我看来，她是面向未来的。如果她疯了那就更好，但愿所有人都像她一样疯狂。疯狂，我是按照观众对这个词的理解来使用这个词的。在做出评判之前，观众需要先认可。如果他们不认可这位女士面对所有压迫时的行动——我将其称为爱的行动，那么我无论做什么，观众都不会与她心意相通。观众受到了质疑。活动分子也一样。我质疑观众的责任，就像在质疑活动分子的责任一样。如果像《卡车》中的司机一样，观众也"监视"这位女士，要求她身份明确可靠，我就会觉得他们处在同样的黑暗中，处在同样的政治黑夜中，令人恐惧。

《卡车》质疑了工人阶级的责任，同样也质疑了观众和观众阶级的责任。这种同样的墨守成规，这种同样的失灵已经延续几十年。正是这些观众，任由所有的权力、所有的意识形态支配。它的依赖性，它惊人的隐忍，就是它的定义。

CD：在这部电影中，薇拉·巴克斯泰尔是谁？

MD：我曾经说过，我再次重申，薇拉·巴克斯泰尔是一个被忠诚所俘获的可怕女人。这或许是一个绝望的案例。我说过，我们都知道，这种案例是存在的。她的可怕之处在于她唯一的使命就是婚姻，就是忠诚。但我没有搞错吧，欲望难道不是对唯一一个人的欲望？欲望难道不是滥情的反面？

对于薇拉·巴克斯泰尔，我所知道的，就是她这个人看起来很让人放心，很正常，她应当被视作完美的女人和母亲，而且在各个方面都是那么完美，还有就是她让我害怕。让我害怕的不是《卡车》中的女人，而是薇拉·巴克斯泰尔。《卡车》中的女人没有被任何一种身份困住。她与所有可能的身份都决裂了，她只不过是一个搭便车的人。任何人都没有过理论实践，无论是马克思主义还是其他理论的实践。她有搭便车的实践。

在电影开始之前，薇拉·巴克斯泰尔显然束手无策。在电影开始之前，可以这么说，这是一个爱情的弱者。随着电影的进展，在薇拉·巴克斯泰尔家里发生了一场意外。欲望导致的意外。让·巴克斯泰尔付钱给了一位陌生人，让她的妻子走出对他的忠诚，这一举动也是因为欲望。收了钱扮演薇拉·巴克斯泰尔情人的男人照理说应该让这对夫妻的欲望都得到满足。但是，期待的结果并没有发生。薇拉·巴克斯泰尔厌倦了卖淫，无论收钱的还是不收钱的，再也不会回到让·巴克斯泰尔身边。或许她会因此而死。我想说她会死于无法一生只爱同一个男人。我认为她想自杀，原因只是她有可能在一生之中不再只爱同一位男人。这或许就是薇拉·巴克斯泰尔不合时宜的地方。这位来自中世纪丛林的女人，在世界上还有几百万个，她们已经厌倦了我们这个时代。

我觉得如果薇拉·巴克斯泰尔遇到《卡车》中的女人，她会感到害怕，但是她把《卡车》中的女人归入的政治或思想类型，跟后者把她归入的类型会不一样。她们之间的共同点在于爱，而且是无可救药的爱。薇拉·巴克斯泰尔对孩子的爱，对她丈夫的爱，我们在很久之前就听说过了。《卡车》中的女人则是丑陋、混乱、危险的，我们对她的了解要少一些。爱一个孩子，或者爱所有的孩子，不管活着的还是死了的，总有相通之处。爱一个地位低微但谦逊的骗子，或者爱一个自认为正直的人，也有相通之处。

1977年6月16日，克莱尔·德瓦利厄，
“快乐的绝望之音”，《世界报》

1979

人们不能理解她，劳儿·瓦·施泰因

在现代小说中，很少有什么书能够像玛格丽特·杜拉斯的《劳儿之劫》一样引发如此多的心理分析文章：拉康、蒙特莱(Montrelay)，还有我们在此引用了一些节选的西博尼(Sibony)[还要参考阿尔巴特罗斯(Albatros)出版社出版的玛格丽特·杜拉斯专栏《这》(*Ça*)中皮埃尔·费迪达[1]的文章，以及弗朗索瓦·佩里耶[2]在《安廷街》(*La Chaussée d'Antin*)(第二卷，第10/18版)中对蒙特莱分析的评论]。然而在玛格丽特·杜拉斯看来，正如她本人所言，劳儿·瓦·施泰因这个人物一直保持着绝对的神秘感。下面就是如今已经衰老虚弱的劳儿·瓦·施泰因在改编电影中的样子。

卡特琳娜·弗朗布兰(Catherine Francblin，以下简称CF)：在出版近十五年之后，您跟劳儿·瓦·施泰因之间保持着何种关系？

MD：她一直都完完整整地待在那里，当我写其他东西的时候，我感觉是在

1 皮埃尔·费迪达(Pierre Fédida，1934—2002)，法国心理分析学家。——译注

2 弗朗索瓦·佩里耶(François Perrier，1922—1990)，法国精神科医生、心理分析学家。——译注

背叛她。劳儿·瓦·施泰因这个人要求别人没玩没了地谈论她，因为她自己不会出声。我谈论最多的就是她，我最不了解的也是她。当劳儿·瓦·施泰因叫喊时，我意识到叫喊的人是我自己。我只能呈现被隐藏起来的劳儿·瓦·施泰因，就像死在沙滩上的那条狗。

CF：随着时间流逝，随着对她的评价，这个人物被简化了吗？被阐释清楚了吗？

MD：不，她是完整的、不可撼动的。人们不能理解她，劳儿·瓦·施泰因，人们无法改变这个人物。她被一片黑暗而无声的区域所包围。声音无法穿透。

CF：精神分析学家的多次阐释对这本书产生了什么作用？

MD：他们让我明白了一些东西。这一点很难说。在我所有的书中，《劳儿之劫》是最无法操控的，因为我第一次确信我写了一本无法出版的书。米歇尔·蒙特莱[1]把这本书带给了拉康，拉康读了。一天晚上，拉康打电话约我午夜时分在贝尔纳-帕里斯街（rue Bernard-Palissy）地下室的一家咖啡馆见面。他花了两个小时跟我谈论这本书，令人难忘。

CF：心理分析学家有没有让您更多地了解劳儿·瓦·施泰因？

MD：如果一位心理分析学家跟您谈论一份您正在经历的爱情，他会让您对这份爱情了解更多吗？

或许我应该离开她，才能知道一些东西。他们教会了我一些东西，这是当然，但没有触及沙塔拉（S. Thala）的舞会这场浩大的葬礼。这场劳儿·瓦·施泰因走向爱情虚空的葬礼。

1979年1月，卡特琳娜·弗朗布兰，《文艺报》（*Art Press*）

---

1 心理分析学家米歇尔·蒙特莱是巴黎弗洛伊德学院成员、雅克·拉康的密友。1964年，她让拉康发现了杜拉斯的这本书。

1980

必要的奢侈

杜拉斯，为什么是杜拉斯？

崇拜，争议，成为神话，玛格丽特·杜拉斯的文学事业近年来与戏剧和电影紧密相连。她生于印度支那，加入了共产党，又因政治原因与之决裂。

某些书，诸如《抵挡太平洋的堤坝》《劳儿之劫》《毁灭，她说》，不断给我们带来困惑，令我们震惊。

某些剧作，诸如《英国情人》《树上的岁月》《伊甸影院》(*Eden Cinéma*)，激起我们的强烈兴趣。

某些电影，诸如《广岛之恋》《印度之歌》《卡车》，总能引发同志群体的关注，令他们着迷。继《绿眼睛》(*Les Yeux verts*)在《电影手册》上发表之后，一组历时三月为《解放报》(*Libération*)的夏日专栏撰写的文章，结集成《80年夏》(*L'Été* 80)，日前由子夜出版社出版。

然而除去这些外在的标签，难道没有一种感性在困扰我们，拷问我们自身的身份？

——罗兰·泰吕

耶尔(Hyères)[1],一座维多利亚风格的棕榈之城,在环绕圣贝尔纳堡的花园里,罗兰·泰吕(Rolland Thélu,以下简称 RT)与玛格丽特·杜拉斯相遇了。他向她询问有关性、写作、同志与女性之间关系的问题,一位友人陪他前来,他爬树的一幕引起了诗意的联想。双方直言不讳,就同性恋的话题互相提问,相互回应。

MD: 在我自己的国家,我长期被认为过着半地下的生活。写作在我的青春年代,尚处于弗吉尼亚·伍尔夫(Virginia Woolf)所说的偷偷摸摸的地下状态。有过这个阶段,后来我加入了共产党。然后是抵抗运动。国民解放阵线(FLN)。然后有了自我意志,想要抵抗一切以国家名义行使的权力。从来没有,是的,我和朋友们,我们从来没有背离这个意志。这种半地下状态仍在继续——就像我在家庭生活中一样——它与同性恋者的半地下状态有着天然联系。那帮家伙对我极力抵制,瞧,就在这儿,这份杂志上,我倒很高兴、很乐意谈一谈。(笑)

RT: 有人说你嘲讽男同性恋?

MD: 可以这么说。我嘲讽一切宣扬分裂或从社会学角度加以区分的事物。我也嘲讽学校、嘲讽思想、嘲讽道德。可从不针对个人,我从不嘲讽个人。

RT: 这种地下状态也和你的童年有关?

MD: 也许吧。我是克里奥尔人。我很喜欢这个词,和它在世界这一头的涵义不同。几乎没人知道它的涵义,它就像一个密码。自从十七岁去巴黎上大学,我不再归属任何一个国家。我忘记了曾经的母语,越南语。我花了两年时间适应寒冷,适应令人窒息的城市,适应那个永

---

1 玛格丽特·杜拉斯从前一年开始参加马塞尔·马泽组织的青年电影节,该电影节 1970 至 1984 年每年在耶尔举办。《另类电影》杂志用了二十六期来追踪电影节的报道。

远不会被取代的重要位置上空无一人，那是我母亲的位置。

RT：你认为女性和同性恋者之间是否有共同语言？

MD：即便有，我想说，也是在更高的层面。同性恋本身就是一种排斥。

RT：一种对既定价值观的排斥？

MD：是的。排斥一切权力的男权主义预设以及由此产生的价值观，排斥它的制度，排斥一丝不苟地执行那个重要的禁令，对自由的禁令。他们试图唱反调，这些躲在国家背后的可怜虫，他们不会得逞。就是说，我压根儿不相信，对我而言，集体中会存在写作。有些地方确实存在，比如集体的意识形态，可这种情况下没人写作。放眼萨特周围，只有萨特在写作。我还知道，萨特打击朋友的作品。他本想像另外几个人一样，打击同代人的作品。我大概要对他们的失败负点责任（笑），还有五十多个人也和我一样，其中就有巴特，我在这里向他致以全部的敬意，尽管他在打击女性写作的问题上，没有一次犹豫，真是太让人遗憾了（笑）。

RT：你觉得巴特讨厌女人吗？

MD：不。一点也不。他只是沉浸在年轻时公开同性恋的冲动中无法自拔罢了。我们年纪相仿。我要对你们说，而且我很高兴能在这儿，在这份杂志上说，我也一样，我也曾经中了女性写作的圈套。我把它写在书里，写在文章里。想尽办法使自己相信它。包括让人以为我属于这个圈子。比如《印度之歌》是一部女性电影，《卡车》也是。就好像有了男性电影也得有女性电影。好像一个女人写书，拍电影，从男人这边抽身就是为了到女人那边去。要知道，这点上我全错了。不止是我，自称基于一种"原初的异化"而发声的每一位女性、每个同性恋者和每一位作家都错了。真高兴可以告诉你：一切有所依附的写作，无论它多么高明——哪怕是为了一项高贵的事业，为了捍卫人权，比如索尔仁尼琴的写作——都是外在的。写作是内在的迸发，没有对象，除了它本身没有任何目的，本质上毫无用处。否则它就是淫秽的。

RT：写作是否是一种必要的奢侈？

MD：我同意。它是最大的奢侈。一切颠覆行为的内在之火。离说教越远，写作就越危险。波德莱尔比马克思危险。巴赫比弗洛伊德危险。巴赫根本上的无用，与弗洛伊德明显的功利之间，有着天差地别。我完全赞同这一点。

RT：你觉得同性恋现在是否恢复了元气？

MD：我想还没恢复，只是更有组织，至少他们试图抱团建立组织。

RT：同性恋建立组织难道不是一种新现象？

MD：我只能这样回答：无论承认和接受起来多么困难，走上这一步或许是必然的。尽管恐惧依然存在，而最大的恐惧，任何组织都会引起的恐惧，就是对权力的恐惧。没有组织可以幸免。

RT：自从同性恋者重新抱团，他们创办刊物，企图采取政治行动，难道人们不害怕同性恋失去自身的某些特质？

MD：形成组织的结果总是野蛮驱逐了纯真，孩童的纯真。不过再说一次，或许你们抱团是不可避免的？

RT：你的书中并没有男同或女同的影子，至少你没有明确表达过，可你的书和电影却吸引着同志群体，令他们着迷，对于这一点该作何解释？

MD：性没有男女之分。性只有一种，所有的关系都浸淫其中。同性恋也不例外。我认为它是一种暴力，寻求自身的发泄对象，好像在怀念一种对暴力的重新分配，而它自己正是这种暴力的发起者。刚才说的这些，我其实并不了解，但我有权不了解，就像你有权问我一样。换句话说，我发现同性恋温情脉脉的外表下暗藏对暴力的挑衅，这种挑衅又通过对遭禁的不断追问和强调得以确认。我在《绿眼睛》中说过，社会的认可会令你们心碎，这话我不会收回，倘若我不再享受异端的荣耀，不再是那个在村前广场上被“当众”烧死的女巫，我也会同样感到心碎。在监狱的接待室里，被栅栏隔开的恋人通过言语的交流做爱，就像拿起电话的人们一样。我想以这种方式表达的爱情与身体交合所表达的同样激烈。我对性的迷狂全都源于被禁止。那个对着女明星的裸体照片（因此也是被禁的照片）手淫的葡萄牙人，体会着同样的迷狂。被禁者没有自由，更有甚者，被禁止本身就是性的组成部分。从孩提时代到后来，我和我的小哥哥一直保持着几近乱伦的关系。这段关系从始至终都很激烈，当然也从未终结。现在想想，它对我是有好处的，不仅因为它已经归于沉默，而且依然停留在被禁止的纯粹状态，不曾让为求和解所作的内心自白削弱它的力量。如果没有这些青春期的体验，我就不会写出《劳儿之劫》和《抵挡太平洋的堤坝》。我记得小哥哥躯体的温柔，就像一个同性恋者记得初次的懵懂一样。

RT：那么那个在树上生活的人呢？我在读的过程中，总觉得这个人物是同性恋？

MD：这就奇怪了，因为那个大哥只是偶尔有同性恋的倾向。我不知道你哪儿来的这种感觉，从剧本还是小说？

RT：我想是凭直觉，这个儿子陷入孤独，他身上凝聚了同性恋发生的所有可能？

MD：不过你的朋友在做什么？他没有破坏树木吧？

RT：不，我想没有……你在与格扎维埃尔·戈蒂埃的谈话中提到，你只能和女性还有同性恋者一起生活。现在还是一样吗？

MD：是的。不过像我们这样生活的人很多，在同性恋和女人中间生活。

RT：是因为你们的关系不再依靠欲望、依靠谎言？

MD：不。不是这样，是因为有了完整的交流。

RT：其中摈弃了欲望？

MD：不。欲望一直都在。一段关系中从不缺乏欲望。人们无法忍受某个人的存在，诸如此类的事情都是欲望作祟。我没法讲得更清楚，没关系，总之与男人为伴的日子结束了，他们自称男人，就像在战争、权力、家庭、事业中打着这个名号一样。我再也不想看见他们。当然，男同性恋的出现改变了女性的生活。

RT：从哪方面改变了？

MD：它打破了男人带给她们的孤独。一个女人更容易接近一个男同性恋，而不是一个对同性恋心存偏见的女人。我们这里说的是少数不能在同性恋和女性之间站定立场的女人。这些女人有产还是无产并不重要，她们被男人牵着鼻子，失语的女人距离我们比我们距离你们——同性恋者——更远。

RT：你是否觉得相比二十多年前的广岛时期，现在的女性可以和我们做更多事情？

MD：有可能。（停顿）可他在吃什么？你们在吃什么？是杏仁。我嘛，我觉得你对这棵树来说太沉了，也许是有点沉。你知道我怎么称呼大海？我称它：*the thing*。我们刚才谈论的，那个飘忽不定的概念，我也可以称它：*the thing*。你的性别。我的性别。我们之间的差异。还有这第三条边，这个让我们找到交点的连续不断的三角。*The Thing*。

1980 年 11 月 1 日，罗兰·泰吕，

"The Thing"，《性吟步履》，第 20 期。

1982

谵妄就是写作

1982年7月15日

苏珊·科恩(Susan Cohen,以下简称SC):我们在新小说派中见到一种对人物的“毁灭”,相关的论述已有不少。作家们运用种种剥离的技巧,对人物本身加以削弱。可在您那儿,即便人物遭到削弱,我感觉用的方法也是不同的。您笔下的人物名副其实,富有个性,甚至“心理”特征鲜明,当然这里指的并非传统的心理小说。因此是否可以说您没有摧毁人物?

MD:人物在我下笔时就被摧毁了。我以前一直这么说。它已经毁了。劳儿·V·斯泰因,当我写她时,她就被摧毁了;副领事,安娜-玛丽·斯特雷特,她已经到了死亡边缘。不,按照新小说的方式去写,我一点也不感兴趣。那是新小说走上的一条歧路。说到底,我认为是一个恶作剧。他们说我发明了新小说,这才是诡异的地方。

SC:他们将您视为一位新小说派作家?

MD:是的,他们非常爱我,对,没错。可他们说我用《琴声如诉》发明了新小说。这不是真的。我看不出他们为什么这么说。我不明白他们谈论新小说时到底在说什么。我也不感兴趣。这跟阅读没有关系,怎么说呢……新小说，它跟写作无关。它是一种文人故弄玄虚的错综复杂。它跟谵妄即写作无关。它与写作无关。就是这样。新小说与写作无关。我已经说过了……

我觉得用不着把它放在心上，就这点，我要说，压根儿不用在意写出来的东西叫什么、属于哪一派之类的问题。我发现他们都很着急，急着加入巴特派，罗兰·巴特，我讨厌这一派，要么加入索莱尔斯派，或者午夜派，就连杜拉斯派，也是有的。这种认同，我认为真的一点也不重要。应该说没有任何意义，我们不属于任何一派。

SC：难道要反对一切积极站队的行为？

MD：是的。我们可以属于某些朋友圈，某个阶层，但不要接受外界的任何指使。否则你根本没法写作！我要呼吁的正是这点。这是现在的通病。模仿，模仿，模仿。我很了解，因为这病和我有关。我被模仿，到处被模仿，心想怎样做才不会让人模仿，你要是愿意，也可以想想。这对我是个大问题。怎样做才不会让别人模仿？或许耐心劝导他们……不过有时劝也可能没有用，要怎样告诉他们谁的话都别听？这些事，你知道，很可怕。简直骇人。

……

不要给人们丝毫被随意模仿的机会，让他们处于一种状态，一种我称之为“野蛮”的状态。不受约束。可我们做不到不让别人模仿。不可能做到。我很清楚我刚才说的全是空想。我们总是被模仿。不让模仿会带来两个严重的后果：出版社纷纷关门，然后人们将找回自我，因为他们在模仿时并不是真的自己。我在这儿东拉西扯讲了这么多，就是想说这个问题至关重要。对文学至关重要。所有受过的影响：我大概有一两年受卡夫卡的影响，后来完全摆脱了，不要让自己一辈子受影响。比如，最坏的榜样之一，就是巴特。还有那种简化的思维方式。用三两个词就能解释一切，这不可能，对当代人的思想危害极大。

SC：由分析造成的危害？

MD：由简化造成。他写得少，篇幅又短。他没有长篇巨制。鉴于他的写作相对容易，我认为他产生了一定的影响。然而那唯一真实的，最深刻的——我是头一回说这话——可能妨碍我写作的事情，就是影响别人……

*

SC：对于女人，您曾声称她们比男人“了解”的东西更多。这种了解从何而来？是否与她们的沉默有关？

MD：与她们过去恪守的沉默有关，是的，也许吧。不过你在这儿说的，我都明白。

SC：您指的是她们了解？

MD：她们了解。这很可怕，我对你说的这些。完全是决定性的。我确信我们了解他们所不了解的事。他们知道可他们不了解。英语里知道和了解是同一个词，而不是两个。

SC：或许受压迫的一方总是比压迫者了解得多，因为他们既要知道他们被排除在外却又赖以为生的统治阶层，还要知道别的，他们自己的世界。受压迫的人了解得更多，不是吗？

MD：是更多。你的话的确道出了某些事实，但我认为还不够。对我来说这是个巨大的谜，多年来我总是不断抗拒，现在却被迫看清楚这点。女人的某些认识男人完全无法体会。不过这认识还在空想阶段。可能仅仅是一种进化的表现。现在对女人也许正是时候，让这种认识得到了解，得到——你知道，就是这样，仅此而已。不过我还是想原谅男人。

SC：就个体而言，是的，当然了。

MD：男人创造的文学千篇一律。唯一的不同是女性文学。

SC：提到“女性文学”，您是想说女人书写的文学？

MD：是的，男人说的话都一样。无论是政府的、部门的，所有你想得到的、理论的、权威的、大学的——到处是男性的亦步亦趋。他们没法选择别的路。就好像运动机能失调。他们再也不能向右转，不能向左转，只能跟随前人的脚步。而我们女人呢，我们不在那条路上。

SC：那条路禁止我们涉足。

MD：就是这样。

SC：于是我们另辟蹊径。

MD：对。这里边有风险，因为很多女作家有模仿男性的倾向。总之，有某种风险。要么女性将不复存在，如果她们只是满足于取代男性的话。可我认为——从我个人的经验来看——我认为这种男性化的倾向虽然非常危险，却不会异化我们。我想，我想，我不能完全肯定，但我衷心希望事实是这样。你看，我嘛，我本来可以当一名教师，当然了，随便哪一科，数学老师也行，哲学老师也行，法语老师也行。我可能成为一名律师，一位女政客，瞧，什么都行。可我没有。不。我不愿意。这些带给我的快乐都不及置身于……写作的丛林，那种野蛮状态带给我的快乐。一直以来，它就在那里，任何事都不能替代。至于现在，作家有可能是女性。我从电视上看到：最畅销的书都是女性写的。这很有可能……也许从中会产生一种新鲜感，你知道，新意。

SC：因为女性无意排斥某些为权力所不容的事物，比如混乱、野蛮。

MD：她们对此没有一点兴趣，这就是你想说的。

SC：对。她们没有权力，没有一直以来建筑在排斥之上的权力，所以对于某些威胁主流社会的事物，她们既无必要也没有兴趣去打压、去消除。

MD：我不是“女权主义者”。我不相信女权主义。我认为唯一有意义的女权主义，并不是激进的。而是让女性做自己，获得自由。让她们自由地做自己——我不知道用英语怎么说——保持她们原来的样子。

SC：To be what they are.

MD：对。就是这句。而且我发现——好吧，这话我曾经说过，但我可以跟你再说一次——在她们的本能意识里，只要她们愿意，仍然可以接受男性。我就受过几位男性对我的掌控。我不后悔。这是些难能可贵的经历，让我充实、反省自己，重整旗鼓，好像我马上就能寻找到此前一直觅而不得的力量一样。对此不应感到恐惧。看到现在的女性与男性划清界限，我还是有些遗憾。

SC：您指的是性别分离主义。

MD：它的影响很大。

SC：在法国这儿，确实，分离主义有极端化的倾向。谁知道其他运动中不会有这种倾向？

MD：对，可这不是问题所在，问题在于女性，我们谈论的是女性。我好像在哪里简单地提过，我不记得是哪本书了，我觉得几百年前的女性身上有一种灵魂出窍的本能，令人惊异。她们灵魂出窍是为了把自己献给魔鬼，献给男人，献给他们的巫术……最后逼着人把她们杀掉，否则无法摆脱她们。

SC："出窍"一词值得玩味，因为她们的确被看作着魔的人。

MD：是的，不过我把这个叫做出窍，绝对的占有。然而语言中存在多少误解啊！

SC：可您身为一名女性，还是把自己的想法写了出来。难道这不是真正的女权主义希望看到的吗？

MD：可我几乎没有生活，没有私生活。并不是我做到了这点，而是从这点出发。一个女人，无论她有多聪明，一旦受到外界的影响，受到理论或观念的影响，她就失去了存在的根本，失去了她的自由，因为我认为没有什么比一个女人更自由。是的。女人们看上去一副顺从的样子。事实却不是这样。她们依从天性，的确，依从孩子、爱情、性……但是她们没有，没有……受到束缚——不，这个词不该用在她们身上。一个男人每晚回到家，坐在桌旁，享用妻子做的晚餐，身边围绕着孩子们，我认为他所受的束缚远远大于他的妻子，妻子则按自己的意愿行事，准备她心仪的晚餐，给她的丈夫、她的男人、她的孩子们带来欢乐，您看，这有些不可思议，好像理论是站不住脚的，而它对世界的剖析最终也是错的。真正受到束缚的是那些接受妻子晚餐的男人。你明白吗？我呢，我一直觉得自己是家中的女王。我做什么他就吃什么。我用自己买的食材烹饪。然后有一天，我说走就走了。

SC：但您还有工作。我想到了，比方说，您书中的女性——对您来说，您有写作，可对于那些被迫待在家里的女人，远离社会所谓的职场，她们又当如何？社会不会给她们做的家务贴上“工作”的标签，大家也说她们“无所事事”，因此没有人尊重她们的劳动。

MD：是的，不过这个，她们只要捍卫自己的劳作就好了。工作的人只有女性。世界上的工作，是女性的。只要看看你的母亲，或者我的母亲，就会知道，工作的只有我们。我母亲一无所有，独自抚养三个孩子，她母亲要养五六个孩子。至于丈夫，像这样，在工作中露个脸，就有资格成为劳动者了……

SC：重点是他还有酬劳。

MD：他有酬劳，对，当心，这倒是真的。

SC：这正是灾难所在：他有酬劳，赚钱的同时享受尊重，而女人们什么也得不到，导致她们常常不尊重自己的劳动，不尊重彼此，至少那些仍然被异化的女人是这样。

MD：是的，可我们都一样。然而比起男人所谓的远见卓识，这种束缚中更见高贵的本性。比起依从男人的指令，在女人所遭受的压榨和根本的不公之中更见其高贵，见其疯狂，见其天赋。这些很难说清楚。你认同我的看法吗？

SC：我不知道。我想如果一个女人——说到底这是个自由选择和自由意识的问题——如果一个女人和您的看法一致，她就会做自己想做的事，但是……

MD：但是，我自己没想这么多。我未加思索就经历了这些。我写下黑夜。

我还把自己写的藏起来。我不想谈论它。你明白吗，只要你在心中默念：我要说我写作，我要说我学习，我读书，我作诗，我写小说，那么说到底激进的态度高于一切。

SC：我同意这和意愿无关。

MD：把你想做的说出来，想做的意愿比做本身更重要。我偏爱那些仿佛伍尔夫笔下的人物，她在《一间自己的房间》（*Une chambre à soi*）里说女人们隐藏自己……我们天生就处在地下状态。做母亲，就是一种地下状态。

……

你不能同时做两件事，不能一边忙着手里的活儿，也就是写作，一边告诉别人你在写。你做不到。我不知道有没有更简略的说法。我想尽量讲得简单明了，让人听懂。

SC：可您毕竟写了；这已然是场胜利。有太多的人不敢……

MD：这样说我就没法思考了。

SC：我认为这已然是场胜利。

扬·安德烈亚（Yann Andréa，以下简称扬 YA）：对谁的胜利？

MD：是啊，就是，是对其他女人的胜利？

SC：不是对其他女人，确切地说是对社会压迫的胜利，不过偶尔也会针对她们，在她们接受自己低人一等的时候。

MD：可她们就是低人一等，她们经常低人一等。原因是她们不读书。所有文化和知识都和她们无缘，所以她们根本没办法摆脱她们的处境。这点毫无疑问。我在巴黎有个邻居，她生了五个孩子，好吧，她充满魅力，非常迷人，曾是一个可敬可爱的母亲……她从未读过一本书。现在她上了卢浮宫学院，因为她感到厌倦。这里面有悲剧的影子，我肯定，有悲剧的影子。因为——注意，在这个问题上，你遗漏了重要的一点：在对女性的教育中——至少是以前，现在的情形略有不同——人们要求她保持沉默。人们教她不要去打听、不探究、不求甚解。

SC：教她不要读书。

MD：对。

SC：还有别去写作。我想到夏洛特·珀金斯·吉尔曼（Charlotte Perkins Gilman）[1]的名篇《黄色壁纸》（*The Yellow Wallpaper*），在这部由美国女权主义者重新发现的短篇小说里，身为医生的丈夫因为害怕扰乱正常的家庭生活，严禁患抑郁症的妻子写作，但他的劝阻没有奏效。

MD：当然了。别去写作，不，我不知道这是否……反正鲁克丽丝[2]说女人最大的美德是沉默，是懂得沉默（笑）。

SC：至少现在，就像在您的书里看到的，沉默不一定是消极的，它也可以富有创造力，至少是在像您那样，“讲述”自身沉默的时候。

MD：对，是这样。

SC：它带来了许多灵感。

MD：是的，可并非总能如此。

SC：但它不容忽视。

MD：对，完全同意。其实，我也不清楚是否通过我的书得出了这些看法，不过目前看来好像是这样。你要知道人类的历史，假如真的存在，我说不准，我们全都误解了，那么最恐怖的历史就是女性史。不是无产者的历史，不是无产阶级和资产阶级的历史，而是各种境况中女性的历史。

SC：还有各个阶层女性的历史。

---

1 《黄色壁纸》是作家夏洛特·珀金斯·吉尔曼的一部短篇小说，1890 年在美国出版，上世纪六十年代由女权主义者重新发现。该书的法语版 1976 年由女性出版社首次发行，书名为《黄色壁纸》，2002 年腓比斯出版社再版时书名改为《被隔离的女人》（*La Séquestrée*），由迪亚娜·德·马尔热里（Diane de Margerie）翻译并作序。

2 鲁克丽丝（Lucrèce），莎士比亚长诗《鲁克丽丝受辱记》（*TheRape of Lucrece*）中的人物，该诗根据古罗马传说创作，讲述罗马王政时代的最后一位国王暴虐无道，因其子奸污鲁克丽丝引起公愤，他和他的家族被放逐，王朝被推翻。——译注

MD：各个阶层……正因如此才要注意，无论如何，要做好自己，因为女人仍然是这个野蛮世界中一股巨大的清流……她们应当保持这点。不要去指责男人。我嘛，对于男人，我远离他们，不再相信他们。我认为智慧是阴性的，感性也是阴性的。此时此刻，如果你想知道我的看法，我认为一切都在变成阴性。对此我坚信不疑，这种转变是不可避免的。但我不想指责男人。

SC：您所说的这些，显示出某种乐观。

MD：这不是乐观。我相信自己。我花了很多时间去观察周围，思考从报纸上读到的见闻。真不可思议。我每时每刻都在思考（笑）。但我还是相信自己的看法。

SC：或许吧，假如在这之前世界还没有毁灭的话。

MD：无论如何世界已经完蛋了，结束了。最后，活下来的少数将是阴性的。你同意我以上的观点吗？

SC：嗯，同意。感性是阴性的吗？这点我同意。

MD：对。那么智慧呢？

SC：也是阴性的。

MD：只不过，对于智慧，还要再审度审度。

……

MD：是啊，我们在两盘录音带的间隙讲讲话，聊聊天。好吧。我曾经有个情人，名叫雅尔洛，我刚刚，那时，我正准备出发前往美国，我刚刚写完了《劳儿之劫》。我手里只有一本样书，多年以来，因为我的愚蠢和不切实际，就像这样，我总是只有一本样书，就连草稿都烧掉了。好吧，这里略过不提，总之就是些蠢事。一天他对我说："把你的手稿给我，我想拜读一下。"他当时和雷奥米尔（Réaumur）一起在一家杂志社工作。看他这么坚持，我最终把样书给了他。他问我："你有什么好担心的？"我说："我只有一本样书，只有一本，唯一的一本。"他说："你有什么好担心的？我一会儿就回来。我们一起吃饭。"我说："好吧，拿去吧。”他说：“我叫一辆出租车，直接去杂志社，然后就回来。”说完他往杂志社去了。下车付钱时，他把书放到车顶上，我担心的事情还是发生了。至于那辆出租车，有人告诉司机：“有东西从你的车顶掉下来。”司机把书捡起来，下午将近五点时送回了杂志社。可以说他度过了糟糕的一天（笑）。可这一切不是偶然。他非常，非常妒忌。所以教训是？

YA：我可不想自己处在他的境地。

马诺[1]：结论是：男人不喜欢女人写作。

MD：对。啊！不止这样。男人也不支持女人写作。反正，对我这代人是如此。

SC：您作品中的作者和叙述者总是男性，这样安排有什么深意吗？

MD：这点我没想过。

SC：他们总是男性。

MD：是的。可作者就是作者，不是某个男人，也不是某个女人。

SC：因为您给他们安上了名字，还有性别……

MD：是的。在《劳儿之劫》里，我觉得这样比写一个男人要容易。而且我希望安娜-玛丽·斯特雷特是其中唯一的女性。

SC：和您一伙。

MD：和我一伙！是的。所以这比写那些男人要容易。不过我常常觉得更亲近男作家而不是女作家，原因是，唉，她们写的是女性文学。你同意吗？

SC：就一切有主张的文学而言，是的，当然了。但还要从量上分析：男人比女人更有机会成为作家。

MD：对。很对。

---

1 米歇尔·芒索的昵称，作家，杜拉斯的邻居和朋友，当天她也在场。

SC：谈到对女人的看法，您在第一次访谈中提到，您在人生的某些时段接受过男人，和他们在一起丰富了您的阅历。可阅读您的作品，我发现真正"懂事"的、能够丰富他人的人物往往是女人，从早期的《直布罗陀水手》，一直到后来的安娜-玛丽·斯特雷特，在《水手》一书中，女人才是"洞悉"、是教导的一方，每个男人都在向她靠近。我想知道女权主义是否有……

MD：我的说法是"女性主义"。

SC：那就女性主义。从根本上说，它是否仅仅基于一种互惠的要求，希望男人不要把女人当成物体来研究，或者看成可以支配、占有的对象，而是把两性的遇合视为实现互补的契机？这样一种相互倾听，不正是女性发自内心的美好愿望吗？

MD：是在爱情的范畴以内还是不限于爱情？

SC：在爱情中还要更为罕见。

MD：是的，但爱情涵盖了每个人，涵盖了全世界。就是说男女关系中会有巨大的失衡，就像劳儿·瓦·斯泰因和她丈夫那样。存在一种巨大的失衡。她一言不发，整个人完全迷失了；可爱情还在。不过对于真正的男女关系来说，这都不成问题。男人会懂女人的语言。而我们屡屡看到的却是，问题依然存在。之所以存在，是因为有越来越多的女人——从过去到现在，我认识好几个这样的女人——她们本身是教授，取得了哲学教师、法语教师的资格，却和工人生活在一起。

SC：这种现象该作何解释？

MD：我认识一个叫莱斯利·卡普朗（Leslie Kaplan）的女人，她刚写完一本书，书名是《过度-工厂》（*L'Excès-l'usine*）——我和她还就这本书作了一次访谈。很快会刊登出来[1]。是一次美妙的谈话。她就和工人生活在一起。她去工厂上班，认识了一名工人。她给他生了一个小女

1 该访谈刊于1985年5月出版的《另类日志》第五期。

孩玛丽娅，今年十岁。为了她我还去找过教育部长。那些年，夫妇俩爱得发狂，完全靠激情度日。是她先离开的，她丈夫再也没有和别的女人一同生活。她非常聪明，她丈夫想必是就此喜欢上了智慧的女人，像大家说的“曾经沧海难为水”，你瞧，他没法坚持原来那套，再回去找一个无产阶级女子，一个工厂里的女工，也就是说他已经受到了智慧的腐蚀，不过在我看来，不管怎么说，智慧都是可取的。总之，如果世上真的缺少什么，它既不是面包、大米、小麦、肉，也不是信息。而是智慧。

……

*

1982年7月23日

SC：玛格丽特·杜拉斯，您的书里不乏对爱情的描写，这在现代作家里即便不是独有，也是很少见的。比如新小说派似乎就排斥在书里写爱情。与传统的爱情小说比起来，可以说您写的是爱情小说吗？

MD：不。不是的。不能这样说。我不赞成。现在的小说，新小说，已经过去了，没必要多谈。都结束了。不。新小说曾经发展迅猛。可他们谈起爱情就像在谈一份已谈妥、已归档的材料，我想，正是这一点导致了他们的失败，因为爱情永远也无法谈妥。不过也不能就此说我只写爱情小说。我认为《副领事》和《劳儿之劫》里还有别的。里面有爱情，但不仅仅只有爱情。除了这个，还有另外一面，疯狂的一面，脱离社会的一面。而且我觉得小说的概念并不存在——首先，我写的是小说吗？

SC：是一些文本？

MD：对。如果拿掉爱情，我不知道小说是否还有素材可写。我想答案是否定的。就像在生活中一样。

SC：的确，传统小说里总有爱情故事、曲折情节，等等。

MD：你指的是，巴尔扎克风格。

SC：对。可以肯定的是，您的小说里有爱情。比起那些以爱情冲突和情节取胜的小说，您选择何时入手，从哪一阶段开始描写爱情？是否可以说您的写作有时在爱情结束以后，有时则恰恰相反，比爱情开始得更早？

MD：就是说在我的书里，我认为爱情没有终点。《副领事》里没有。《劳儿之劫》里也没有。《阿嘉塔》本来就是无限的，不可能有终点。但是有爱情以及爱情的种种表现，它潜在的破坏力，它带有毁灭性质的暴力。爱情，它是丑闻。无论在哪个地方，哪个城市，爱情都是丑闻。……所以它从来不是我在书里描写的爱情。它的意义在于对社会的影响，而这影响总是巨大的。

SC：爱情在哪方面对社会来说是丑闻？

MD：爱情很少适用于真正的选择。它总是无法确知，总是有风险。大多数情侣，大多数爱都摇摆不定。他们……看看现在的年轻人就知道了。当爱变成激情，总会引发丑闻，就像给了人们一个不可复制的样板……一个丑闻的样板，事实上……也是致命的样板。对，致命的，这点尤其重要。就好像爱包含某种威胁。

SC：对相爱的人，对社会，两者皆然？

MD：你知道，爱从本质上说是不能长久的。爱不能长久，所以发生的时候大家都能看到，因为说到底，它就是给人看的。没法把爱藏起来。它像鼠疫，像火一样。我想人们可以感觉到这点，爱情有毁灭性的一面。我认为每个人都能感觉到。

SC：您提到“暴力”这个词的时候，我想到了《坐在走廊里的男人》（*L'Homme assis dans le couloir*），暴力或许也是欲望没有出口时一种激化的表现。我想到了这个文本。

MD：是的，它是爱情致命的表达。男人，只能以杀人告终。而女人，只能做一件事，就是请求对方杀死自己。爱情没有出路。它的终点不是家庭、孩子、车或者乡间别墅，而是……它只能内部解决，由当事人解决。在一种无限的、激情的表达中解决。除了死亡我看不出还有其他终极的表达。

SC：在这方面，《坐在走廊里的男人》与《琴声如诉》之间有什么关联，既然您提到女人应当以请求别人杀死自己来结束？……

MD：两者相差不大。《琴声如诉》和《坐在走廊里的男人》，的确有些接近。只不过《琴声如诉》类似于某种前奏，是事件的开端。而《坐在走廊里的男人》，是事件的进展。它不仅仅是行动前的准备。它是对激情的了结。激情难以为继，这本书作了了结。这就是它受到广泛欢迎的原因。

……

SC：爱情的张力，与作品有关吗？您说过您爱自己笔下的人物，至少是其中几个。可以感觉到您书里的爱情，超越了一般意义上两个人物间的爱情故事，不能用“爱情小说”来归类，我想知道是否与以下两点有关，一方面是您写作时的状态，另一方面是其中包含的政治因素。

MD：我可以提个问题吗？你所谓的爱情的张力是什么？你是这样以为的吗？你认为有一种张力，像这样……这是生存带来的张力，是生活的张力，是向生与向死之间的张力，可它没有……比如《印度之歌》里的安娜-玛丽·斯特雷特，她超越了这一切。她不再爱了。

SC：可对您，书的作者——从书里可以看出，除了安娜-玛丽·斯特雷特——这本书并不是冷冰冰的，远远不是。我想说的就是这个。

MD：是的，可我写作不是出于对她的感情，我不是因为对安娜-玛丽·斯特雷特有感情才写她的。我喜欢她——对，我一直都喜欢她，也会永远喜欢下去，安娜-玛丽·斯特雷特。但我不是为她而写，我是为写而写。就是这样。热衷于用某种方式宣示我的感情。用不着直抒胸臆，否则人人都能写。我爱上一个邻居，疯狂地迷恋他，然后我就能创作文学。写作没这么简单，要能够向第三者转述你的迷恋才行。说得更明白点儿，就是能够浸入其中体验世间百态，我知道如果我有什么能力的话，这就是我的能力。正是在这儿，诺弗勒堡，我让自己身处法国驻加尔各答大使馆，对，就是这样，然后看到了一场晚宴。你想知道的话，这就是我的力量所在。这就是，写作。我不喜欢法国驻加尔各答大使馆里的任何人。从头至尾我只喜欢一个人，就是安娜-玛丽·斯特雷特。我从十二岁开始喜欢她。到现在有一段时间了。但写作并非出自这种感情，它是传达这种感情所需的浸入式体验和发挥空间：能够听到跳舞的声响，看到花园，听到女乞丐的声音，大使的声音，副领事的叫喊，诸如此类的一切。写作正是这种从自我向文本的位移。同时它还要求你特别仔细，因为处处都讲究逻辑。我的书里没有一处逻辑不通的地方。我在《印度之歌》里从来没弄错过。我从来没弄错，尽管这一切都是虚构的。

SC：可以把它说成是一种投身世界的努力吗？

MD：可以。对，我喜欢这种说法。是的。是一种感知，一次重演。是的，就是这样。是采取行动，像这样重新来过。仿佛一瞬间，它可以让某样东西活过来。

……

8月20日

SC：您在匿名状态下对普通读者发声，不是会无限增加您的受众，把它扩展到全世界吗？我不用爱情小说而用恋爱小说就是想表达这个。

MD：对。意思是我在这种状态下过了十四年，完全依靠我自己。我有过轰轰烈烈的爱情，然后我独自生活了十四年，我想是从《奥蕾莉娅》开始，所有的一切，就是说，从那时开始，我又能够设想爱情，如果你想这么说的话。你知道吗？事实上那是些情书。没有情人也可以写情书。……

SC：您在什么地方说过："当我写作时，我不会死。"是否可以理解为，您想说"当我写作的时候，我在恋爱"？

MD：是的。某种程度上可以画等号。对，这个三段式推论可以成立，也就是说，当我恋爱的时候，我不会死。

SC：是否可以把这句话与您那天谈到的作家最基本的谦逊联系起来？您当时说："我谈论自己时离自身最远。"您还说："我没有私生活。"在写作、爱、私生活与对世界饱含深情之间，是否存在某种尚待发掘的关联？

MD：我的意思是，写作是一种恋爱行为。写作，就是向某处进发，那里我们谁也不是。要做到这点非常困难。你要是写作的话就会明白。而且，很难再有私生活。这方面扬最清楚，因为他深受其苦。

SC：您说写作就是向某处进发，是向哪里进发呢？

MD：啊！我不知道。不单单是向他者。我认为是向自我进发。我说过我嫉妒我自己。在《魅力之夜》（*Nuits magnétiques*）上，我是这么说的，同时我在《80 年夏》里描写了黑夜中的黏土小丘和月色，黏土上空的风暴让大地混沌，等等。我说我在那儿，我看见了。我感到嫉妒。我厌恶。因为我只能待在那里，在五十平方厘米大的玻璃窗后面。那里是一切的起点。

……

我可以用形象的方式来讲述。比如，我孤身一人，整个夏天都待在那儿，1980 年夏。（他[1]是九月份到的。他敲门。之后再也没有离开。）但我构思了一个世界。作家，就是如此。我构思了黑夜，在这儿，你会看到，勒阿弗尔的夜，黏土小丘的夜，海滩的夜以及格但斯克的夜，孩子的夜，伴随着阵阵浓雾，等等。我构思了一切，最后连我自己也相信了，相信我看到，并且构思了那个世界，而我所做的仅仅是

1 指扬·安德烈亚。

像抄写员一样把我设想的种种记录下来。嫉妒便与此有关。这不是写或不写的问题，我不这样认为。而是对此感到嫉妒，因为毕竟我有这个能力——至少，我知道我有，我知道我是一个作家，这不是我的幻觉。而且用不着假装谦虚——总之，我嫉妒我所拥有的才能。我眼中的幸福时刻，从来就不是搁笔的时候。偶尔我也会说：我不打算写了。可当我不写作的时候，我就不安生，也就是说有什么东西不灵了，某种……对此扬知道得一清二楚。好吧。就是这样，我没有了私生活。

……

SC：现在有一派学说我觉得相当危险，也可以说伪善，它经由超现实主义，发展为形式主义，宣称文本完全是自动生成的。好比您说您写作时不知道笔下的文字从何而来，可在我看来您所说的和这种书可以像机器一样自动生成的观点不是一回事。

MD：托马斯·曼[1]说："作者死了。"而我要说："作者，谁也不是。"不过这并不意味着它就没有。作者，谁也不是。

SC：明白了。那么那些形式主义者呢，他们声称文本完全是自动生成，不受人为控制，声称作者不存在，还有超现实主义者……

MD：不，超现实主义者已经说过太多蠢话了。

SC：是啊，而且超现实主义者说我们只是记录内心听到的话。

MD：对。

SC：既然形式主义者的机器可以自动运转，不受作者控制，那么对您那些个人色彩鲜明的作品又该作何解释。读玛格丽特·杜拉斯的书，一定会听到背后有个声音，玛格丽特·杜拉斯的声音。

MD：因为我比其他作者距离他们的作品更远。而我和自己作品之间的距

1 托马斯·曼（Thomas Mann，1875—1955），德国作家，代表作品为《魔山》《布登勃洛克一家》，1929年获得诺贝尔文学奖。——译注

离比这还要远。

SC：您所说的“远”指的是什么？

MD：就是对写书的人，我并不十分了解。

……

你每次写都把它当成第一次。否则你就没有写。（在我正在写的文章里）我说：写作，就是不做梦。我把“做梦”一词照搬过来，其实它并不存在。因为这个词已经用滥了。可写作恰恰相反。它是异常清醒的时刻。是的，异常清醒。只需回到里卡尔杜的定义：一百个作家里，九十五个不是真正在写。只有五个是真正的作家。那九十五个写出来的是他所说的信息文学。德·波伏瓦，不是真正的作家。巴赞[1]，也不是真正的作家。

……

SC：回顾这几次访谈所讲的内容，您提到了淡化女乞丐的手法，即在《印度之歌》中避免对她的刻画，您说这有些类似《黑夜号轮船》（*Le Navire Night*）中的写法——那么这样一种爱情，对于两个从未谋面也永远不会见面的人来说，这种炽烈的感情到底是什么？正是您本人让这种感情与另一本书中面目模糊的女乞丐产生了联系。

MD：是一种激情。我认为激情中有某种固有的缺憾。可以说情感是种种心理学概念的集合，比如拥有的欲望、占有的欲望、转瞬即逝的欲望、肉体的欲望……不死不灭的欲望……而激情中少了点儿什么。我说不出是什么，就像一种病，好像染色链上突然少了一条，导致儿童发育异常。在激情中，也就是在这种情感的狂热中，你也可以说，在肉体与精神的狂热中，有某种固有的缺憾。我不知道它的位置。我想如果我知道我就能说出来，可我一直携带着它却无法确定它的位置。

1 巴赞（André Bazin，1918—1958），法国战后现代电影理论的奠基者，创办了《电影手册》杂志，被称为“电影新浪潮之父”。——译注女乞丐身上缺少的是“看见”。我们看不见她。我想如果见过她的样子，所有的激情都要打个折扣。《黑夜号轮船》中有这种“看见”。当她把照片给他时，他非常非常害怕。如果他见到她，激情就会减退，“看见”的力量也会减弱。至于普通人之间的寻常的激情，的确，它还包含别的东西。比如，扬和我之间有一种激情。或许正是由于这种缺憾，我不能为他生孩子，一切已成定局，照常理看，我会先于他早早死去——我们永远说不准——不过照常理看，我会比他早死……而这种缺憾也会是……游戏规则，你明白吗。

……

1982年7—8月，

与苏珊·D·科恩对谈，

未发表（节选）[1]

1 1982年，就研究玛格丽特·杜拉斯的博士论文答辩后两个月，纽约大学的新晋毕业生苏珊·D·科恩有幸见到了作者本人。应杜拉斯的要求，原先约定的一小时采访变成了一系列访谈，访谈地点有时在诺弗勒堡，有时在特鲁维尔，一直持续到1982年夏末结束。1993年，苏珊·D·科恩有关杜拉斯作品的专著《玛格丽特·杜拉斯小说中的女性与言说：爱、传奇、语言》（*Women and Discourse in the Fiction of Marguerite Duras*: *Love*, *Legends*, *Language*）由麦克米伦出版社在英国并由马萨诸塞大学出版社在美国同时出版。

1983

作者之死

玛格丽特·杜拉斯十月发表了一部剧作：《萨瓦纳湾》(*Savannah Bay*)。一月初她又推出了《死亡的疾病》(*La Maladie de la mort*)。应《解放报》的邀请，她与出演《大西洋人》(*L'Homme atlantique*)的扬·安德烈亚(以下简称YA)一起谈论她的书、写作、政治……和她自己。

YA：萨瓦纳湾，它在哪儿？

MD：在佛罗里达。我把它移了位置，移到玛德莱娜所在的地方。就像沙湾拿吉是一个被流浪与饥饿所定格了的地方，在我看来，每一个东亚女乞丐都来自那里，萨瓦纳湾在这里则是变动不居的。结尾我把它放到了暹罗。暹罗常常回到我的作品中。在堤坝的水田对面，群山和丛林的另一边，就是暹罗。这个词让我着迷。我想我永远都没有机会到暹罗去。但是这个词在那儿——触手可及，闪闪发光。

YA：您就是在那儿一边等待一边抽三五牌香烟？

MD：不在我母亲面前抽，她会打我的。她觉得只有男人和在街上混的女人才抽烟。

YA：这部剧是为两位女演员而写的吗？

MD：是的，为玛德莱娜·雷诺[1]和布勒·欧吉[2]（Bulle Ogier）。剧中玛德莱娜再也分不清她的生活和她所演的戏，分不清广袤无垠的当下。玛德莱娜，就是戏剧。她可以取名叫萨瓦纳。戏剧，就是当下。

YA：如何去称呼这种广度？

MD：我们不去称呼它，我们只知道它属于戏剧，永远都不属于电影。

YA：您说：情话关乎每一段回忆。

MD：是的，不管是说不出口的回忆，还是那些被认为纯真的回忆。人人都经历过爱情故事。无论是虚构还是真实的。这点众所周知。

YA：一首歌的时间可以发生一段爱情。

MD：不，还需要更多，要有一个渺茫的机会，与一个人相爱。剧本原来叫：《我能如此爱你真是疯狂》（*C'est fou c'que j'peux t'aimer*）。

YA：安娜-玛丽·斯特雷特在季风季节死于恒河三角洲。《萨瓦纳湾》里缺席的少女消失在温热的海水中。她们俩都是十八岁。

MD：是的。玛德莱娜执意想死。少妇用皮雅芙的歌声唤醒她，逼迫她重复歌词。皮雅芙的歌声是抵抗死亡的练声曲。唤醒的回忆也来扰乱死亡，阻止它行动，它们纷纷扰扰，处于一种终极的无序状态，可这些都无济于事。我们通读了剧本。玛德莱娜说：我不知道我演的是什么，反正我演了。玛德莱娜和布勒天生有着同样迷茫、同样自然的表情，太神奇了。

隐去的几幕

YA：您最新的文本，《死亡的疾病》，它是什么？

MD：《死亡的疾病》对应的是如果您一旦读过这个题目的书——它不存

1 玛德莱娜·雷诺（Madeleine Renaud，1900—1994），法国电影和戏剧演员。1947年，她和她丈夫一起建立了雷诺-巴罗剧团。她在《成天上树的日子》《伊甸影院》等杜拉斯的戏剧和电影中成功地扮演了“母亲”的角色。——译注

2 布勒·欧吉（Bulle Ogier，1939— ）法国女演员。在杜拉斯多部电影中扮演角色。——译注

在——就会留在您记忆中的东西，它是一本很老的书，久久地讲着故事。那本书的痕迹独自在您的身上沉淀，永远都不会是这本书。同样，《大西洋人》不仅仅是一部电影。它是隐去的一幕被搬上了银幕。我指给您看，我只跟您一个人说话。只有您的形象和黑色的胶带。在《大西洋人》完成一年后，我认为电影黑色的部分也代表了您的形象的缺席，因此也是您的缺席。这里电影把一切都汇聚向我，整个灰飞烟灭的世界都属于我一个人。这里，您成了无法想象的。是我，我在说这些。我替您讲述留给我的世界，在您走后。这个我在电影中的擅入，就是被我称为隐去的幕后戏。那正是您一生中最生动的时刻。

YA：您的所有文章都有骇人的分量。

MD：（笑）近段时间，它们都很短，是的。我们在那里就像在一个监狱的环境中，几乎无法呼吸，一切都能被看到，一切都能被听到。我花了两个月时间写《死亡的疾病》。很大的工作就是为了让文本变得骨感，减到不可能再减。书应该被一次性读完，一刻不间断地读完，完整地传到读者那里没有一丝遗漏，或许还因为看上去太短让读者伤心。

YA：每一次您下笔，都是第一本书。

MD：是的，不可避免地。每本新书都让过去所有的作品退却，把作者和他的其他作品拉开距离。作者越来越孤立，而他的书一本本写出来，离读者越来越近。每一本书都是作者对自己的一次谋杀。当一个文本被拿去——是的——出版，在世的作者就沾染上了死亡。作者之死是渐近的，或者它也可以是突发的。人们误解了马丁·伊登[1]之死。他不是死于社会对他的排斥，他猝死是因为所有的书一次性被出版

1 马丁·伊登（Martin Eden），美国作家杰克·伦敦创作的半自传体小说《马丁·伊登》中的主人公，小说讲述了水手马丁·伊登渴望成为大作家，他顶住人们的嘲笑，忍受被爱人抛弃的痛苦，经过奋斗终于获得成功，成名后的马丁·伊登发现一切都是虚幻的，最终自杀了却生命。——译注

了出来。马丁·伊登的自杀不过是让一种几乎已经完成的死变得更加完美。等到我死的时候，我几乎没什么可死的，因为定义我的本质的东西已经离我而去。要死去的只是躯体。面对死亡的作家的境遇是一种实用的境遇。有人跟我谈到几部《奥蕾莉娅》：你拍的每部电影都杀死了前一部，每本书也一样。我说：不然怎么办？否则我们写什么，拍什么？否则写作是什么？是运动？一个作家要么在每一行都付出一点生命，要么他就别写。

YA：穆齐尔[1]在他的日记中写到："写作不是一项活动，而是一种状态。"

MD：是这样。有阵子我以为我年轻时候的状态就是政治。就好像存在一种非政治的写作。维持苏联活着的，是那一小撮知识分子：一万名作家和他们的读者。全世界也一样。

……

凡尔赛的玫瑰何时凋零

YA：正统的批评几乎不再谈论您的书了。

MD：我认为这是对的。在一个作家的一生中会有这样的时候到来，批评界放弃了它要扮演的角色，我想说他们不再追随我们，即便有话要说也不知道怎么说，他们不再有用。批评的角色还在于：让作家回到自身。这样很好。让人如释重负。听着，对我的最近几篇评论，一篇关于《爱》，由 P.-H. 西蒙撰写，是抨击，另一篇写《劳儿之劫》，由皮亚提埃执笔，也是抨击[2]。此后便是沉默。应当学会跳出批评的视野，在这种不必要的监督之外生活。应该只相信自己并写作。皮亚捷会拒

1 穆齐尔（Robert von Musil，1880—1942），奥地利作家，被认为是两次大战之间最伟大的德语作家之一。《没有个性的人》（1930—1943）是他未完成的三卷代表作，讲述维也纳战前的生活，反映了现实的不确定性。——译注

2 杜拉斯谈到对自己伤害最深的负面评论时多次引用这篇文章。参看雅克琳娜·皮亚捷《马里安巴时期的玛格丽特·杜拉斯》，《世界报》，1964 年 4 月 25 日，收入《资料夹：〈劳儿之劫〉与〈副领事〉》，巴黎，10/18，2006，第 80 页。

绝出版《劳儿之劫》，P.－H. 西蒙会拒绝《爱》。波罗・德尔贝什（Poirot-Delpech）会哪本都不看。如果只有这三个人，我的书将不会被出版。文学批评常常是滞后的。皮亚提埃还处在蒸汽机时代，P.-H. 西蒙是孔布[1]法时代，波罗・德尔贝什是人类集体忧郁的时代[2]。当作家们受到评论界吹捧，这常常意味着他们仍处在世界的另一面。

YA：最后一个问题，写作前您有什么仪式吗？

MD：我常常会喝一杯起泡的阿斯普罗[3]（Aspro）。以前我喝一杯葡萄酒。再以前我喝一杯威士忌抽一支香烟；再以前，还要以前，我抽一支香烟，我离开餐桌，我去洗碗。不管什么时候，我都会把床整理好。摊着一张乱糟糟的床而写作，那是不可能的。转过身，看到没有整理好的床，那真是再没有任何指望了。

YA：那是早晨的绝望？

MD：也许吧，尤其是当一丝风都没有的时候，当雾气弥漫在公园里，当凡尔赛的玫瑰花在它们的香气中凋零死去。您明白吗？

YA：我明白。

1983 年 1 月 4 日，迪迪耶・艾利邦，

《我能如此爱你真是疯狂》，《解放报》

---

1 孔布（Emile Combes，1835—1921），法国总理。这里的法案指的是他主持通过的 1905 年 12 月的政教分离法。——译注

2 影射一战后“迷惘的一代”，即二十世纪二三十年代。——译注

3 两名澳大利亚人在 1915 年发明的一种高级阿司匹林产品，到了 1940 年，这种药物成为世界上广泛使用治疗头痛的处方，迅速占领国际市场。——译注

爱情永不枯竭的平庸

《印度之歌》的作者正在把她的剧本《萨瓦纳湾》搬上舞台。以此为契机，她在《晨报》的独家专访中，谈到了戏剧、电影、玛德莱娜·雷诺和布勒·欧吉、拉辛、皮雅芙……

玛格丽特·杜拉斯主宰着当代戏剧，虽然是事实，但这样说未免有些“粗暴”，不够聪明。更准确的说法是她的影子无处不在。无论上演的是否是她的作品，她都在每一位编剧、演员、戏剧工作者的脑海中。今天，她迈出了新的一步。她要亲自执导《萨瓦纳湾》在圆点剧院的演出。和她一起工作的演员有玛德莱娜·雷诺和布勒·欧吉，负责布景和服装的分别是罗伯托·普拉特(Roberto Plate)和伊夫·圣洛朗[1]。

借此机会——也是《阿嘉塔》(*Agatha*)在埃萨伊翁剧院[2]首演之际——她接受了《晨报》的访问，这是她唯一授权给纸媒的访问。时间是9月19日周一，地点是剧院对面的咖啡馆，访问于两次排练间隙

1 伊夫·圣洛朗(Yves Saint Laurent, 1936—2008)，世界著名设计大师，法国时尚界的传奇人物。——译注

2 1983年9月20日的首演，由皮埃尔·塔巴尔负责导演及布景。

进行。

《晨报》：玛格丽特·杜拉斯，您亲自导演《萨瓦纳湾》这出戏。此前，您的剧本都由戏剧业内人士执导，他们与您合作得很好：只要看看克洛德·雷吉和让-克洛德·阿米尔就知道了。为什么您要把这出戏的命运掌握在自己手中？

MD：我想这是巴罗夫妇坚持的结果。我找雷吉谈过。他手头有另一档事，一部彼得·汉德克[1]的戏。我们聊过。他对我说："我不明白你为什么要找导演，你完全可以自己来。"于是就成了现在这样，当时似乎觉得没有讨论的必要。

《晨报》：对您来说，导戏是什么？我想比起导电影，导戏对您似乎更难，或许也更神秘。

MD：更激进，更危险。比导电影危险得多。究其根源，到剧院看戏和到影院看电影的心情是截然不同的。在这里，舞台和观众之间有一种冲突，影院里是没有的。就像我不久前跟您说起过，电影是工业产品，不受突发事件的干扰，在沙漠里放映和在香榭丽舍大街上放映效果是一样的。在剧院，让您动情或不快的源头就杵在那儿，杵在您面前，活生生的。他们与您建立了一种联系，这种联系不可避免，循环往复，仿佛已经穿透并跳出到剧本以外，是一种直接的交流，不绕圈子，有可能非常可怕。

《晨报》：我想知道《萨瓦纳湾》的排练情形是怎样的。您是一步步摸索，还是给明确的指导？技术手段显然对戏剧没那么重要，您会在意它吗，还是一点也不？

MD：技术方面要困难得多。在影院里，这根本不是问题。可在剧场，你只

1 彼得·汉德克（Peter Handke，1942—　），奥地利著名小说家，剧作家，当代德语文学最重要的作家之一，代表作品为《守门员的焦虑》《卡斯帕》。——译注

有一个景深，一个背景，一个镜头：人的眼睛。我让两个人物在四十到八十平米的空间里活动一个半小时。我只有一个取景的视角。我跟您说，这事可说不准。我可能会把一切搞砸，变成一场空。因为，想要避免戏剧中的套路，真的非常难。

《晨报》： 这几次排练……我知道你们先在公寓里做了剧本朗读……

MD： 我们只在玛德莱娜·雷诺家里读过一次。之后她接受了腿部手术，您知道，手术成功极了。随后，我们立即投入舞台排练。我拍电影时多用远景。在这里也一样。尤其是第三幕，我改变了演员说话的朝向。整部剧不再依靠两个女人"之间"的对话来推进，而是常常"面向"观众诉说。因为，《萨瓦纳湾》里没有人物。它是把文本搬上舞台的一次尝试。搬运文本的两名演员可能被当成戏剧中的人物，但她们不是。这两名演员就是玛德莱娜·雷诺和布勒·欧吉。

《晨报》： 您是为玛德莱娜·雷诺写的这出戏？

MD： 应她的要求，是的。我为她写的。

《晨报》： 所以其中一个人物（如果称得上是人物的话）也叫玛德莱娜？

MD： 不。不过非常接近。非常接近我们看她演戏时的感受。基于长期合作中我对她的了解，我创作了《萨瓦纳湾》。是的，可以这么说。但在这儿，剧本里的不是玛德莱娜·雷诺。

《晨报》： 当您从朗读剧本的公寓转入剧场，是否感觉不适？剧场这个地方您还习惯吗？

MD： 这里不是我熟悉的地方。在今天排练的这出戏和《阿嘉塔》之前，我没有导过一部戏。我的剧本，都是别人改编或者要求我改编的小说，或者是一些可供演出的中篇小说。但我从来没有直接参与舞台工作。除了十五年前的《音乐》，那还是为英国广播公司写的。是的，我不认为公寓是演戏的场所，是倾听话语的地方。剧场意味着大厅的空间，意味着危险，意味着演员与观众同时在场的风险。

《晨报》： 您觉得您是在指导演员还是根本是另一回事？

MD：就这出戏而言，我觉得我在指导。

《晨报》：那么，在别的戏里，您没有这种感觉？

MD：对，不完全是这种感觉。拍电影时，我试着让演员进入文本，体会角色的所思所想。戏剧演员有着某种极为普遍的投入表演的方式。一种开场白。但仅限于此。它不同于对舞台的积极调度，对细节的孜孜追求，因为我完全无法容忍我听到的文本是别的样子。

《晨报》：可见您在指导。是强制的吗？对于习惯了调动自己内心情绪的玛德莱娜和布勒来说，大概不会轻松吧？

MD：是的。换谁都不会轻松。不过还好，还好。

《晨报》：您今天显得相当平静。可您肯定也有……“怕得要死”的时候吧？

MD：没有。我一点也不怕。即便演出失败了。我只害怕一件事，这和第一天的感觉有点像。那就是推出一个文本。出版一本新书。

《晨报》：彩排那天晚上您打算怎么过？编剧和导演们通常会兴奋地待在对面的咖啡馆？

MD：我不想受这份罪。有人会替我去的。大幕落下，和我就没什么关系了。顶多再有两三天。都结束了。剩下的就交给玛德莱娜·雷诺和布勒·欧吉，按照她们所理解的去演……排戏的过程很漫长：我有一个月时间，我想这属于正常情况。预计是 8 月 22 日到 9 月 22 日。让-路易·巴罗后来多给了我们五天。

《晨报》：想想会觉得时间很长。实际上却不是。

MD：实际上也很漫长。虽然时间久，还是有让人高兴的事，就是排练的时间很规律。好像去上班一样。我没有这种习惯。

《晨报》：这让您把写作搁置了？

MD：是的，我甚至要说排戏是件体力活儿。和写作比起来，它就是项运动。

《晨报》：拍电影也是运动，去坐班？

MD：不，拍电影意味着四处奔走，移动，很多的耐心。而对抗文本，对抗舞台，对抗空间、空间的占据、演员的反应，这都属于戏剧。我不觉得累。我不知道这一切是怎么发生的。可能我还需要加把劲儿。

《晨报》：我们还没有谈过舞台灯光。这方面您有兴趣吗？

MD：我对此一窍不通。我完全相信热纳维耶芙·苏比鲁可以打造出理想的灯光。我找不到插手的理由。她读过几遍剧本，也听了现场排练，她比我更清楚每个地方需要什么。回到演员的话题，我也认为唯有戏剧演员，直面冲突的演员，才是真正的演员。我觉得演员投身电影是一种不幸，表演起来也会十分沮丧。的确，人人都能说一句电影台词，即便只是随口一提，也许正是随口才应该说出来。不过，就这么一说的时候，我在当代电影演员身上又发现了新的不幸。讲得透彻一点，我认为在戏剧中，首要的呈现，我的意思是无可比拟的呈现，只有一次，就是剧本被发现那天，第一次朗读它那天。接着回忆开始发挥作用，必须战胜它，忘记它，才能说出、辨别哪部分回忆推动了台词，哪部分从来没有。应当坚持的正是在这种矛盾中创作。对我来说，电影演员是记者，戏剧演员则是作家。后两者的共同点可以是：我上面说过的对这种矛盾冲突的激情。

《晨报》：就《萨瓦纳湾》而言，您无须挑选演员，她们俩是现成的。

MD：她们共同出演了我的两部戏。《成天上树的日子》和《伊甸影院》，后者是我比较偏爱的作品。这回，将是第三次合作。她们两人极为默契，身上都有真正狂野的一面。说到漂亮，我要说玛德莱娜来自森林，布勒来自草原。我想她们从不听导演的话。导演尤其要帮她们打发排练的时间，还要给她们，是的，当然了，一些有关肢体动作的有用意见。我彻底放弃了理论说明。她们从来不听，而且自有道理。我知道我的任务一结束，她们就会按自己的想法行事，按她们的想法。即便那是另一个《萨瓦纳湾》，这点我已经想到了，它也仍然是《萨瓦纳湾》。不过我觉得有那么几晚，天知道为什么，她们的《萨瓦纳湾》会与我在写书时和聆听台词时看到的那个非常接近。

《晨报》： 您的剧本中有种种不确定。在《萨瓦纳湾》里，您说不能肯定玛德莱娜是年轻女子的母亲，您只是"支持这一说法"。难道把它搬上舞台时不该确定一下吗？

MD： 戏剧业内人士会这么认为。我不会，我不是反对他们，而是反对那种仍然笼罩戏剧界的诚惶诚恐的从众心理。我不确定《英国情人》里的克莱尔·拉纳是否真的杀死了玛丽-泰蕾丝·布斯凯。相反，我肯定人们不是为了想知道这个才来看戏的。我肯定（就像普朗雄一样，有人对我说）元老院给提图斯[1]下令让他把贝蕾妮丝送走时他对她的爱就不再是出于欲望了。

《晨报》： 没有这些通常标明的指示，演员们表演起来不会觉得很难吗？

MD： 也许会吧。一开始她们也要求有明确的指示。我说这取决于她们。是对是错由她们决定，由她们的表现决定。跟我没有关系了……

《晨报》： 现在，您认为玛德莱娜是年轻女子的母亲吗？还是您根本不会问这样的问题？

MD： 我认为这出戏没有人物。我提出了几点建议。我的角色不是像警察那样去查证玛德莱娜是否是年轻女子的母亲。我在这儿是为了说明爱情是什么。萨瓦纳湾的那个年轻女子，名字也叫萨瓦纳——这里一切都是萨瓦纳，城市和人都是——她死于爱情。我们知道她在夏天、在温热海水的某处遇见了她的情人，那片海可能是地中海，知道她当时十六岁，知道她在一年后于分娩当天自杀。

大概没有比描写爱情更难的了。为什么这么难？因为爱情，是所有作品间的流通货币，文化的、音乐的、绘画的、小说的、哲学的，一切一切。没有比它更开放的了，它是永不枯竭、无穷无尽的庸常。我想，直到最后一口气，人类都需要它，需要爱情故事的滋养。正是在

---

1 《贝蕾妮丝》为拉辛的一出悲剧，讲述了罗马国王提图斯爱上貌美的犹太公主贝蕾妮丝后遭到众臣和民众反对被迫将其送走的故事。——译注

这儿，在最广大的平庸之中，它实现了最高的平等，在走向死亡和沉默的路上无限趋近了平等。

爱情只能从远处、从外部去认识，去观照。一旦开始，它就失去了言说的能力，变得封闭和难以捉摸。只留下恋人们永远超凡的样子——让人想透过表面触及他们的内心。这也是我想要触及的。在《萨瓦纳湾》里，那个孩子从未开口，母亲和女儿也从未代替她讲话。她们述说着，在舞台上一一道出故事发生的地点，即海中央那块白色的礁石，夏天，深邃的海、沉重的海、蔚蓝的海，海水的蓝、礁石的白、那孩子的黑色泳衣，她瘦小的身形和微笑，初次的微笑，她怎样被拉出水面，一条小小的鳗鱼……还有他怎样拥抱她，她怎样望着他。

《晨报》：可玛德莱娜提到的《暹罗游记》（*Voyage au Siam*）又是什么？

MD：《暹罗游记》，是一部从未被写出来的剧本。

《晨报》：为什么是暹罗？

MD：因为它对着抵挡太平洋堤坝的种植园，就在大山后面。没有路过去。它在那儿，却难以接近。我从没去过暹罗。这算不上真正的剧本。可能只是一个题目。

《晨报》：这也是一出关于舞台的戏，因为有很多内容与舞台有关。您写道："几乎没有东西是真正演得出来的。"

MD：是这样的。戏不是演出来的。拉辛，演不出来，也没法演。应当完全听从语言的指挥。语言所到之处还有什么可演的？正是在面对观众时拉辛如此表白："请听我说，看看我吧，看看我是多么痛苦，看看我承受了什么，看看我要怎样告诉她，我爱她，怎样对她说她令我痛苦。"这番话，没有特定的对象。这里的音步划分乃是陷阱：别以为强调它就是在遵循它。它一直在那儿，就像黑暗本身，像管弦乐队里提琴的背板。好像是某种限制，其实是句子固有的。用诗的形式表达爱就是向空洞的对象诉说。然而肢体在这里却是压倒性的存在；拉辛的作品里肢体占了上风，困在语句中，什么也没表达。

《晨报》: 至少在发表的文本里，您用了皮雅芙的歌曲《情话》(*Les Mots d'amour*)。

MD: 是的，我保留了这首歌。

《晨报》: 您不觉得歌里有股力量会令人感到不安，而且再怎么说年代也太近了，不如老一点的歌有陌生感?

MD: 我尽量让它融入剧本。的确，就像大家说的那样，这首歌是流淌在民众血液里的。年代太近了，这也是事实。它有几种融入的方式。既可以表达玛德莱娜对死去女儿的爱，也道出了观众对玛德莱娜·雷诺的爱。

人们对皮雅芙的引用有时令我气恼。您知道，就是"流行"这个词。皮雅芙这个人很出格，我一直这么觉得。非常无礼。但她达到了不可思议的高度，获得了足以标榜自己的崇高地位。这首歌的主题，近年来，有了存在主义的意味，比实际晚了二十五年。人们在歌里哀叹生命，哀叹自身的无意义，哀叹上帝。

而她，皮雅芙，她从不哀叹，您注意到了吗? 她唱歌的样子就是一个人想唱歌时的样子，直截了当。唱的什么? 老一套，没完没了、唱滥的曲子。皮雅芙的歌永远离不开眼泪、幸福、爱情。她不讲规矩，没有羞耻心。羞耻心使某些人回避或隐瞒了他们的成就，尤其是作家，和歌手。皮雅芙不是这种人。并非她已经超越了这一层，而是她不懂人性的局限。

《晨报》: 所以，把这首歌放进戏里没什么问题? 况且两名演员还要演唱它。

MD: 是的。玛德莱娜只需念出歌词。我们对她做的是记忆力的训练。让她数数，背诵一些东西，就这样让她保持活力。是的，我很喜欢把这个和我写的内容混在一起。

《晨报》:《萨瓦纳湾》，是一出两个女人的戏。这在您的作品中并不常见。通常是一个女人与一个男人。

MD：是的，她们讲述了一段爱情。

《晨报》：不过，这也算是一次别开生面的文学冒险？

MD：的确是一次不同以往的冒险，但不是刚才提到的原因。这是我第一次给某个人写一出戏。给玛德莱娜·雷诺。您会看到的。我想您从来没有见过她这个样子。她真的变了一个人。我不记得曾经看过她这样。即便是在我的戏里。

《晨报》：那给一个演员写戏……

MD：给某个人写……很自然，就写出来了。正是看了玛德莱娜在角色中的表现我才接受了她现在的样子。

《晨报》：最后一个问题。您的另一出戏《阿嘉塔》在埃萨伊翁剧院上演，导演是皮埃尔·塔巴尔[1]。您会去那边瞧一眼吗？

MD：是的，会去……

《晨报》：我之所以这样问是因为您不大看自己写的戏。

MD：是的。都是朋友们叫我去的。去年，我特别喜欢卸货工人剧院上演的《是的，也许》。我很遗憾错过了夜祷剧院的《伊甸影院》。波什-蒙帕纳斯剧院推出的《薇拉·巴克斯泰尔》，我爱极了，我过了很久才去看，因为我那时生病了。巴黎甚至有传言说我死了[2]！（笑）

1983 年 9 月 29 日，吉尔·科斯塔(Gilles Costaz)

《大概没有比描写爱情更难的了》，《巴黎晨报》

---

1 皮埃尔·塔巴尔(Pierre Tabard，1927—2003)，法国演员、导演，代表作品为《空中飞人》《裁决》。——译注

2 1982 年 10 到 11 月，玛格丽特·杜拉斯曾入院接受戒酒治疗，扬·安德烈亚在《玛·杜》(巴黎，午夜出版社，1983 年)一书中记述了此事。

面对恐惧

记者：我们都爱玛格丽特·杜拉斯。她总是不停地谈论爱情与戏剧。她创造了诸多令人赞叹的女性形象。《萨瓦纳湾》是个奇迹，绝对是当下巴黎最激动人心的戏剧时刻。有了布勒·欧吉（Bulle Ogier，以下简称BO）的助演，玛德莱娜·雷诺（Madeleine Renaud，以下简称MR）走上了她人生和艺术的巅峰。她的表现堪称完美。玛格丽特·杜拉斯本不想上电视进一步盘问她手下的演员。

MD：那个年轻女子。她的年龄在二十到三十岁之间。她爱玛德莱娜就像爱她自己的孩子。严格说来是这样。玛德莱娜，她像孩子那样让她爱。玛德莱娜，我看她更适合穿黑衣服，除了试穿的那条白底浅黄花长裙以外。《萨瓦纳湾》中玛德莱娜这个人物只能由一个具有成熟风韵的女演员扮演。《萨瓦纳湾》的剧本就是为这种风韵构思和撰写的。我是为玛德莱娜·雷诺写的。任何年轻女演员都无法扮演《萨瓦纳湾》中玛德莱娜的角色。

我发现在剧场里，在戏剧仪式中，有某种我称之为献祭的精神。也就是，说得简单点，我认为在戏剧发生的场所，在这里，我们此刻所在之处，我认为这一场所永远属于中世纪。它可能是世界上某个最接近中世纪神秘剧的地方，又或者在上演宏伟的印度史诗，比如《罗摩衍那》(*Râmâyana*)。正是在那里我们看到,人在表演时最接近千年前的古人。你们想过这些吗,哪怕一次?

MR:我从没想过。

MD:那我跟你说了之后呢?

MR:我会说:她真幸运,能这样去想事情……

(玛格丽特·杜拉斯笑。)

MR:但我不行,这……没办法。

MD:你不觉得这是一种不曾改变的传统吗?现在,剧场对人们的要求,和四世纪时对他们的要求完全一样……

MR:可我没法回答你,老实说,我不知道。

MD:我们来谈谈恐惧。让-路易·巴罗昨天告诉我,她害怕的样子就像戏剧学院的小女生。

MR:小女生肯定没那么害怕,因为她不清楚困难有多大。

MD:布勒,对此,你有什么要说的?

BO:我嘛,我喜欢听你们说……

MD:不不,这不算回答,不……你应该回答。听我跟你说,这种恐惧是否……是否有些许类似对死亡的恐惧?我个人是这么看的。这里面关系重大……我觉得在某种程度上可以等同于对死亡的恐惧。

MR:我跟不上你的思路,玛格丽特,因为我太怕死了以至于……我不演戏不扮演角色的话,就会把自己关在房间里等着。

MD:不,我的意思是你们所冒的风险,你们在舞台上承受的,是否有一点点对死亡恐惧的影子,这才是我想说的意思。

MR:对我来说完全不是。

MD:不是吗?

MR:不是。

MD:你会怎样形容这种恐惧?

MR:就好像……无法让作者赋予我的角色活起来,无法让它真的在我身上扎根，让我不再是我，只是这个我同意扮演的……人物。

MD：没错，但生活中许多事都给人类似的感受；这些事很可怕，令人畏惧，比如怀孕，全世界的女性都冒着这一风险。你明白吗？我认为人的天性中本来就有对恐惧的爱。对恐惧，对……直面恐惧的爱。即便在你们排练时，当玛德莱娜孤身一人，在那儿，在舞台上出现……这就像某种恐怖。其中还带有宗教意味。

作家——我指的是作家们——总是认为演员归自己所有。当我看到你们做别的事情，演电影或者演戏，在别人的影片中露面，我觉得你们只是去散步，像这样，去度一圈假，可还是会回到我身边。你们有这种感觉吗？

BO：噢是的，我希望我能回到你身边！

（玛格丽特·杜拉斯笑。）

还有玛德莱娜！有些人你总想……回到他们身边……

MD：这样的演员不多，我能一个个报出名字。我想到的有玛德莱娜·雷诺、布勒·欧吉、德菲因·塞里格、热拉尔·德帕迪约和迈克尔·朗斯戴尔。

（布勒·欧吉微笑。）

MR：真巧，我也特别喜欢他们！

MD：当我看到德帕迪约出现在一部我讨厌的电影中，我就想，这个小可怜，他是时候回到我身边了！

MR：热拉尔·德帕迪约，他和你拍了什么？《卡车》，是叫这个吗？

MD：《卡车》，还有《娜塔莉·格朗热》。他是拍《娜塔莉·格朗热》出名的。我的电影你一部也没看过？

MR：没有，我看了我演过的你创作的剧本改编的电影。

MD：对，有这回事。你看了《成天上树的日子》，是这样。

MR：是的。

MD：好吧。你们有什么想问我的？

MR：我这儿有个问题，就是我很想知道你是否——在你的脑海中，因为仅仅这样还不够，一直到你的心里，还没到肚里，那样太快了——有别的剧本想搬上舞台。

MD：的确有一个，到处都在找我要，但我拒绝了，就是把《死亡的疾病》[1]搬上舞台。

MR：啊对了，这部剧让-路易跟我一再提起。

MD：你读过剧本了，你读过了……

MR：是的，当然。

MD：总之还没有确定。不过，你知道，我也可能把《萨瓦纳湾》拍成电影，我已经开始了一些准备工作，这些也可以拿到舞台上演出。我认为我的文本都像这样，是"杂糅"的，多义的。

BO：我想问的是你会不会觉得……每天来到剧场，从两点待到六七点，如果到最后，不算浪费时间的话，这一切到底给你什么感觉，因为我们总是重复同样的东西，进展又特别缓慢，这期间你不能写书，也无法思考别的事情……

MD：不，我在思考，当然啦！

BO：你难道没有感觉自己每天要来，每天要说："瞧，又是一天，这样的日子要持续一个月，也许一个半月，这段时间我本来可以……我有好多文章要写"诸如此类的话……

MD：没有，不过严格说来是一回事。遇到的是同样的烦恼。有时回想起来，觉得我写的什么都不是，有时回想起来，我得说我写得棒极了。

MR：啊！你真走运能够用"棒极了"形容自己！

MD：是啊，我没觉得不合适，没有什么不妥。不，把文本念出来的人是你们，所以我可以用这个词。

---

1 把这个剧本搬上舞台的计划的确很多，但是杜拉斯都没有同意；最后，鲍勃·威尔逊取得了授权，1991 年 12 月在柏林邵宾纳剧院上演了这出戏。

MR：不，创作它的人是你！

MD：不对，听着，戏剧不可能独立于演员而存在。

MR：啊，独立于演员……

MD：不。我想说当作者……

MR：没有读到它，没人读它……

MD：……文本就没有被激活。

MR：……没有像读你的书一样读它？

MD：是的。中间少了一环。

MR：是这样。

MD：少的那环就是把权力移交给演员的过程。戏剧，一本书是自足的——一本小说——一本书可以容纳一个文本，却不能容纳一出戏。戏剧通向舞台。因舞台而存在。在遇到你们之前，它是不存在的。只是一些与剧本有关的信息，不是真的戏剧。而我是听到你们念出台词，才真正认识了《萨瓦纳湾》。

MR：啊，有意思……

MD：仅仅八天前我才写下《萨瓦纳湾》的演出说明。那之前，我完全没办法。

MR：好吧。

MD：你们给我提供了某种指向。

MR：一种活力。

MD：当然了，一种活力。

1983年10月24日，“玛德莱娜”，

《戏剧之乐》，电视2台

1984

唯一的主题，是写作

这本该是一本相册中的几页配文，却成了玛格丽特的新书。湄公河畔的十五岁少女。她的《情人》洋溢着欢愉和金钱的气息。这是她所有故事的源头。写作重新开启。

玛利亚娜·阿尔方(Marianne Alphant，以下简称 MA)：是否可以说这本书来自一张从未被拍下来的照片？

MD：是的，来自一张没有拍过的照片，或者一个从未写出的文本，情人的故事是其中一部分。这个故事是我人生真正的故事，对我来说显而易见。这个故事，这段岁月，很奇怪，深不见底，可以说是取之不尽的。它持续的时间很短，不到一年半。我描写的爱情就发生在那个时候。我十五岁半的时候。这份爱远远超出了我经历的一切爱情，超出了那些得到承认的爱、夫妻之爱。当语言走在事实前面，即便领先一点点，也是对事实的背叛，其间的距离会扼杀所有对这份爱的回忆。当人们刻意说谎时，就是把爱情扼杀在摇篮里。我们从来不跟对方表白。几乎一句也没有，也许我们不知道我们是相爱的。我当时懵懂无知。至于他，我想，他最后明白了。明天我可以再写一本书，讲述我人生中缺失的这环。那本书大概会像别的书一样充实，像这本书一样，再写一百本也会同样充实。这么说纯粹是因为一旦有过如此强烈的现实体验，它就无法，虽然我不情愿，还是应该承认，无法用言语诉说。当爱情无法表白，它就有了身体的力量，可以充分享受欢愉的力量。应当从外部讲述它，不能进入，不能用别的方法。当我讲述这份爱时，我讲到了中国城，讲到了河流，讲到了白人的不幸，以及那里的天空。对爱情本身却保持沉默。

MA：你的家庭是如何搅合到这个故事里的？

MD：通过金钱。那时我总是要钱的一方。这跟付钱正好相反，不要混淆了。因为我身无分文，而他呢，他有钱。他口袋里装着大把大把的钱，就是这样。所以我对家庭要承担的义务，就是把这些钱从他口袋里拿出来，交给我的家人。这种需要如此迫切，必须首先满足，我是这么想的。没道理我去西贡最贵的餐厅吃饭，坐在有专职司机的高级轿车里兜风，我妈妈却在家里为了买肉而变卖家具。我要是没那么做才真是混账。不过与此同时，有些事情在我不知不觉中发生了。这里面有隐藏的剧情，我给自己分派的角色不仅仅是需要帮助的人。我对他有了欲望，您明白吗，对这个情人，而他给我的是钱。他害怕白人。可他却给一个白人女子钱。不是给我母亲。而是给我。我处于两个世界的交汇点。我筹划着一切。

MA：《情人》的故事是您写作《抵挡太平洋的堤坝》的蓝本。您认为两者之间有什么关联？

MD：《情人》中，史诗般的背景消失了。然而有一个这样的童年，谁不觉得自己生活在一个波澜壮阔的时代？这里，不再有殖民地。殖民地比比皆是。比起《堤坝》，《情人》更接近《副领事》和《劳儿之劫》，因为这些书参与构建了一种真实，一种由缺失的线索重新连接起来的真实。我在《堤坝》里采用了我母亲和哥哥们的视角。他们把我的情人看成怪异的、憎厌的对象。他们都是种族主义者，是殖民者，打心底觉得自己高人一等。他们认为，让这个黄种人混入我们白种人，他们“办不到"。我想对纳粹而言，犹太人混入他们也是不可想象的。其中的差错，这里我想称之为意外，就是我自己的身体，它享受这个憎厌的对象。白人父母，他们不明白这点。如果我母亲知道了，或许想死的心都有了。不过我向他们隐瞒了这种欢愉，就像我不让他们知道我写作一样。他们觉得我不爱他，也因为这个，因为我给他们造成的种种痛苦而看不起他。

MA：是什么让这个无法言说的故事变得可以言说？

MD：有一本书发挥了重要作用，就是扬·安德烈亚的《玛·杜》。这本书很美，很震撼。我又回到了那个时候，重新发现了我身上的野性，这种野性依然存在并且在《玛·杜》中得到了毫无保留的呈现。这本书帮助我回到自身。我一直想读一本关于我的书。想把它写下来。读出来。《情人》，是本狂野的书。这次，我没有什么可分享的。我无法分享。假如我这么做了，我会错过眼前行驶的列车，错过这本书。我唯一带上车的是我自己，否则会丢失来时的线索。我就是这样写下了《情人》。写得很快。我觉得自己回来了。这种感觉从未有过。我不再迷失，而是回到原点。我感到自己在写作。对于其他书，我想我一直在努力进入写作的状态。可这本书，我真的在写。我不再刻意寻找写作的感觉，而是自然地写出来。既然这本书开始离我而去，我发现我威胁到了现在书中常见的夸张的用词，它们总是让书显得沉闷和难以卒读。我想通过这第二本书回归自我。那些事我大概会写两三本书。自从认识了情人，一切都停留在那一年。对于写作，我后来经历的种种都毫无用处。司汤达说得对：没完没了的童年。

MA：您是否承认《情人》是本小说？

MD：有人希望我把"小说"两个字放上去。我答应了，随后又反悔了。我喜欢荒芜的空白。无论是否承认，说到底这是读者的事。阅读，就是小说。在读书的过程中，没有什么能与之相比，它会产生奇迹。我可以说：读完《克莱芙王妃》[1]之后，我成了它的作者。这本书我一直没读懂。两年前我开始重读。它占据了我生命中两年的时光。从那时起，也是持续两年的幸福。《克莱芙王妃》打破写作的常规，几乎到了精神错乱的地步，就像拉法耶特夫人追述的那样。她像追溯一条河流般追述那个故事。《情人》是本小说。它没有去处，没有主题。没有或多或少指明的方向。合上书，没有一个故事随之终结。情人的故事没有，哥哥的故事没有，天空的、旅行的、离别的故事也没有。这本书结束了。书的内容却不会结束，因为它们尚未被讲述。那座中国城市中发生的爱情，那间屋子里流淌的欢愉，不是虚构的故事。它们就在眼前，活生生的。另一种阅读，不被观看，却更为深入。这些事您比我清楚。写这本书之前我感到恐惧。我心想：我要重写《堤坝》，这不可能。然后有一天写作的渴望超过了恐惧。我写出了《情人》。我写了一本全新的书。《堤坝》是另一本书，在我看来悲壮、崇高，可实际上它是讲述出来的。这本书不是。它是写出来的。唯一的主题，是写作。写作是什么？这条平行的路，这种从根本上对所有人、对自己的背叛是什么？这种终极的必然是什么？我见到别人总会提这样一个问题，没有一次例外：人们不写的时候，他们用什么代替写作？所有的书都围绕相同的主题，写作。没有写作，就没有书。

MA：《情人》的写作，是否是您提到母亲时所说的"流动的写作"："她变成了流动的写作"？

MD：是的。我想我做到了。我觉得我已经掌控了一切，让它们走上轨道。意思是我整个人随外界运转，与此同时，在文字的处理和事件的叙述中，杜绝任何特别的存在，无论它是什么。特别的是这个整体，而不

1 《克莱芙王妃》(*La Princesse de Clèves*)，拉法耶特夫人(Mme de La Fayette)的代表作，讲述了法国十六世纪中叶亨利二世时期的宫廷爱情故事，被认为是法国第一部心理小说名著。——译注

是人们所说的发生在我身上的事，不是我本人，不是这份爱，不是我的哥哥。特别的是这一切，所有这些事，这个季节，这些感觉，奇妙的夜晚，痛苦，无知。无一遗漏。不多，也不少。地球在转动。当我提到我的情人，我没有说我再次见到他的脸，而是说我再次见到那张脸，想起了那个名字。一切由外界决定。由你们决定。我把他交给你们。今晚你们将因爱他而失眠。即便最终是模糊一片，你们也会发现，会明白的。

1984年9月4日，玛利亚娜·阿尔方，
“野性杜拉斯”，《解放报》

一种默默的呼喊

玛利亚娜·阿尔方(Marianne Alphant,以下简称 MA):您常听音乐吗?

MD:不,不常听。你知道,生活就是要对许多事三缄其口,多多感受但是不要说出来,从而直面人生最根本的孤独……我承认那种一听到音乐就把内心的秘密全部吐露继而潸然泪下的情况,在我身上是不可能发生的。是的。我做不到,因为这个事实,我知道自己虽然经历很丰富,但或许缺少倾诉的对象;宣泄的途径,明白吗?因为我没有共鸣。

MA:对音乐中的情感?

MD:对无法承受的情感。在我看来,这是……我想说是思维……最高级的表达。在它尚未成形的阶段。在数千年前的古代。在这些表达中,在这些——该怎么说呢?——思维在它最初和最后的阶段,尚未从感觉的混沌中抽离,与之混为一体。音乐,它不知道自己在说什么,也不知道自己在做什么。它无辜地呐喊。关于电影配乐,我有些事要告诉你:总是钢琴配乐。因为默片,明白吗?乐池中总有一个老妇人在弹钢琴,因为那些大厅既可以举办音乐会,也可以上演戏剧、放映电影……对我来说,电影就是钢琴配乐。

MA:音乐就是电影沉默和缺失的那面?

MD：没有言语。一种默默的呼喊。我已经不大喜欢那些没有对白的电影了。我和大家一样，不知不觉在进步。我觉得看字幕很累。可我依然钟爱钢琴。在我最近一部电影[1]中，不只出现了钢琴。还有……我突然想不起来是什么了。

MA：小提琴？

MD：不是……它是用黑乌木做的，上面有……

MA：曼陀林？

MD：不是……

MA：一件管乐器？

MD：对对。

MA：单簧管？

MD：不是单簧管。

MA：双簧管？

MD：不是。（笑）也不是大号。

MA：不是大号。也不是萨克斯风吗？

MD：萨克斯风！

MA：萨克斯风。

MD：于是，我这部电影的配乐中，出现了一首卡洛·达莱西奥[2]为钢琴和中音萨克斯风创作的乐曲。

MA：过去的音乐并不是，比方说，您跳舞时的伴奏；您跳过舞吗？

MD：是的，过去音乐就是古典音乐。是的，我跳得很好；非常好。是啊，这件事我很拿手。总有人夸我跳得好！而且我自己也知道；跳得好不好自己心里清楚。

---

1 《孩子们》，与让·马斯科洛和让-马克·杜林纳合作。

2 卡洛·达莱西奥（Carlos d'Alessio，1935—1992），著名作曲家，为《黑店狂想曲》《印度之歌》等影片配乐。——译注

MA：您跳什么——华尔兹，探戈？

MD：不不，我经常跳布基伍基[1]（boogie-boogie）。很多舞曲中都有布基的影子。这是一种节奏，布基伍基。让身体紧紧跟随的节奏。

MA：那么歌唱对您重要吗？

MD：我无法把它和音乐相提并论。我对歌剧感到厌烦。我不明白为什么要在歌剧中插入对话，因为根本没有意义。而且故事情节通常都难以理解。我一点也看不懂歌剧的剧本。于是我在全然的黑暗中，看着人们费力地蹦出一些字眼。我在一种非常装的氛围里！我的确这么觉得，就像我对您说的那样。我没办法摆脱这种装的感觉！完全没有办法沉浸在歌剧里，我一直觉得痴迷歌剧的人装，也许只有一点点，可还是……装。

MA：在哪方面装模作样？

MD：自然是假装酷爱歌剧！您知道有这种人，他们其实不喜欢歌剧。现在，有一股歌剧的潮流。总会有这样那样的潮流……

MA：那么您呢，您一个人的时候唱歌吗？

MD：（笑）不，不，我不唱。我给我的儿子唱过。如果有人要我唱歌，我不会答应；我记得不少曲子，而且能够把它们唱出来。有时也在车里哼两句！

MA：是这样……

MD：女人们喜欢在车里唱歌。（笑）我会唱……我最近一次唱的，是——叫什么名字来着？艾尔维・维拉尔[2]！《卡普里，已逝去》（*Capri, c'est fini*）。我很喜欢这首歌。而且苏松[3]说……最近苏松发的是哪张唱片？

1 一种低音连奏的爵士乐钢琴奏法，也指用这种奏法奏出的爵士舞曲。——译注

2 艾尔维・维拉尔（Hervé Vilard，1946— ），法国著名流行歌手，代表作品为《卡普里，已逝去》。——译注

3 苏松（Alain Souchon，1944— ），法国著名歌手，演员。——译注

MA：最新的那一张，我不知道。

MD：我可能把歌手弄混了，真可怕，我现在可能把歌手弄混了。

MA：也许没有呢？

MD：我现在满脑子浆糊。（笑）我要说蠢话了，不不，我不唱！（笑）有人来帮我？……告诉我？……

MA：帕梅拉（Pamela）……

（玛利亚娜·阿尔方向一个工作人员求助。）

MD：我想到的这个人，他叫什么名字来着……哒哒哒哒，哒哒……

MA：这是什么歌？

MD："妈妈，妈妈"，他叫他的母亲！

MA：啊！

MD：痛痛！！"妈妈，痛痛……"

MD：如果不是突然被音乐打动，我通常对音乐无感，但如果没有音乐……那也受不了。让人受不了。我不知道，我完全是一头雾水。通常情况下，当音乐声响起……我非常喜欢《萨瓦纳湾》的配乐。忘了告诉你，我对舒伯特有一种狂热。事实上，那支贯穿《萨瓦纳湾》的曲子是我听过的最美的音乐。

MA：是什么曲子？

MD：是一支弦乐五重奏。不，说到我日常生活中的音乐，比如大街上的音乐，咖啡厅里的音乐，舞会上的音乐，年轻人的音乐，当属《蓝月亮》（*Blue Moon*）[1]。

MD：当福柯[2]去世的时候……我直接找到电视台。当福柯去世的时候，电

---

1 杜拉斯最爱的歌曲之一，最早用于1973年的电影《恒河女子》。参见让·瓦利埃的《这就是玛格丽特·杜拉斯》1946—1996，卷二，巴黎，法亚尔出版社，2010年，第676页。

2 米歇尔·福柯于1984年6月25日去世。

视台重新制作了一部短片，是他在法兰西公学院（Collège de France）的影像；他们还重新制作了他上课的片段。我们看着福柯的画面；他对学生、对他面前的听众讲话，我们听不到他的声音。我们听到的是旁白的声音，讲述他如何去世，还有他写过哪些作品。福柯，我希望人们听到他说话，哪怕五秒钟——一句话也没有。我不知道，是不允许播？我站起来，心里想着："我要打电话，去揭穿这个……"我想说"阴谋"，是的，"知识分子的阴谋"。我不知道该怎么做，因为没有电话。或者让你一直等：这种情况我碰到过一次。对方说"打吧，打吧"，当时有一部电话。我立马报出自己的名字，好让电话接通——这件事离现在不算太久，大约有三四年。电话从未接通。

我一直没有机会谈谈电视。但我看电视。每次看的时候，我都想谈谈它。一旦我不看了，我就把它完全置之脑后；结果我没能摆脱它，也从未谈过它。

（玛利亚娜·阿尔方笑。）

MD：因此我想拥有一个专栏，像这样持续一个月的专栏；讲述我对电视的真实想法，用一个月的时间来思考。我想到了它的弊病。我不知道这种弊病从何而来。刚刚过去的三个月，如果稍稍注意电视上的内容，就会发现其中的典型意义。我不知道应当归咎于什么；可我要说的是绝对的贫乏。一种事实上无法解释的贫乏！为什么选用一些人，他们十次里有九次不知道自己在说什么？预告节目的方式也不正确。他们要播放的不可能每次都是"年度最佳影片"；不可能每次都是"年度最佳新人"；不可能每一条都是"最劲爆的新闻"！这是不对的。他们像商人一样推销自己的每件商品。我问您，一定要这样做吗？我不知道。电视真的是一件需要捍卫的商品吗？即便它是私营的。我真的很想知道。

MA：您都看哪些频道？

MD：所有频道。

MA：每天都看？

MD：有些节目是由严谨的团队负责制作，它们定期播放，信息量大，非常专业，是很好的节目。每个频道都有类似的节目。不过除此之外，完全是一片混乱！他们现在邀请一些演员，他们邀请很多人，也就是嘉宾。因为如果一个台请了嘉宾，两天后另一个台也会如法炮制。从而导致有用的信息被压缩到十分钟左右；在半个小时的节目里，他们大部分时间都用来招呼自己根本不感兴趣的人。比如一些演员、作家、电影工作者、拳击手、赛跑运动员……总之，最好应付的是和体育有关的内容。因为用不着故弄玄虚。我对此感到好奇，所以想写点东西。为什么一定要传递不准确的信息？邀请不合适的嘉宾？说不得体的话呢？还有口误——他们甚至不会念专有名词。电视记者总要有点真才实学吧！

MA：对此您再详细说说新闻简报。

MD：当然了，这是重点！是新闻节目的重点！我总感觉他们踩着一条条直线。假如他们偏离一厘米，或者说既定的内容出现一点偏差，就会变成灾难。对于向观众播报的事件，他们的认识仅限于必须念出的内容。这一点一看便知，无知是能感觉到的。而且这很可怕，因为人们对他们所说的任何东西都不再相信了。一切都有因果。现在，他们播芭蕾节目：可他们不会拍摄舞蹈！他们推介一些文章：可他们删去了文章的主旨！他们不会剖析文章！他们采访某人：却代替那个人说话，让他哑口无言，完全无法招架！这是一种几乎一直盛行的庸俗风气。不超过两天就有一桩类似的丑闻。我所说的"丑闻"既可以指行为举止的粗俗，也可以指金钱或者道德上的污点。庸俗。并不是他们自己不觉得别人就看不出来！因为他们白费力气装出精明睿智的样子，但还是一眼就被看穿。这很丑陋，丑陋！就像一群糊涂蛋。一天我突然想到他们或许会隐瞒着一切；完全没必要！没有什么好隐瞒的。再也没有类似十年前、十五年前的那些激动人心的运动了。那些激动人心的瞬间，伟大的瞬间。我想起一次令人难忘的运动——我把那个瞬间，称为“运动”；是的，它由一个人发起——就是皮埃尔·杜马耶。他在拉丁美洲采访了一个老农民，后者在当地的大农庄，您知道，就是那些大庄园里工作了四十年；这些农庄在拉丁美洲随处可见。他向那个农民询问他对农场主的看法。对方花了整整一分钟的时间盯着他，紧张地笑笑，然后恢复木然——无法理解他的问题。也就是说，他的沉默折射出了他卑微的生活。他没有想过他可以评价自己的主人。他在麦克风和摄像机前愣了一分多钟，始终保持沉默；一分钟后，他说他不理解这个问题，以及诸如此类的问话。我把这个称为难忘的记录。它们不再有了，因为……想象一下我刚才提到的那些人，面对一个突发事件——他们会不知所措！他们有时间可以背几个小概念，撑撑场面唬唬人；可是如果让他们面对一个刚刚拦下的路人，看吧，他们就会开始胡言乱语，说些……说到底，他们害怕，要知道，他们总是担心被解雇。有人告诉我电视台的工作人员为数众多；因为每一次有人离开，他招揽的手下还留在电视台。像这样每次换人都会多出九到十个人……

（玛利亚娜·阿尔方笑。）

每个月挣一百万或者一百五十万的大有人在；可是每五百个人里，我们只认得其中二十五个。这些都是别人告诉我的，因为我自己一无所知！我了解的是与声音和画面有关的内容。每晚的所见所闻。因为我看电视。情况……情况就是这样。我必须看电视。以至于到最后，我不知道我是像观察社会如何运转一样看这台电视，还是终于学会欣赏电视中无处不在的愚蠢。因为人们总是对我说：“别看电视了，你知道这不仅有害，而且虚假，实在是太蠢了。”我说“我不在乎”，我继续看电视。看的时候：不会看得太认真，也就是说可以站起来，眺望窗外半个小时……通常内容也没什么变化。

（笑。）

这就像选择电影，比如2台总是放恐怖片。他们的选择都是围绕着恐怖题材。这是不够的。有两档节目棒极了。那是些聪明人，很会讲话，没有花哨的言辞，巧妙地谈论着整个美国电影、好莱坞电影……节目很欢乐，非常精彩。那是3台的节目。就像没有任何文化背景的人可以看文化新闻，我们也可以通过解释和说明，从愚蠢的行为中读出教训。看到他们在谈论某个突发事件时表现出来的胆怯和害怕，我们会对自己说："瞧，他们本来可以避免的。"确实如此。或者这是他们已经避免的。看电视就是这样。不要看表面要看里子。

……

1984年10月20日，玛利亚娜·阿尔方，
"玛格丽特·杜拉斯的快乐"，法国文化台

记忆永在眼前

本周五她是“猛浪谭”唯一的嘉宾。以下是《情人》作者最近的心声。

《新观察家》：《情人》来源于一个形象、一张照片……

MD：对。《情人》中的文字最早应该叫《绝对的形象》。这些文字贯穿了一本有关我的电影和我本人的影集。这个形象、这张没有拍下的照片被写进了书里。

它原本记录的是一次横穿河流的渡轮航行。这个中心形象——和这艘渡轮一样，或许，已经不在了，还有这片风景，这个国家，也毁掉了——以至于它们只有我认识，只能随我和我的死亡而消逝。可它们一直都在，永远醒目，呈现在这本书里。

在影集中，我本想谈论另一张也许已经消失的照片——为了其他人——为了绝对的形象。照片摄于河内的一个下午，我母亲与她的三个孩子在一起。当然，这本书并不是源于这张照片，但是，每当提到母亲与她的绝望时都会指向它——她与生俱来的绝望那么纯粹——我引用书上的句子。

在《堤坝》中，我向她致敬，她没有看到，也没有读到。对她而言，我在书中指控了她的失败，我否认这一点。她的不理解始终是我人生的一大遗憾。这本书不一样。它是假的。我的情人是中国人。这样的说辞，即便在一本书里，在我母亲的有生之年都是不可能出现的。一个中国男人——她女儿的情人——即便富得令人咋舌，也是一个污点，也许比堤坝毁掉还要严重，因为损害了她赖以生存的东西，在这里，就是她的种族，她的白人身份。

《新观察家》：您在《情人》中写道："我生命的历史并不存在。那是不存在的，没有的。从来就没有什么中心。也没有什么道路、线索。有些广阔的场所会让人们以为那里有人存在，这不是真的，那里一个人也没有。"

MD：我们总以为人生像一条路，从起点延伸到终点。就像一本书。以为人生是一本编年史。这是不对的。亲身经历一件事的时候，我们并不自知。然后，经由记忆，我们自以为知道发生了什么。然而眼中所见的是余光，是表象。事情的其余部分被死死地、不由自主地掩盖了，无法触及。当死亡临近，这种感觉尤其强烈，看着吧，我期待那一刻。有些散落的点，闪烁的点，或者发光的线，通向阴暗难辨的区域。我们看着自己向前，却不知前方是什么。或许生命中的每个瞬间要真的经历过才能留下点什么去回味和思考。你们的历史，我的历史，都是不存在的，顶多是词汇的集合。可以说我的人生故事，我们的人生故事，但不能说历史。从想象中回溯时间的长河方能赋予其生命。勒鲁瓦-古尔汉[1]最可信的研究成果是他从前辈史学家的正统研究中发展出的个人理论。他把自己当成拉斯科（Lascaux）野人，想象他在河边会做什么。他会涉水，穿过那条河，寻找通往浅滩的路，他会穿过那条河。向着韦泽尔河（Vézère）的浅滩，他一路寻找。最终发现了原始时期最早的房屋。

---

1 勒鲁瓦-古尔汉（André Leroi-Gourhan，1911—1986），法国考古学家、人类学家。——译注

《新观察家》：读完这本书，我们发现它很难定义。既不是小说，也不是自传，甚至不是传统意义上的故事。它是如何写就的？

MD：我是按小节、按时间段写就的，从来没有试图找出各个时间段之间或深或浅的呼应。我听任其间的联系在我不自知的情况下发生。顺其自然。写作的考验在于每天要回到这本正在写成的书，跟随它的步调，听它的指挥。让自己适应它，适应这本书。只有音乐式的创作。不管怎样，与这本书合拍的过程是音乐性的。如果不这样写，总会写出其他的书，可它们的主题不是写作。这些东西不是书，而是另一些人，另一种消费，另一种道德，另一个社会，彼此孤立，没有传承，也没有融合，在历史的夹缝中承载其主题，走向注定的结局，并且在别处，在思想史和权力的运转机制中存在过。可这些不是写作，不是自由。

《新观察家》：下笔之前，有没有具体激发写作的因素？

MD：我想是一些字眼。也许。我看到它们，把它们排列起来，句子接踵而至，紧紧抓住它们，被它们包围，自行生长。这些字眼一成不变，从未失手。有些在句子中。有些贯穿全书。“荒凉”一词标注了整本书的节奏。“情人”亦然。还有“白”和“白色”，丛林中的白色小屋，白墙在河水中的倒影，白人的别墅，以及孩子与白人少女晶莹洁白的皮肤。“中国”同样占据了这本书。一个朋友对我说：“你写的不是那个中国男人，你写的是中国。”的确，中国甚至虏获了埃莱娜·拉戈内尔，而她的身体也充斥着整本书。我是在重读的时候发现的。《情人》中运用了一贯且连续的借代手法。我是后来才发觉孕育这本书并为其定调的人不是现在的我，而是内心的另一个我。这个我不受控制，有独立的意志。总之，我认为伟大的小说和“真正”的小说不能脱离自我。真正的故事，是我。

《新观察家》：您在《情人》中运用的叙事方法通过激发想象引起读者的共鸣，而不是将之束缚在传统的叙事结构中。

MD：我想是因为自我中独特的部分是最能引起共鸣的。在这里，乡愁已经不在，怨恨也消散了。遗忘中出现了这些画面。一切都过去了。政治风云也过去了，无论在世界还是在这片幻灭的土地上。我远走法国。我喜欢在那儿停留，在法国，在北部平原，在卢瓦尔河。我从不觉得需要再看看印度支那。倒是我懵懂年岁时不了解的法国，我一直想看看它的样子。

《新观察家》：您能具体解释一下"流动的写作"的含义吗？

MD：当我从哥哥的恶行写到赤道的天空，从深不可测的丑恶写到深不可测的蓝天，从挑唆做坏事写到无限的形成，就是在进行流动的写作。而且是在不知不觉中。流动的写作就是这样，没有指向，游走于词语的波峰，转瞬即逝。它永远不会打断阅读，不会越俎代庖。没有给出说法，也不解释。

《情人》中也有口语的痕迹。一年去一两次照相馆用"au photographe"（去照相馆），如果去得更勤则用"chez le photographe"（上照相馆）。

《新观察家》：在永隆（Vinh Longh），一个寡妇独自带着三个孩子。你们是怎样的家庭？

MD：我们家和所有家庭一样，只是更为开放。更加粗鲁。我们看起来是什么样就是什么样。我们不会小心翼翼地模仿别人，这种野性，是我们的骄傲。至于其他的，我们所受的教育与法国甚至欧洲的教育毫无关系。如果你孩提时的房间正对着赤道森林，二十岁时读到波德莱尔也会有不一样的感受。

家庭关系中总有令人厌恶的地方。在我们家，它是公开的。就像是一条生物界的法则。如果一个家庭中的关系是好的、友善的、令人愉快的，那么它的自然生态就经过了人为的扭曲。家庭首要的天性是一种可怕的动物本能。人们不是注定在一起生活的。家庭是由共享食物和驯养行为联系起来的一段共同生活的状态。父母们总说，生活"以后"会好的，"要放眼未来"。只有以后我们才能好好生活，在我们彼此分开的时候。活着，就要忘记法则。

《新观察家》：您提到您兄长的恶意。您对读者说他是《猎人之夜》[1]中的杀人犯。可以解释一下原因吗？

MD：可以。他永远不会感到内疚。向来厚颜无耻。他大概从来没有在做完坏事后考虑别人的处境。我称之为：恶意。他掌控着这个家，令人畏惧。我总是不由自主地把他和《猎人之夜》中的父亲作比较，那是一个介于罪犯和父亲之间的摇摆不定的人物。

《新观察家》：他和您之间是否有乱伦的关系？

MD：对我来说，一直以来我觉得没有。但是因为我识破了他的恶意，我意识到自己内心也有一丝邪恶。我不想和他跳舞因为我讨厌靠近他的身体。这让我不安继而感到恐惧。是我的哥哥让我相信人性中根深蒂固的恶意。

《新观察家》：三个孩子中，他总能得到您母亲全部的爱？

MD：是的。毋庸置疑。她应该知道他为什么变成这样。她应该知道她给他添了一个弟弟和一个妹妹，这让他一直耿耿于怀。她应该会觉得是自己害他受尽折磨，所以有责任保护他。她对待大儿子就跟对待宗教信仰一样。他是上帝。

我父亲去世的时候，她对我说我父亲总是偏爱小哥哥，他“不爱大儿子”。父亲死了。可另外两个孩子还在。他一直都耿耿于怀。

《新观察家》：您这样写道：“我十五岁时就有了一张耽于逸乐的脸，尽管我还不懂什么是逸乐。这张脸看起来十分触目。”

MD：是的，我当时还不懂，可我准备好了。因为我已经有了系着黑色宽边饰带的玫瑰木色男帽、金丝皮鞋和让妈妈的连衣裙更修身的皮带。

1 《猎人之夜》(*La Nuit du Chasseur*)，由查尔斯·劳顿执导的黑色惊悚电影，于1955年9月29日在美国上映。该片讲述了道貌岸然的牧师为寻找一万块赃款的下落，不断伤害无辜的人，犯下了一系列令人发指的罪行。“猎人之夜”几乎成为儿童黑夜恐怖害怕的同义词。——译注那是我哄母亲买来的，在某一个绝望的日子里。

这张照片拍下的一刻，没有人知道这次乘船渡河的意义。它开启了我的人生。随后，有关这场爱情，即我自身的欲望，我头一次向母亲撒了谎。

有件事我从未说过。那是我第一次见到一个女人能有多美：女人的身体和脸庞蕴含的美感。那是1926年。事情发生在西贡，沙内大街和卡提拿街的转角。我当时在沙内大街。对面走来一个女人，向卡提拿街转去。一切只持续了几秒钟。

她穿着一条黑裙子，飘逸、轻盈，如丝般顺滑。裙子及膝，腰部收起。她的个子很高，身材苗条、健美。一头亮丽的黑发剪成男孩子的样式。裙子很合身，和她的身体融为一体，配上优雅的步伐，令人惊心动魄。上身和裙子一样是丝绸质地，由暗灰色和黑色方格拼接而成。领口开得很大，没有袖子。那个女人穿着高跟鞋。没戴任何首饰。她的美令人无法忘怀。她从我身边经过时，我有一种被灼伤的感觉。我在原地愣了许久。

现在我知道那抹高挑瘦削的身影依然是安娜-玛丽·斯特雷特。因而也是贝蒂·费尔南代斯和玛丽-克洛德·卡彭特。

《新观察家》： 您还有别的什么想说的？

MD： 我想再说一点。出书总要经历一段艰难的日子。即便反响很好，这段日子也不好过。有点像一个葬礼。把这本书置于一种有罪的境地。作者不得不维护它。谈论这些让我感到害怕，仿佛戒酒治疗后穿过一片空地。为写作辩护就有点像在承认写作是件坏事，这点令人难以忍受。我没什么好辩解的，人们总会遗忘，无论是我还是别人，忘得一干二净。

1984年9月28日，艾尔维·勒马松(Hervé Le Masson)，
"卡提拿街的陌生女人"，《新观察家》

前所未有的轰动

贝尔纳·毕沃(Bernard Pivot,以下简称 BP):大家晚上好。电影方面,有《广岛之恋》《印度之歌》;戏剧方面,有《塞纳-瓦兹的高架桥》《萨瓦纳湾》;小说方面,有《抵挡太平洋的堤坝》《琴声如诉》《劳儿之劫》《副领事》——在她丰富多样的作品中,以上几部令玛格丽特·杜拉斯名声大噪。这位作家特立独行,带有神秘色彩,难以归类——有些人图省事将她勉强归入现代派麾下——她的新作《情人》获得了前所未有的轰动。这足以证明玛格丽特·杜拉斯依然懂得带给我们惊喜,她今晚参加"猛浪谭"的直播又是一个惊喜。玛格丽特·杜拉斯!

我很清楚,玛格丽特·杜拉斯,您有过大大小小的成功,我在开场之前也列举过,但这次是大获成功!四周售出十万册,太神奇了!您那异常灵敏的直觉是否料到有这样的成功?

MD:不,完全没有。恰恰相反。《死亡的疾病》获得成功后,这本书让我感到害怕。不过要知道,这害怕是相对的。我怕自己达不到人们的预期。就是这样。

BP:放眼评论界……好评如潮……

MD:啊,还是有人说坏话的。

BP:真的?啊,的确有一位!

MD：是的。我的编辑告诉我了。有人说："我不理解一名编辑怎能放过这样的语法错误！"（笑）

BP：好吧……言归正传，谈谈风格。评论家们近几年的确对您有些苛刻，然后一夜之间，他们重新发现了您，把您捧上了天！这让您高兴吗？

MD：也有些不安。有点尴尬。要知道，已经十年了……我四周的静默持续了十年……的确有些难熬。我没办法摊开报纸……有点难受。自尊心在作祟。后果就是逃避。一本书出版的时候总是很难熬的时候。有点……

BP：过犹不及，或许……

MD：评论界习惯认为一本书多少都是有罪的。您也赞成吧。

BP：的确如此，是的，对作者而言，不过……有个传闻传遍了巴黎：龚古尔奖委员会的某些委员可能会问："为什么不颁给她龚古尔奖？"我浏览了一下统计资料：1950 年，当您出版了那部杰作，对我来说是杰作，它的名字叫《抵挡太平洋的堤坝》，您与奖项失之交臂；龚古尔奖委员会……选择了别的作品——那是 1950 年，和今天的评委完全不是一拨人——因为他们把奖颁给了保罗·科林[1]的《野蛮游戏》（*Les Jeux sauvages*），《抵挡太平洋的堤坝》落选了。他们应该会后悔！

MD：他们当初不愿意！他们不想把奖颁给《堤坝》。因为我是左派，当时还是共产主义分子，说白了我当时是共产党员。《堤坝》对我的家庭和我母亲来说变得十分可怕；我也因此受到了惩罚，在我每次谈起它、写到它的时候。

BP：让我们回到《情人》。我们置身于两次大战之间的西贡，时间是二十世纪二十年代；您十五岁半，站在横渡湄公河的船上。您的打扮有些怪异，毕竟，您不想……您是怎么打扮的？给我们讲讲吧。

1 保罗·科林（Paul Colin，1920— ），法国小说家，1950 年凭借小说《野蛮游戏》获得龚古尔文学奖。——译注

MD：我戴了一顶男式帽子。一顶毡帽。

BP：“一顶玫瑰木色的毡帽，上面围着一条很宽的黑色饰带。”脚上呢？

MD：是的，我有那顶帽子。我真的有！脚上穿着缀有金丝的皮鞋。是为跳舞准备的。

BP：所以在渡轮上，您应该……人们一定会注意您！放在今天可能就不大显眼，因为这种打扮在年轻女孩中间很流行。

MD：是这样。

BP：今天可能不显眼，可当时却引起了大家的注意。而且有人从一辆黑色的“利穆辛”大轿车里看到了您，你们的视线交会了。那么是否可以说那一刻交换的眼神将改变您的一生？

MD：是的。这本书原来叫《绝对的形象》。这本书，注意，是人家要求我写的。那张照片并没有拍下。那一刻，在渡轮上。只能看到一个男人，一辆黑色轿车，一个少女，还有当地人乘坐的客车，然而——一切从这里开始。河流已然穿过。

BP：谁在黑色轿车里？那可是一辆莫里斯-莱昂·博莱。

MD：是的；不过这种车，我再也没见过了。

BP：是啊，不对，不管怎么说，它们早就进了博物馆。

MD：我想如果是前后座的话，在车里大概离得这么远（她指了指自己和毕沃之间的距离，两人对坐于桌边）。真够远的！

BP：那么是谁在看您？

MD：一个中国男子。非常有钱。

BP：可您当时并不知道他有钱，对吗？

MD：不，我看到轿车还有司机就知道了。我了解这种事。

BP：他比您大十二岁。

MD：我十五，他二十七，的确如此。

BP：您知道，大家都觉得您知道他将成为您的情人，您的第一个爱人。很快就会成真。

MD：就是说……后来我知道自己不讨厌他。在渡轮上。不过当时我并没有想法，除了对他满身奢侈的派头表示吃惊。我有点惊讶……当然，也有点被吸引。

BP：您写道："我十五岁时就有了一张耽于逸乐的脸，尽管我还不懂什么是逸乐。这张脸看起来十分触目。恐怕妈妈早就看出来了，我的两个哥哥也看得出来。对我来说，一切就是这样，从我这张醒目的、疲乏不堪的面庞和这双过早带有黑圈的眼睛开始的。"

MD：fait 这个词被换成了 experiment。（微笑）

BP：人们有种感觉，也是我读这本书时的感觉，您自打第一眼，与中国男人交换了眼神，您就知道他会带给您逸乐，知道您会和他一起领略欢愉和逸乐。

MD：仔细回想的话，这话我在书里说过，在某一特定的时刻。我说过，即便在渡轮上他已让我感到愉悦。可我没法说清楚，像您说得这样，说我当时就知道这些。不，我和他一起上岸，走入大家的视线。我必须要从众人的目光中走过。可这并没有让我不悦，反而让我心里满满的有一种欢喜；还有一种忧愁。因为说到底是我母亲的错。不过我还是高兴；高兴自己像别人一样。

BP：他身上有什么吸引您？

MD：他的钱。他的温柔。还有一点很奇怪，就是——我是克里奥尔人，您知道，我在那边出生。他跟我也能扯上点老乡的关系。这也有点忤逆我的母亲。总之，事情就这样发生了。

BP：很快，您去了他的公寓……

MD：很快，是的，非常快。

BP：在那儿他爱上了您，为您而疯狂。

MD：是的。这很正常，一个这样的小女孩……那么娇小，那么……

BP：可您不爱他。

MD：（笑）我不知道。我不能这么说。

BP：那是什么，你们之间除了欢愉还有什么？

MD：您知道，当事情没有说出口，我对这些话讳莫如深的时候；它们已经清晰地印入我的脑海，在我后来乘坐邮轮去往法国的途中。您还记得吗？一个年轻人投水自杀，当时是半夜，救生船来得太晚，人已经咽了气；这个年轻人的遗体令我意识到我曾经爱过他。与年轻人的遗体告别令我意识到这显而易见的事实。我或许爱过他。

BP：上他的车去往他的公寓时，您知道你们当时会制造出一起双重丑闻；一边是您的丑闻，另一边是他的。

MD：他的丑闻，您的意思是，累及他的家族名誉？

BP：是的。

MD：我没想过这些。我不觉得羞耻，之所以我用了这个词，是因为那是我母亲说的……是的，我没想过。我觉得应该去找他。我和两个在这方面懂得远远比我多的小伙子生活在一起，我想要赶上我的哥哥们。

BP：可您还是做得很出格！因为您只有十五岁半，尚未成年……

MD：就当时而言，是的。

BP：……您还成了一个中国人的情妇！可真是双重打击！

MD：(神情疑惑)：是吧……

BP：您的家人对此难以接受。

MD：您是说“情妇”？是的，我不知道……

BP：好吧，是“情人”……对应的另一方就是情妇！

MD：是的，一开始是这样。对，首先是欢愉。那感觉实在……太强烈了。可以延续一生……(笑)

BP：然后您还提到，真不可思议，他请您的家人吃饭。

MD：是的，是这样。

BP：没人和他说一句话！尤其是您母亲，您的两个哥哥，他们完全无视他，一句话也没说！这种场景太可怕了！

MD：噢，他们在吃！他们没空理会别的。每个人的胃口都很大。他们从来没有吃过这样的东西，没有吃过那么贵的。我已经开始习惯了，因为我总是和他一起出去，可我的两个哥哥，真的是狼吞虎咽地吃下每一口。然后气氛有所缓和，他们……他们表现得极为粗暴。我妈妈，她没管教过她的孩子。我们人前人后一个样，总之，我们是放养的。这一点，我的哥哥们和我都有责任。我们像一群骄傲的动物。凶猛。是的，说实话，我最常想到的就是"野蛮"这个词。所以他们在他面前根本不必客气，他们也是这么做的。可这还没有完，他是黄种人，还是中国人，而我们是白种人。

BP：您当时上的是寄宿学校——不过您想去的时候才会去，真是不可思议……

MD：的确！

BP：您藐视纪律，可大家还是知道了，于是您被隔离，因为除了旷课还有中国人来找你……

MD：不是在寄宿学校，那里都是穷人和混血儿。他们没什么好隔离的。

BP：不对，游泳池里就有！

MD：不不，那是在高中。上高中时，大家都不跟我说话。

BP：您的个性得有多要强才能承受这一切！

MD：噢要知道……想想我的母亲所经历的一切，还有童年那些可怕的回忆，这根本不算什么！西贡的有钱人告诫他们的女儿："不许和她讲话，和那个女孩，因为她和中国人上床。"好吧……

BP：您母亲，来谈谈她吧。我们在《抵挡太平洋的堤坝》中看到了她的形象，而且她主导了全书。她当时是小学老师？

MD：她在法国教过小学，随后她加入了殖民大军，可以这么说——投身公共教育。她当过小学老师，是的，终其一生，都在当地的小学执教。因此我们几乎一直在丛林里生活，度过了整个童年。

BP：那她为什么要离开学校转而买下租让地？

MD：她没有离开学校，仍旧在那儿教书。因为生活还是很艰难，她有三个孩子，可她挣的工资太少了。她想为了我们成为有钱人。当时法国政府正在出售柬埔寨南部的土地，位于暹罗和象山山脉之间，那里有人们称为……叫什么来着，那些出产橡浆和橡胶的大种植园？……殖民地那里有一种叫法……

BP：不是叫租让地吗？

MD：我们的叫租让地，可那些红色的种植园……我会想起来的。她买了一块地种水稻；而且她的确，是的，她向地籍管理部门提出了申请——当时还没有诸如银行贷款之类的东西，她毫无经验——她投入了二十年的积蓄，那些人看到她进来：她来自丛林，丈夫去世，要养三个孩子，在当地的小学执教，这些意味着她处于白人社会的最底层。于是他们面带微笑，轻而易举地给了她一块完全贫瘠后来又被海水淹没的土地。事情就是这样。

BP：这就是《抵挡太平洋的堤坝》的全部内容，并且因为她要抗争，她不想让海水，让来自中国的海水，淹没她的土地，她找人筑起了堤坝，唉，堤坝最终坍塌了，因为它们被虫子啃烂了，我不知道具体是哪种虫子……

MD：是螃蟹，不过也有潮水的侵蚀！

BP：所以她被骗了……您曾经说过她疯了。您说："她的疯狂与生俱来，流淌在她的血液里。"

MD：是的。我就是这么想的。要知道，我无法具体告诉您她的问题出在哪里。也许是因为买了那块地让她发疯；这种天真也证明了她的疯狂。总之，她开始疯疯癫癫，是的，当她回到卢瓦尔居住，直到生命尽头，她都在发疯。

BP：后来您提到，我想是在《抵挡太平洋的堤坝》中，您提到她在一间影院里弹了十年钢琴。

MD：是的，这不是真的。她弹钢琴，但是……

BP：好吧，原来是杜撰的！

MD：是的，其实是我认识的另一个女人。

BP：唉，因为我心想：她在影院里弹了十年钢琴，那么她从没看过电影，因为放电影的时候她在弹琴，我对自己说：瞧，玛格丽特·杜拉斯投身电影业，好让她妈妈看她拍的电影——这些就是我的想法，不过显然，是大错特错了。我们在《抵挡太平洋的堤坝》中看到的人物形象，是否对应的是您母亲："再也不能怨恨她了。她曾经过度地热爱着生活，正是她那持续不懈、无可救药的希望使她变成了对希望本身完全绝望的人。这个希望已经使她精疲力竭，摧毁了她，使她陷入赤贫的境地，以至于这使她得以在此休息的睡眠，甚至死亡，似乎都无法再超越它。"这就是您母亲。

MD：是的。

BP：当她谴责那些欺骗她的官员，她用令人惊叹的五页信纸来辱骂他们，并且说："我会永远诅咒你们，直到生命的最后一息……"

MD：您知道，她没有听众，所以只能向我们倾诉这一切。那块租让地的事情成了我的催眠曲。我们听着这些长大，总是跑到《堤坝》中那块不可思议的土地上，有时趁着放假一待就是几个月。她和我们说话，她就是电影，我母亲。她没有弹奏音乐，她在表演电影。

BP：那么您的大哥哥呢？关于他……"一个家里的混混，一只翻箱倒柜的家鼠，一个赤手空拳的杀人犯……"

MD：的确如此。

BP：他是一个混混？

MD：是的。不过您也承认我美化了他们每个人。对吗？我想在《情人》中是这样。所有人都被美化了，包括我的哥哥。也许在这个意义上他才真正是我哥哥。当一切结束的时候。我想说，我对他不再恨之入骨。都结束了。可能就是从那以后。

BP：因为他死了？

MD：从这本书开始，从我自由地讲述他的所作所为开始。

BP：还有一个小哥哥，他在1942年去世了……

MD：是的。是这样，不过谈论这些对我来说很难。

BP：是的。以上种种，是怎样的家庭关系！爱恨完全交织在一起！

MD：就像别的家庭一样，不是吗？

BP：啊，在这点上不是！我认为像你们这样特别的家庭并不多！

MD：听着，当我见到一些沉浸在幸福中的孩子，他们轻松、礼貌、迷人……我心想有些东西已经被扭曲了。大概是某种天性。一条定律。物种遵循的定律。您注意到家长们总是说："以后，你等着瞧……以后，你做这个……"为什么？意思就是童年是在驯养！我今天在一次专访中也提到了这点。是一种矫正行为！我就是这样长大的。只是我拥有一片乐土，还有一个母亲，集合了种种矛盾的意义：不幸、爱、不公、恐惧……

BP：如果您母亲换成别人，比如一个法国贵妇，您还会写作吗？

MD：（笑）您想知道我的想法？

BP：是的，当然了！

MD：我想会的。

BP：不管怎样都会写作？

MD：是的。这比我母亲给我的感受更强烈。这是唯一比她让我感受至深的东西。也许过去我对小哥哥的感受更强烈。因为毕竟，我认为他死于谋杀；他是被大哥杀死的。我摆脱不了这个想法。

BP：可您还是原谅了他？

MD：我原谅了他。但是我无法摆脱这种……这种因果关系。是他杀了小哥哥。

BP：我想到了阿尔伯特·科恩[1]的一本书，书名是《母亲之书》（*Le Livre de*

---

1 阿尔伯特·科恩（Albert Cohen，1895—1981），瑞士小说家，用法语写作，代表作品为《魂断日内瓦》《哦，你们，人类的兄弟们》。——译注

ma mère)，您也同样为母亲感到羞耻。

MD：是的。可以说满腹牢骚！她……（笑）胡乱打扮，不分场合。比如，我从未见她穿过得体的鞋子。她的鞋子总是坏的，裹着一堆棉布……不过每个孩子都会为母亲感到羞耻。当她穿着邋遢的时候，当她把头发梳紧的时候，当她……尤其在您所上的中学，同学的母亲有时会来，而且总是光彩照人。

BP：她乘 B12 过来，而旁边却有一辆带司机的"利穆辛"轿车在等您！我理解您当时的窘迫！

MD：的确！（笑）

BP：您觉得丢人，现在您还觉得丢人吗？

MD：不会了。那些没什么，只是一点羞耻的感觉，我骂过她，后来都了结了……

BP：那么您和那个中国男人的关系让她感到耻辱吗？

MD：她不知道。

BP：什么叫她不知道！可她和你们一起用餐！……

MD：是的，可她不知道发生了什么。

BP：我不相信。

MD：在她心中，有样东西比堤坝更重要，就是对白人种族的归属感。她是种族主义者，我们和所有殖民者一样，都是种族主义者。如果她发现自己的女儿和一个中国男人上床问题就太严重了。比堤坝倒塌还严重。我对您说的这些，唉，绝不是危言耸听。事情会很糟糕。她没发现！一直被蒙在鼓里！

BP：真是难以置信。

MD：我的大哥哥，我从来不敢告诉他！……他一直求我，六年后，七年后，求我告诉他一回！

BP：那您……

MD：我没有说。

BP：他到死也不知道。

MD：是的。

BP：您母亲也是？

MD：是的。小哥哥什么也不问；他从未要求什么。

BP：和那个中国男人的关系持续了多久，又是怎么结束的？

MD：持续了一年半。我离开了。回法国。

BP：坐船回的……

MD：坐邮轮，是的……

BP：那也是令人赞叹的一幕，就像您讲述的那样。不过有件事有点奇怪，就是你们定居法国后有人见到您母亲住在一幢带家具的别墅里——既然她已经穷困潦倒，人们不禁要问：她在法国怎么买得起一幢别墅？

MD：（笑）她重新开办了一所小学。“新法语学校”。她收的法国学生、混血学生和安南学生中，有些孩子家里很有钱，明白了？然后她又赚了一些钱。她用这笔钱买了两处房产。一处给我哥哥，一处给她自己。又把它们都卖了……总之是贴补哥哥。

BP：您哥哥，那个混混，他死了……就是您叫他混混的那个人，唉，我一时想不到别的称呼……

MD：是的，我这么叫他，是的……

BP：对对，一个混混！他是什么时候又是怎么死的？

MD：没过去多久，就在前几年。他被发现死在卧室里。

BP：您母亲呢？

MD：她去世很久了，具体时间我记不清。应该有二十多年了。

BP：不过对您母亲来说，大儿子才是她的牵挂？

MD：那是她的孩子。那是她的孩子。我不知道——我只有一个孩子——我不知道偏心是怎样产生的。因为通常来说，一个母亲，就是一个奇迹！她的首要义务就是同等地爱她的每个孩子。

BP：但她不是。

MD：就是。

BP：他们葬在一起？母亲和儿子？

MD：您猜对了，是的，他们俩合葬在一处。就像中国的恋人们那样！（微笑）

BP：现在我们来谈谈《情人》的风格。我要读一个片段，因为它打动了我，我觉得这段话好极了，因为它会让电视机前的观众了解何谓风格。这是一个爱情场景，写的是那个情人，他正看着你。“他瞧着她。甚至闭上双眼也仍然在瞧着她。……它并不调皮，而且机智灵巧，令人吃惊。”这种风格可以……它是经过精雕细琢还是恰恰相反，像这样自然而然，听从灵感的支配？

MD：这段话我写第一遍时就是这个样子。

BP：就是现在的样子？

MD：是的，不是全书都这样！有时一遍就定稿了。通常与他有关的内容，我不再改动。就是我描写情人的段落。我雕琢的是其他地方。

BP：因为他还在继续带给您灵感？

MD：是的！是的，他……可以说，这是种嵌套手法。他令我生命中的其他几段感情黯然失色。这很奇妙，我……或许是因为他不善言辞。不曾表白什么。的确，他身上有某种取之不竭的东西。无论是在情感，还是肉体方面，我都要这么说。肉体方面亦然。

BP：您到今天仍然记得肉体上的欢愉？

MD：是的。从写这本书开始我意识到当时我有多么渴望我的哥哥们。特别是小哥哥。准确地说，他身上有某种东西，同样属于小哥哥。因为对我们来说，作为黄种人他低于我们白种人。对他而言是种族问题。对我的小哥哥则是他显得……迟钝。发育缓慢。我们现在都用滞后一词，不是吗？他们在我心里重合了。我说的这些，可以理解吧？

BP：绝对可以。回到风格的问题。每个评论家都在琢磨：“天哪，太了不起了！这种风格是怎么形成的，它的魅力，它的吸引力从何而来？"就这一点……

MD：要知道，我认为原因在于我不去考虑它。

BP：您如何做到不考虑它？

MD：我不去想风格的问题。在书里，我想到什么就写什么，仿佛它们来到我面前一样。我做出动作，对，就是这样。仿佛它们在攻击我，让我头晕眼花。我不断冒出一些词。首先是一个个词，明白吗？就好像句子的长度由词语的位置标定的。接着，句子抓住这些词，笼络它们并且尽可能适应它们。不过我在这上面花的功夫比选择词语少得多。

BP：令人不解的是您会刻意重复……

MD：是的，我翻来覆去，反复地讲……

BP：……您排列词语的方式有些奇怪，可能会触怒那些对语言有洁癖的教授，这是明摆着的！

MD：是的！（笑）可这种不正确，我从《广岛之恋》就开始了！

BP：的确。这种略显怪异、特立独行的风格，正是它的魅力所在，这会让您得到……您可以用一种恰当、精准、快速的方式来写作。这一点令人惊叹。

MD：（微笑）不过在人们读到它之前，我不能完全肯定。我心想，用这种风格，我可能坚持不下去！我会想要几个句子，想要更加古典的造句方式。不过没有！……我的尝试成功了，像这样自成一体。您知道，我一直以来追求的流动的写作，在这本书中实现了。我说的流动的写作，几乎是一种随心所欲的创作，信马由缰，急于捕捉而不是吐露什么。我还要谈谈词语的波峰。这种顺着波峰移动的写作方式，速度更快，不容退却，因为下笔的瞬间会马上忘记一切，这是悲剧。有时很可怕。

BP：说到底您写这本书的时候，有一种紧迫感？

MD：是啊！紧张的是故事情节。

BP：不，还有风格！因为您说……

MD：可故事情节逼迫你把它们写出来。我是这样感觉的。

BP：您是怎么写的？和我说说，这是怎么一回事？

MD：我先写几页……有时那几页就留下来了。

BP：不过在您动笔之前要做什么？是在上午、下午还是晚上？……

MD：时间随意。有时，在接近结尾的时候……我完全被这本书霸占了……我觉得只有停下笔才会听到周围的声音。我甚至一天工作十个小时。

BP：我在一篇专访中读到如果您没有把床铺好就无法写作。是真的吗？

MD：是真的。不过自从接受了治疗，我现在没法铺床。有人帮我铺。很贴心。房间里有张未铺好的床，的确……

BP：会干扰……

MD：……是的。身后的东西也要井然有序。比如厨房里的碗碟。不过这不是个好习惯。

BP：应该把它们放好、洗干净然后再收好？

MD：是的，外面也要井井有条。

BP：您不用打字机，而是用笔写？

MD：我年轻时也用打字机。现在不用了，我不再打字了。

BP：这本书，也就是《情人》，您写了多久？

MD：三个月。

BP：在我们一会儿要谈到的《玛·杜》中，您对扬·安德烈亚说："人们以为写作很简单，其实不然。你知道，它是地狱。"您这话说得，多少有点夸张了吧？……

MD：是的。不过这本除外。（她指了指《情人》。）

BP：以前是地狱？这本除外？

MD：是的。就像巴枯宁说的，幸福的诀窍在于写作的同时不用吃苦。不用吃太多苦。因为这本书带我走进了未知，我这么想，可是……我完

成了一件不可能的事……它比我还要强硬。是的，写作很难。（微笑）

BP：在一篇评论您的电影《印度之歌》的文章中，您说过这样一句话："作家让人吃不消，让人难受。"我想听听您的解释。

MD：是让自己难受，还是让别人难受？……

BP："让人难受，让人吃不消。"

MD：作为一名作家，是的……我们心不在焉。没有自己的生活。生活在别处。写作是个很奇怪的事儿。为什么要带着它，带着观察现实的另一重视角，为什么书写的路径始终与生活并驾齐驱？并且完全无法摆脱它？关于这些我说过很多。而且……我不清楚它是什么。写作，我不知道。

BP：您一直都不清楚？

MD：是的。可我说过很多关于写作的话，以为自己知道。有人反复追问，可我已经给出了线索！我透露了一些和写作有关的事情。可它到底是怎样运作的，我并不了解。我不知道，有些在我看来赫赫有名的人物那不叫写作。

BP：比如？

MD：萨特。

BP：萨特，怎么会？

MD：他那不叫写作。

BP：他那怎么会不算写作？

MD：对我来说，他那不算写作，他没有弄明白何为写作。

BP：哦，啦啦……

MD：他总是，如果一定要说的话……他总是关注细枝末节，关注那些不重要的东西。他从未触及真正的写作。萨特，他是个道学家。他总是从社会、从他所处的环境中汲取灵感。有政治的，也有文学的环境。可我不会说：他在写作。我甚至没有这么想过。我在《境况种种》

(*Situations*)中读到一篇让我感兴趣的内容。他探讨了美国文学——除此之外,乏善可陈。

BP:您指的是《词语》[1](*Les Mots*)?

MD:对,我读了这篇。是的。我可以说布朗肖那叫写作,巴塔耶那叫写作。

BP:是的。您什么时候知道您会成为一名作家?

MD:要知道,我所做的并非价值判断!有些人自以为在写作……还有些人真的在写作。可这样的人太少了。

BP:您什么时候知道自己会成为一名作家?我看到您母亲曾经鼓动您参加数学的教师资格会考!

MD:是的。

BP:当您告诉她:"不,我想写书,写小说……"那一刻……

MD:她很淡定,我的母亲,对此毫不在乎。她对我说:"你还是做点小生意更好。"她的确这么说,也是这么想的。这些事……很可笑。什么时候——我忘了,您刚才问我什么?

BP:我问您:您什么时候强烈地感觉到您在写作,觉得自己会成为一名作家?

MD:是格诺告诉我的。

BP:可格诺,您不是……

MD:没有人喜欢我的第一本书。

BP:我要说的不是这个,您当时在印度支那,您对您母亲说:"不不,我啊,我想写作!"

MD:啊对,就是我决定写作的时候!

BP:您当时十五岁,还是十四岁,我不知道……

MD:十二岁。

1 中文版也有译为《文字生涯》。——译注

BP：十二岁！

MD：是的。

BP：我想了解这个！

MD：读书让我产生了写作的欲望。

BP：什么书？

MD：甚至是课本。

BP：但是……您的大哥哥……

MD：我们没有藏书，所以只有课本。

BP：您说“他是一只翻箱倒柜的家鼠”，我喜欢这个比喻。可是那些作家，还有您！您也是一只翻箱倒柜的家鼠。您忙个不停，那些床！……所有地方，五斗橱，每一个抽屉！您都不停地翻找！

MD：您把我跟别人弄混了吧。（微笑）

BP：怎么，我把您和谁弄混了，不，不会的！……

MD：您的确把我当成了别人。我没有翻找任何东西，一切都是想象的！

BP：怎么会都是想象的……

MD：因为是虚构作品，我的创作，我写的书！

BP：不，不……一切都源于……

MD：那是我第一次写作……

BP：是的—— 一切都有迹可循！这个故事以不同的面貌出现在您的每本书里。

MD：我感兴趣的正是这一点，您仔细想想！为什么我要在那里找寻？我八岁的时候认识了安娜-玛丽·斯特雷特。为什么我要为了拍《印度之歌》而去找寻那个女人？太奇怪了！它让我产生这样的想法：我要写写那段日子。除此之外没有别的。这一切，都来自虚构！《琴声如诉》中的人物，我一个也不认识……甚至《80年夏》也是虚构的。

BP：既然您谁都不认识，有没有人从您的书中认出了自己？有没有人跑来告诉您：“啊对，这就是我”？

MD：劳儿·V·斯泰因？

BP：安娜-玛丽·斯特雷特，劳儿·V·斯泰因，或者其他人？副领事？

MD：副领事，还有很多人，是的，很多人。关于这个我想告诉您一些事情，可我不记得了。

BP：再来谈谈《情人》。

MD：我在书里抄袭了自己！有关女乞丐的内容，都是写过的。

BP：是的！

MD：基本上，基本上都写过。

BP：可那些人物在您的每本书里都会出现！

MD：是的！

BP：不论是女乞丐，还是副领事，熟悉您作品的读者都会认出他们的不同面貌。《情人》的开头用两页纸描写了您的面容。这很有意思，因为观众可以看到你的脸。您说您的脸在十八岁时发生了剧变。您的脸在您遇见那个中国男人、遇见您的情人时是一个样子，然后到了十八岁你说：不，我的脸，它变了。它变成现在的样子。

MD：是的，不是在十八岁，不过……是的，我在十六到十八岁之间变化很大。看看我的这些照片，在一本名叫《玛格丽特·杜拉斯的领地》（*Les Lieux*）的书里。

BP：是的，有人给我看了……

MD：对，不过……您看到了吗，那张有黑眼圈的脸？

BP：是的。黑眼圈。您说这张脸，现在您用"备受摧残"来形容它，您对自己也够无情了，因为您说："现在我有一副面容衰老、布满枯深皱纹的面孔。可它却不像某些容貌清秀的面孔那样骤然沉陷下去，它依旧保留着原来的轮廓，只不过质地被毁坏了。我有一张被毁坏的脸。"

MD：我喜欢这句："我有一张被毁坏的脸。"

BP：是的。您认为您的脸被毁坏了吗？

MD：是的。不，因为它……总之……我脸上的皮肤毁了。可以看得很清楚。我不知道为什么要写这一句。

BP：或许是因为您当时刚刚结束戒酒治疗？而且紧接着，您提到了酒精。

MD：在演播大厅里和我说话的那个人，是普雷维尔[1]的兄弟。

BP：他对您说……

MD：“我更喜欢您现在的样子。”

BP：我要朗读这段话：“我始终认识您。大家都说您年轻的时候很美。而我是来告诉您，在我看来，您现在比年轻的时候更美。比起从前那张少女的脸孔，我更爱您现在备受摧残的面容。”他在演播大厅里对您说了这些。

MD：是的。

BP：有什么……您当时有什么反应？

MD：他好像没有说“备受摧残的”……噢我很高兴！我觉得他……特别是想到他说的这些。他从斜对面走来，径直走到我面前说了这番话。我觉得他说得好极了。

BP：好吧，您亲口说过，这张脸被酒精毁掉了。

MD：不只是酒精。

BP：不只酒精，简单地说是生活。

MD：还有和情人在一起！

BP：或许还有写作。

MD：它排在情人之后。

BP：我们应该抽出两分钟来谈谈……

MD：对，还有写作，当然了。扬对我说是写作的原因。

BP：写作，是的，当然了！写作令作者生出皱纹。是吗？

MD：是的……（微笑）还有读者也是！（笑）

---

1 普雷维尔（Jacques Prévert，1900—1977），法国二十世纪著名诗人，编剧，参与多部电影台词及歌词创作，代表作品为诗集《话语》。——译注

BP：（笑）去年，您的朋友扬·安德烈亚出版了一本直接以《玛·杜》命名的书。这本书很可怕……

MD：我觉得很好。

BP：那就很好吧，他在书里讲述了您的……一开始是您用烈酒自杀，然后是您的戒酒治疗，治疗的过程非常可怕。可问题是：为什么您，玛格丽特·杜拉斯，您要用烈酒和红酒自杀？为什么？

MD：因为我是一个酒鬼！这是事实！

BP：好吧，可您为什么酗酒？为什么？

MD：因为我认识几个带我喝酒的人。就是这样开始的。我每晚和他们一起出去。

BP：然后逐渐变成了酒鬼？

MD：是的！不过我现在是不喝酒的酒鬼。刚才我本想喝一杯威士忌，我忍住了。

BP：您现在一滴酒也不能喝？

MD：是的。医生怎么说的："连一根朗姆酒味棒棒糖也不行。"

BP：一根朗姆酒味棒棒糖也不行。好吧，另外，您写过一本书叫《毁灭，她说》，我猜想：难道您在某一刻，出于我不知道的原因，或许跟文学有关，因为您的书卖得不好，又或者写作不顺畅，没有想过自我毁灭？

MD：要知道，喝酒是因为上帝不存在。他被酒精取代了。可以说，不再有烦恼了。确实是……曾经有某种……我知道是什么但我讲不出来。它让我开始一个人在家喝酒。从你独自在家喝酒的那一刻起……你就完蛋了。我的酒瘾复发了三次。

BP：于是有了这次戒酒治疗——太可怕了，您所承受的治疗，令人感到恐惧。此外您还说过一句我认为绝妙的话："我刚刚经历的，简直骇人听闻，就好像把炸药放入体内却永远不会引爆。"这是您对扬·安德烈亚说的。

MD：是的。不过这本书也很好玩啊！

BP：不。

MD：啊！

BP：不。不是的。

MD：当我说……我感到一片混沌，我还说北回归线穿过十七区……

BP：当然了，您发酒疯的时候的确有些可笑的事，不过当您因为酒精处于崩溃的边缘，看到周围都是小虫子，我不觉得这有什么好笑的！

MD：是的，一点也不好笑。

BP：唉，这可不是开玩笑。

MD：很糟。很糟，糟透了。可他还是抓住了某些东西，促使我后来写了这本书。我发现自己的样子就像我妈妈说的："这个人总是抱怨，永远不会满足……还喜欢想东想西……"看到了吧？比如，我如何在走廊里大喊大叫为了早上喝到咖啡。

BP：您不是一个好对付的病人……

MD：（笑）我看到的自己就是这个样子！这让我感到高兴，我很高兴能够保留这份天性，瞧，就是我的本性。它没有受损。至于我，我已经被毁坏了，可我的天性没有。这一点在书中非常明显。

BP：《情人》明确宣告您回归生活了。

MD：是的……我不能说我已经活过来了。

BP：怎么……

MD：不，当您接受过这样一次治疗，就不可能再回来了。

BP：可我认为是一次新生！在书里面，您差点完蛋了。（他指指那本书。）

MD：（笑）之所以是一次新生，是因为您总是朝前看！

BP：的确，我读完之后对自己说：她的经历令人难以置信。您差点就死了，而且医生一度认为：她最多再撑三天，她必死无疑！

MD：那也不能说我离开那里就是一次新生！还是有东西失去了。我再也不能喝酒了。

BP：是的，可您……

MD：我不能喝酒了。这很严重。

BP：可您恢复了健康！

MD：是的，可我不能喝酒了！

BP：可这让您写出了《情人》！

MD：嗯。

BP：我甚至在心里揣测假如您没有写出《情人》……我发现《情人》中有一股活力……

MD：（笑）在那之前？如果我之前写了这本书？

BP：不，不是的，我猜想它是否和这次……和这次回归有关……

MD：我没有想过，但有这个可能。

BP：您感觉到在《情人》中您的写作有一股活力？

MD：一种幸福。是的，一种写作的幸福。

BP：一种幸福！我在想是否恰恰因为您逃脱了那里的一切，从地狱中归来！听着，您从地狱中归来，可这本书，依然很可怕！

MD：可您不知道，如果您也像现在这个样子，已经很好了，嗯！但一旦开始喝酒。我当时快死了，一天昏迷十五次；但我自己不知道，醒来的时候还会开开玩笑。（微笑）

BP：（微笑）真可怕。您的作品中有几大主题：比如汽车。那些汽车令人惊叹，因为——有《情人》中的莫里斯-莱昂・博莱，而在《抵挡太平洋的堤坝》里也有一个中国男人，总是在汽车旁等待……

MD：是的，他有两辆莱昂・博莱。

BP：《抵挡太平洋的堤坝》中有一辆德拉奇牌（Delage）的八汽缸敞篷汽车，还有黑色的蓝旗亚（Lancia）……

MD：……《堤坝》里是辆雪铁龙！

BP：是的，一辆雪铁龙。然后还有《副领事》的黑色蓝旗亚……

MD：……是法国大使馆的车。

BP：……是法国大使馆的车，您还记得《印度之歌》的开头，就是“黑色的蓝旗亚飞快地行驶在金德讷戈尔[1](Chandernagor)公路上”。

MD：对，是这句。

BP：这些黑色的汽车到底是什么，是一种执念？有什么象征意义？

MD：那些黑色汽车，我称为童年的“灵车”，不是吗？是的，它们……首先是财富的外部象征；可对我们来说，意味着不可企及。对这个家庭，对我母亲、我的哥哥们，都是如此。它还意味着旅行。我们在一些不可思议的情况下开车：车顶篷全掉了，轮胎全磨坏了，我们把香蕉叶填进去，最后……车灯也坏了，这些您都可以读到。汽车就是奢侈品，的的确确象征着财富。那，就是财富。

BP：然后是网球场……这个发现同样令我印象深刻：网球场经常出现在您的……

MD：它就是财富。

BP：它同样是财富。

MD：只有殖民地当局的花园里才有网球场。网球场和接待处。可我都没去过，我当时八岁。

BP：那里进不去吗？

MD：当初是的，可随时随地都能看到网球场。

BP：接下来是叫喊声。在您的书里，那可真能叫喊！……副领事的叫喊成了经典，那是爱的呼喊；女乞丐的叫声回荡在您的每本书中；还有您母亲的叫喊！

MD：女乞丐的叫声，是欢乐的叫声。她叫着，笑着，不停地嚷嚷着，就像在说话……我们可以说一个人喋喋不休，她则是叫嚷不停。

BP：《坐在走廊里的男人》中女人的叫声；您母亲的叫声；叫声此起彼伏……

---

1 印度西孟加拉邦的一个城镇，加尔各答以北约三十五公里，过去是法属印度的一部分。——译注

MD：听着，这些叫声是不同的。

BP：当然，我没说它们是一样的！不过真的很能叫。

MD：是的，我妈妈一直在喊叫。就像摩西（Moïse）在沙漠中那样。他沉浸在上帝的旨意中口不能言。只能喊叫。我母亲则满脑子想着她遭受的不公，叫嚷着这些事情。向虚无叫嚷。

BP：您在生活中会大喊大叫吗？

MD：唔，有时会。可我叫得很响亮！当拍摄时需要安静，大家就让我喊一嗓子。

BP：（笑）

MD：总之我叫喊不是为了……不，我不会故意大喊大叫。

BP：此外还有一个短语，似乎在《情人》中也出现过，就是“被情欲折磨”。一些被情欲折磨的人物。

MD：是的。

BP：……在我看来，它准确地描述了您笔下的人物，他们被情欲折磨。

MD：是的。我用它来形容埃莱娜·拉戈内尔。

BP：对，埃莱娜·拉戈内尔，书中一个人物——您在书里用了四页篇幅来写她，她是一个，总之和您年纪差不多大……

MD：是的，她比我大一岁。

BP：您写到，比方说，这个埃莱娜的乳房，好像昨天才见过一样！

MD：（微笑）是的，她的身体我看得很清楚，那具华美的身体……您也看到了！

BP：是的，我自然看到了！

MD：它令人难以忘怀，看着吧。她的那对乳房，耸起的乳房似乎就要送到手中……是的，这是一种爱恋，一种从未表白的欲望。对，它会折磨人。彻底折磨人。可它只是附加的，只是一种欲望，怎么说呢，是对中国男人的情欲之外的调剂。

BP：您还记得情人的身体？

MD：是的，很清楚。脸庞要模糊得多。我描写那具躯体。和小哥哥的有点像。我了解他的身体胜过我自己的身体。

BP：是这样！

MD：是的。

BP：因为您看他的时间比看自己多。

MD：的确！

BP：好吧。所以，情欲小说家，或者更普遍的说法是情欲作家，可以恰当地概括您吗？

MD：（怀疑地撇嘴。）

BP：您知道，我们当记者的，经常要找一个东西放在报纸标题里。

MD：……作家？

BP：当然可以，但是“作家”不是确指，还是应当有限定词！

MD：可你们不会说“科西嘉作家”，或者“佩里戈尔作家”！……

BP：为什么不呢？

MD：不过我不这样说。

BP：那是，但这就是记者，您很清楚，这是他们的工作。

MD：萨特是一个什么样的作家？

BP：啊，我不知道，这个问题难住我了，不过总会找到的！比如存在主义作家！（笑）

MD：（笑）呃……不，我不是情欲作家。我不要这个称呼！（微笑）

BP：我要重新翻开《情人》，因为我想引用这段话，在57页，是您母亲的原话——您会看到……“她大叫（她大叫！）永远也不要等待什么，无论是哪一个人，哪个国家，无论是什么上帝，统统都不要对他们有所期待。”这也是您的想法？

MD：是的。比如那些期待得到帮助才动笔的人，明白吗？等他们有时间，等周围平静下来，在安静的屋子里……这是不对的。这是不对的。都是一些借口。他们只需要写，随时随地，哪里都可以写。我要说，那些人不是作家，就是这样。

BP：好是，可是……

MD：我反对的是这个！

BP：不会吧！

MD：就是！

BP：您反对的是这个?!

MD：如果人们什么都不相信，包括他们自己，那么我就要做点什么！如果我对自己说："噢，我最好到乡下去写《情人》，或者去海边……"我没有专门写作的地方，我带着我的手稿辗转于各地。您看，他们没有要求我写这个故事。从这个意义上我告诉您这些。在这一点上我不会给自己找借口，我不会给自己找借口。我知道如果不动手去写，就不会去写。要知道，您所说的就是这个，不，两者的意思是相通的。

BP：您知道第 85 页让有些人感到不快，甚至是气愤。您说战争期间您认识了拉蒙·费尔南代斯[1]，他是个通敌分子，于是您写了这样一段话："有多少通敌合作的人，就会引出多少费尔南代斯。还有我，我在战后第二年参加了法共。这种对应关系是绝对的，确定不移的。一样的怜悯，同样的声援救助，同样是判断上的软弱无力，同样的执著，不妨说，执著于相信个人问题可以通过政治途径得到解决。"

MD：嗯。

BP：您知道您这样写会得罪很多人?

MD：这是我的看法。我只要了解事实就够了。知道发生了哪些事就好了。1933 年的审判，苏德合作，割让波兰……这一切都发生了！1936 年背叛合作；我只要了解就好。

BP：好吧，可是……

---

1 拉蒙·费尔南代斯（Ramon Fernandez，1894—1944），法国文学理论家，巴尔扎克研究专家。——译注

MD：是的，这的确有些冒险。也就是说我处于一种完全恐慌的情绪中。就是这样，“相信个人问题可以通过政治途径得到解决”。我的丈夫被送进集中营，十四名同志被送进集中营，我彻底……我不知道他是否还活着，总之这太可怕了[1]！于是我对自己说——后来戴高乐解除了巴黎的爱国武装，让我震惊不已——我对自己说：我要在党内寻找团结的力量。

BP：好吧，可那些通敌分子……

MD：通敌分子都是一样的。通敌合作会提供一些机会，就像大战后期提供了一个入党的机会。暴力增多，换言之就是纳粹暴力、谋杀和凶杀，给另外一些人带来了新的冒险。我认识的那些人，他们没有走到这一步；可这是一张新的版图，一个新的欧洲，一个新的视角，而当时法国的政治视野却很狭窄。这是一个改变人生方向的机会，仿佛是一种诱导——诱导你迷路。这里面有一种迷失的危险。

BP：可是，玛格丽特·杜拉斯，那些通敌分子……敌人已经在我们的土地上并且……那是出于利益……

MD：可这些通敌分子到底是什么，他们是通敌分子——他们是通敌分子，然后就没有下文了！这些人，他们连一只虫子都没有伤害过！从来没有！我见过一些女人因为爱上德国人而被剃了光头，战争期间发生的这些事同样令我恐惧！

BP：可是也有人成了斯大林主义者……

MD：为什么我要漂白自己然后抹黑布拉西亚克[2]（Brasillach）？布拉西亚克，他做了什么？他当时几岁？他很年轻，我不知道他的年纪有多大。

---

1 参见玛格丽特·杜拉斯，《痛苦》，同前引。

2 布拉西亚克（Robert Brasillach，1909—1945），法国作家，因鼓吹法西斯主义战后被处决。——译注

BP：他的确年轻。不过有人同样在空想中成了共产主义者、斯大林主义者！这同样因为他们相信明天的幸福！

MD：就好像您现在对我说："我对阿富汗一无所知。我不清楚马尔歇[1]和朱甘[2]的反应。"因为他们在搞笑，您明白吗？在电视上，一脸轻松！谈论着苏联出兵阿富汗。假如您突然对我说："我不清楚，那天我没看电视。"那我没有什么好说的，我对这些事很了解！不过我和大多数人一样，认为这些事无法避免。一些野蛮的行径，甚至是暴行，都是无法避免的。至于他们对集中营了解多少，我们也不清楚！我们对集中营知之甚少。我们知道多拉[3]的存在，仅此而已。那些大屠杀……

BP：您一直是左派？

MD：我现在什么派别都不是。我是密特朗主义者。

BP：啊。

MD：是的！（微笑）我拥护密特朗本人。

BP：左派女性，不是吗？您说不是？

MD：不是，我什么派别都不是。

BP：可是密特朗主义。为什么，因为密特朗是一个出色的作家……？

MD：因为……（笑）不是的。

BP：那是为什么？

MD：因为他是一个完美的人。他没有任何见不得光的东西；在金钱上也清清白白；并且没有意识形态的倾向。总之，他大大改变了意识形态，从而……这是他的手段。他身上有某种上位者的气质，散发着个人的光辉。我发现他本人像一个高贵的领主。（微笑）有些事他干得很漂亮。一旦最终确定，就再也不会回到老路上。比如死刑的问题。

---

1 马尔歇（Georges Marchais，1920—1997），1972—1994 年担任法国共产党领袖，曾经参选法国总统。——译注

2 朱甘（Pierre Juquin，1930—　），法国政治家，法国共产党成员。——译注

3 多拉（Dora）是巴黎二战期间失踪的一位犹太少女，最后很可能葬身在纳粹集中营。——译注

他创造了一个奇迹，他用文化的手段抵御了经济危机！我不大喜欢这个新词“culturisé”，但是最终你会发现：现在人人都在反思这个问题。人们在思考危机。他们不光承受，他们还思考。这就是密特朗。

BP：我还发现在那些知识分子的请愿书下面再也找不到您的名字……

MD：噢！不会的。我还是签名的。

BP：真的吗？……

MD：当然当然，我签了名。不，我做了不少事！我加入了大赦国际[1]。

BP：啊！……

MD：是的。已经很久了。我主要都在外国人的请愿书上签名。

BP：简而言之，您不再相信会唱歌的明天、普世的幸福。

MD：（笑）这些话让人发笑……可是都过去了。共产党成了过去式！您和我提到它是因为它很可笑！可是都过去了。百分之六，这就是结局。

BP：噢不不，我……

有些东西始终存在，那就是法兰西学院。它屹立了几个世纪。您知道法兰西学院中已经有了一个著名的玛格丽特，她是第一位入选的女性——玛格丽特·尤瑟纳尔；那么玛格丽特·杜拉斯，如果一群院士强烈呼吁她加入——她会怎样对待他们的请求？

MD：要知道，我准备好了面对一切！可我不相信，学院……

BP：您“准备好了面对一切”是什么意思？不可能，您还没准备好面对一切……

MD：我可以，瞧，我现在在这儿！

BP：噢，好吧，听着……

MD：我在这儿，参加“猛浪谭”。六个月前，我还觉得我永远不会来到

1 也称国际特赦组织（Amnesty International），1961年5月28日在伦敦成立。其宗旨是动员公众舆论，促使国际机构保障人权宣言中提出的言论和宗教自由，致力于为释放由于信仰而被监禁的人以及给他们的家庭发放救济等方面的工作。——译注

这里！

BP：是的，不过要在合适的时候到来……

MD：然后我见到了您，在这儿，您依然很……（微笑）充满了魅力。

BP：（迷人地笑着。）

MD：是真的，有人这么说过。我想我同意。

BP：您真是太好了！您知道有些院士也很有魅力？

MD：是的……

BP：他们会笼络您！

MD：是的，可我有一个过于混乱的过去，您认为这样一本书能够进入学院吗？

BP：您觉得呢？

MD："十五岁，这是家庭的耻辱，社会的耻辱……"不，我做得太过火了，我太冒险所以进不了学院。风险太大。酒精也是个问题。

BP：因为您认为有些人不喝酒？

MD：不过至少他们没有公开说……

BP：……那就是您看走眼了！

MD：可他们没有公开说！

BP：（笑）只是他们比您谨慎，仅此而已！

现在还剩最后几分钟，在节目即将结束时——我想回到《情人》之前的玛格丽特·杜拉斯。您在租让地时期是什么样子，是一个怎样的小女孩？因为您生活在充满敌意的大自然中，那里有凯门鳄，有蛇，有各种猫科动物——您当时害怕吗？

MD：（微笑）是的，我那时在丛林里，和小哥哥一起！我一直感到害怕。可这也许正是好玩之处，对吗？我们总是趁午睡的时候溜走——这些我在《堤坝》里写过。我们跑到暹罗湾对面的大山里。永远的暹罗！……（微笑）有时会听到老虎的叫声。我们一直跑到河口；杀几条鳄鱼——好吧，动手的是他！还有一些黑豹。这样一个童年，和你

们的截然不同！（笑）

BP：是啊，当然了！您是真的无忧无虑，还是……

MD：我感到害怕。他带着我似乎可以到达世界的尽头，我跟着他，我跟着他去任何地方，从森林一直到山顶的村庄……这些地方的照片我一张也没有。

BP：经历了这一切，我想您在生活中再没有什么好怕的？

MD：我怕过德国人，怕过德国警察；其他就没有了。法国没有什么让我害怕的。如果有的话，可能是一些政治党派。您知道，就是那种在害怕被警察逮捕的恐惧中过了三年……我和现场害怕警察的人说了也是白搭，我想这种感觉别人无法体会。

BP：您到法国的时候几岁？

MD：准确地说我来过两次，最后一次……对，我是在十七岁半到十八岁之间过来的。

BP：您很快安顿下来，很轻松就适应了？

MD：我先是住在哥哥那里，因为我妈妈要求我……

BP：可您是怎么……法国对您来说还是一个全新的国家！

MD：噢我以为自己快无聊死了。因为她的关系。很奇怪，一个十八岁的孩子，对母亲厌烦到这个地步。随后，我有了一些情人。在两年之后，因为我已经过了两年。

BP：一些情人，几个丈夫？

MD：一个。

BP：一个丈夫。是的。留到最后的是那个中国男人，那个情人……

MD：您别白费力气找了，我真的和大家一样。（微笑）

BP：是的。留下的只有那个情人，不仅因为他是第一个，而且他始终是最特别的，最令人惊叹的，最……

MD：他依然闪闪发光。因为爱，或许吧。

BP：以下是这本书的最后几行，写得太精彩了。

MD：最美的是中国。当我写到那个中国新娘的时候，对吗？

BP：不，是结尾，您等着瞧。

MD：噢……

BP：“战后许多年过去了，经历几次结婚，生孩子，离婚，还要写书，这时他带着他的女人来到巴黎。他给她打来电话：是我。她一听那声音，就听出是他。他说：我只想听听你的声音。她说：是我，你好。他是胆怯的，仍然和过去一样，胆小害怕。突然间，他的声音打颤了，听到这颤抖的声音，她猛然在那语音中听出那种中国口音。他知道她已经在写作。他曾经在西贡见到她的母亲，从她那里知道她在写作。后来他把这意思对她讲了。他对她说，和过去一样，他依然爱她，他根本不能停止爱她，他爱她将一直爱到他死。”临终前您躺在床上，是否会有一瞬间想到这个情人，您的第一个爱人？

MD：有可能……（微笑）有可能。

BP：谢谢您，玛格丽特·杜拉斯。

1984年9月28日，贝尔纳·毕沃，

“猛浪谭”，2台

1985

谁想装聪明谁就完蛋

皮埃尔·阿苏里(Pierre Assouline,以下简称 PA):您怎样看待《情人》引起的反响?

MD:我想我保持了相对客观的态度。《情人》是阅读史的一个里程碑。它的销量已经超过了四十五万册,这还只是十二月初……我可以想见读者的狂热,就好像这些年他们欠缺的不是通俗易懂的文学,而是值得一读的文学。只有作者不去刻意关注才会产生这样的现象,《情人》就是如此。我还担心这本书不如以前的书卖得好,因为大部分内容都是写过的。结果,它们发挥了积极的作用。读者——忠实读者,无条件支持的读者——认出了书中的所有人物:我的母亲,我的哥哥,我的情人,我本人,还有我描写的那些地名,从暹罗的大山一直到卡提拿街……只有两个人物玛丽-克洛德·卡彭特和贝蒂·费尔南代斯除外。为什么写这两个女人?这是读者普遍的疑虑。我怕对内容的熟知会让读者厌烦,没想到反而是这份未知让我受到了指责。

PA:那些评论文章呢,您怎么看?

MD:我读了波罗-德尔贝什(Poirot-Delpech)、里纳尔迪(Rinaldi)和鲁瓦

(Claude Roy)[1]的文章……我的反应和平常一样。

PA：还有呢？

MD：《情人》的成功很正常。我重读了这本书。事实上，各种身份、各个阶层的人都可以读它。要知道这不是一本随便翻翻或一目十行而是需要一字字一句句去阅读的书，那么，这个数字所代表的庞大的阅读量怎么能不让人惊骇！

PA：每个人心中都有一个《情人》的故事。您的是什么？

MD：我现在没有，以后也不会有。这本书已经离我而去。它脱离了我的掌控，变成今天这个样子。它是我所有书里意见分歧最大的一本。只有一句话跟全书的叙述风格不搭，在第 14—15 页："我生命的历史并不存在"……这是我唯一一次道出了对我来说写作是什么："写作什么也不是。"所有书都在这儿。令人惊讶的是，我收到了获奖的信函。

PA：作为玛格丽特·杜拉斯，获得 1984 年的龚古尔文学奖对您有意义吗？

MD：过去，他们没少把奖颁给他们心仪的对象。不过对《情人》来说毫无意义。这本书已经有了足够的分量，不需要为奖项所累。它完全可以靠自己。至于雷诺多(Renaudot)文学奖，我很高兴安妮·埃尔诺[2]得到了它。我认为《位置》(*La Place*)是一本美妙的书。我很遗憾去年布丽吉特·法夫雷斯(Brigitte Favresse)的《巴黎-沙滩》(*Paris-Plage*，伽利玛出版社)没有得到任何奖项。这是一本令人赞叹的书。没有获奖实在让人难以理解。

PA：《情人》的成功令您的生活发生了改变？

---

1 贝特朗·波罗-德尔贝什，《不听我们说的那些人可要注意了》，《书界》；安吉罗·里纳尔迪，《快报》；克洛德·鲁瓦，《与语言密不可分的杜拉斯》，《新观察家》。三篇文章均发表于 1984 年 8 月 31 日。

2 安妮·埃尔诺(Annie Ernaux，1940—)，法国当代著名女作家，代表作品为自传体小说《位置》《一个女人》。——译注

MD：是的：害怕每天都要花时间拒绝别人，不论是打电话还是回信；最后这占用了我的大部分时间。让我有些焦虑。不过我的书没有受到任何影响。龚古尔奖始终是外部因素。当我重读这本书后，我知道它是经得起考验的。

PA：您为什么离开伽利玛去了午夜出版社？他们对您不够好吗？

MD：伽利玛对我不闻不问。我在《〈娜塔莉·格朗热〉附〈恒河女子〉》（1973年）出版后离开了他们。这本书十月上市。到了来年三月，伽利玛出版社还没有人读过它……

PA：您会改编《情人》吗？

MD：不会有戏剧或电影版，就像《劳儿之劫》一样。

PA：您现在在读什么书？

MD：我刚刚重读了卢梭的《忏悔录》。我无法舍弃古典文学。这五六年读下来，仿佛只有在古典作品中才能发现阅读的真味。当代作品我读得很少。现在已经不读了。

PA：当您受邀参加《猛浪谭》节目，虽然您曾几次提出想在自己家中录制，但未果。为什么？

MD：上电视直面三百万观众有点类似自杀行为。毕沃坚持不让节目在我家录制。由于我在生活中承受了不少风险，从政治介入到酗酒，他一定要在现场直播中采访我。自从上了《猛浪谭》，我每天都会收到电视台的邀约。我统统拒绝了。不是因为我已经接受过一次……我可不想开启我的电视生涯！

PA：您是一个晦涩难懂的作家吗？

MD：《劳儿之劫》《副领事》和《爱》都是非常晦涩的作品。可它们也卖得很好。所以晦涩可以分为两种：一种可以克服并且不影响阅读，另一种则相反。正是这种晦涩难懂的属性使得一些书畅销而另一些书乏人问津。

PA：在您眼里谁是“晦涩难懂的作家”？

MD：布朗肖和巴塔耶都是，不过没有大家说的那样晦涩。并且他们的读者越来越多。当一本书的内容中有了刻意模仿的痕迹，读者就会放弃再读它。谁想装聪明谁就完蛋。靠引经据典写作是很可怕的……有些作者，比如索莱尔斯，想成功想疯了。他们的结果就是欲速而不达。

PA：您怎么看待您收到的信件？

MD：这是一种狂热。通常，他们并不期待收到回复。这种狂热只需发泄出来。最敏锐、最深刻的评论往往藏在这些信件中。从第一封到最后一封令人眼花缭乱。它们让我相信一件可怕的事：写信的人不一定就是应该写信的人。应该写信的人不知道他们可以写信。给我写信的人里有男人也有女人，还有不少年轻人。

PA：重读《情人》您是否有遗憾的地方？

MD：没有，除了结尾。最后十行写到的那通电话。它和其他内容一样出现在我的脑海中，为什么要把它藏起来？它让故事有了结局。而我写的书一直是开放式的。而在这里，离开把全书合上了……

1985年1月，皮埃尔·阿苏里，《读书》(*Lire*)

神圣的篇章

她的丈夫被关进集中营，她描写她的等待和丈夫的回归。她所在的抵抗组织的领袖名叫密特朗。玛格丽特·杜拉斯出版了《痛苦》：对战争时期隐秘而大胆的记录。

长久以来她对每个问题都保持沉默，陷入了某种缄默的怪圈。人们猜测她周围有一道深渊，又或者她撞上一堵墙然后逃开了："我不知道，我没有办法。"《痛苦》中的几篇文章既没有增加内容，也没有真正标明日期。是的，它们是以前写的，在战争即将结束的时候。可是在哪儿，又是怎么写的？为什么把它们弃之一旁？就像这本书的前言里提到的，这种"思想和情感的紊乱现象"是沉默和遗忘造成的。这些"我不知如何定义的东西"的开篇，是某种关于等待的日记，写于四十年前一位名叫罗贝尔·L[1]的丈夫从集中营回来的时候。除了这篇日记，书中还有三篇对抵抗组织和解放运动的描写以及两篇小说。这六篇文章像《夜与雾》(*Nuit et Brouillard*)一样，笼罩着不可名状的阴霾。

作者只能在斜体的简介中，简单地标注上时间。从而与那个几

---

1 罗贝尔·昂泰尔姆在《痛苦》中的名字。

近疯癫的女人也就是曾经的自己拉开距离。这里“是一个真实到细节的故事”,那里“是编造的”,这里“是我。折磨告密者的人,是我”。类似舞台说明的文字。时间:战争末期。地点:一间公寓,和今天一样;奥赛火车站,从集中营开出的火车会停在这里;黎塞留街小组的据点;圣乔治大街上有盖世太保光顾的一家餐厅。人物:抵抗分子,通敌分子,朋友D[1],第一批集中营的幸存者,丈夫罗贝尔·L,抵抗组织的领袖弗朗索瓦·密特朗化名莫尔朗,在奥赛火车站的妓女们,义务劳动部[2](STO)的志愿者,保安队员,盖世太保,门房。当时的群众。几样物品:一部电话机,盖世太保的金手铐和银质公文包,格鲁耶尔干酪,为丈夫归来准备的水果蛋糕,手中折断的荨麻。它们让叙事有一个共同的指向,避免思绪彻底变得疯狂。那就是,痛苦。怎样的痛苦?打开书的人沉浸其中却并不想感同身受。没有一个字眼可以贴切地概括我所经历的一切,除了“这个”,作家杜拉斯处于隐退状态时不经意间找到的字眼,在她本人把它叫做“写作”之前。不同于只在书的最后几个虚构故事中才“抽身”的“文学”。当词汇匮乏时,气息显得短促,时间变得稍纵即逝。“不再叫做思考这个,一切悬而未决”,“句子之间不再连贯”,“看看你,”她的朋友D对她说,“你什么也不像了。”这些从黑夜中涌现的篇章非同寻常,它们的力量恰好在于这种虚空。写作类似于这个“用剃刀切断其余世界”的女人:袒露的、简短的、紧绷的。向痛苦屈服,这是一种“无法承受”的状态。所以没有停顿,为一种狂热的情绪左右,朴素地向前,最大限度地贴近所经历的一切。唯一的规则是向前,一直往前。朝向我不知道的某个字眼:或许是死亡,每一篇都有这个字眼,也可能是尖叫。又或者是断绝的其中一

1 迪奥尼斯·马斯科洛,杜拉斯未来的伴侣和她儿子的父亲。

2 Le service du travail obligatoire,1943年,法国德占区通过“义务劳动制”,将七十五万法国工人强制送往德国服苦役。——译注

种关系，使得这个女人像作家一样难以预料。“出来了。”她说的是眼泪和痛苦，也可以形容写过的内容，用和《人类》(*L'Espèce humaine*)一样非常质朴的写法，这本书是罗贝尔·L从集中营回来后写的。“这个”，就是某种不在文学创作计划内的东西，只是要说出来，很快地说出来，说完了就再也不谈了。直到《情人》，打破了某些禁忌，开辟出向真实的故事回归的路径，终结了另一种缄默。准许人们把内心的隐秘和盘托出。“好好阅读吧，”书里语重心长地写道，“这些是神圣的篇章。”

玛利亚娜·阿尔方(Marianne Alphant，以下简称MA) 如何解释《痛苦》这本书中的“遗忘”？

MD：我一直觉得这是某个人归来的故事。这类书人们已经出版了不少。没有必要再加上一篇叙述。

MA：是什么让这个文本重见天日？

MD：有多重因素。我害怕我死的时候它遗失了，不见了。还有就是我想透露一点和罗贝尔·L有关的内容。从人们对他抱有的感情来猜测他是怎样的人。

MA：促使你写作《痛苦》的原因是“它是我生活中最重要的经历之一”？

MD：那些年发生的事，对我而言，那十年的经历，就是认识了罗贝尔·L。我没有刻意去酝酿文字：它们都是信手拈来，随后就可以写下来。后来，您知道，我并没有写。我为出版所做的主要工作是删节，比如说某些和宗教、上帝有关的内容。1945年春，全世界发现德国杀害了一千一百万人，而且从1933年到1945年，整整十几年的时间里全世界对这一罪行一无所知。突然间，我们看到了浮尸遍野。报纸上几乎不再刊登文章。上面都是黑白照片。人们不知道该指责谁。许多人叫嚷着反对上帝。包括我。

MA：这些文章是什么时候写的？

MD：依我看，我是在去战俘接待站的时候开始写《痛苦》的。我想不出还有别的时候。我记得我当时跟D嘀咕：等罗贝尔·L回来应该给他拍张照片。很快就证明太晚了。我重新发掘这些文章也有这方面的考虑，担心很快这一切会太晚了，我将不再记得它们，或者还没有重读它们就死了。

MA：那么皮埃尔·拉比耶[1]的故事呢？

MD：战争结束十年后我曾几度尝试把它写下来。最终都放弃了。大脑始终一片空白。我写了不少片段，几乎是全部。没有写出来的是日常生活。那段日子不在其中。一段黯淡的时光。那个人本身也是阴郁的，他是个刽子手。密特朗多次要求我把这个故事记录下来。我们是怎么坚持下来的。有一个像这样的人可以依靠真是太好了。后来，这个故事写出来了。

MA：如何理解您用“神圣的”一词来概括“首府的阿尔贝”（Albert des Capitales）和“保安队员泰尔”（Ter le milicien）？

MD：对我来说，我在《首府的阿尔贝[2]》中讲述的那一幕发生当天战争就结束了。它结束了。后来还有从集中营返回的事件，但是杀戮的渴望已经终止了。在《首府的阿尔贝》中我处于一种难以名状的情绪，一种恐怖之中。我深陷其中，为其驱使。我委身于这种恐怖。我要告诉你一些事。我当时想去孚日山脉看望小格里高利（Grégory）[3]的家

1 皮埃尔·拉比耶（Pierre Rabier），真名夏尔·戴尔瓦（Charles Delval），是玛格丽特·杜拉斯在她丈夫被囚期间经常去找的一位盖世太保。她与这个男人维持着一种暧昧关系，直到他被解放组织逮捕，1945年1月在弗雷讷监狱被处决。在《痛苦》的六篇文章中，第二篇描述了这段关系。

2 文中出现了一个名叫泰雷兹的人物，杜拉斯在前言中提到她时写道“是（她）”折磨了一位与盖世太保合作的“告密者”。

3 格里高利谋杀案是法国犯罪史上最大的悬案之一，凶手至今未明。1984年10月，四岁的小格里高利的尸体在沃格涅河被发现，四肢被绑。贝尔纳·拉罗什是谋杀案的首名犯罪嫌疑人，释放后被男孩的父亲开枪打死。男孩的母亲克里斯蒂娜·维尔曼（Christine Villeman）也被指控杀婴罪，后重获自由。1985年7月，《解放报》发表了杜拉斯的文章“绝妙的，必然绝妙的克里斯蒂娜·V.”，引发巨大争议。——译注

人。可是随后那位父亲杀了贝尔纳·拉罗什(Bernard Laroche),于是我没有成行。我之所以想去是我以为,因为有人这么说,很可能是那位母亲杀了自己的孩子。我想把这件事写在日记里：如果她真的杀了自己的孩子,那么命运再一次向她关上了大门。她的命运如此不同寻常,世界上没有一个人有权评判它。任何评论都是不可能的。她无需向任何人交代。她平生第一次发现自己无需辩解,她意识到她第一次为上帝服务,而上帝让她犯下的这桩罪过是如此骇人听闻,无论如何都只能由她本人完成,正是这一点让她逃脱了人类的审判。因此,她在有些人(比如黎塞留街地下室里的我)眼中成为神圣的化身。

1985年4月17日,玛利亚娜·阿尔方,

《4月：夜与杜拉斯》,《解放报》

没有办法、没有原则、没有道德

MD：您想谈什么？

《电影手册》：谈谈《孩子们》(*Les Enfants*)。

MD：事情并不顺利。首映礼很糟糕。5 月 29 日，在戛纳影展接近尾声之际，它成了年度最糟糕的一部片子。这件事上，又一次，我接到通知时为时已晚。我从律师那里得知了这件事，不过我毫不在意。

《电影手册》：之前几部电影中的那些充满魔力的姓氏也不见了，奥蕾莉娅·斯坦纳……

MD：影片中不再出现姓。有的名变了。我们与杜林纳和马斯科洛合作的重中之重[1]，就是完整地保留原先通俗的喜剧效果，使其不要流失。我的合作者们在这方面狠下功夫，他们成功了。

不过您知道我一直没有看这部电影。由于审片的缘故，贝尔特蒙公司(Berthemont)[2]不得不把它拿给我看，可我看到的成片里没有杜林纳和马斯科洛的名字。于是，字幕一放完我就走人了。

《电影手册》：这些小制片商应当了解你的工作，怎么会出现这种情况？如

1 让-马克·杜林纳和让·马斯科洛是影片的联合编剧与联合导演。

2 贝尔特蒙电影公司，电影制片商。

果是大公司，还可以说他们忽视作者的权利，但这次？

MD：在我看来这是一种转移注意力的行为。他们很清楚杜林纳和马斯科洛为这个剧本工作了两年。现在他们要求仔细查阅不同时期的手稿以便确认两人参与了多少，就好像他们参与的是一场恐怖袭击一样。

《电影手册》：您一开始有多少预算？

MD：一亿五千万旧法郎，我觉得电影实际的花费要少得多。

《电影手册》：他们最初没有投一分钱？

MD：这个问题让我觉得好笑……不，没有，一分钱都没有……是我们的团队和演员自己带来了资金。

《电影手册》：他们想要的是杜拉斯的名字，她一个人的名字，出于作者策略的考量？

MD：就是这样（笑）。他们希望我背叛让-马克·杜林纳和让·马斯科洛，希望我窃取他们的成果，把我给他们的东西拿回来。那么我就应该遂了公司的意。

《电影手册》：您和杜林纳、马斯科洛一起工作了两年？

MD：是的，在方方面面，所有镜头都是我们一起完成的。当然也包括导演的工作，尽管拍摄时是我一个人说了算。剧本总共有六版——斯托(Straub)[1]用的是那两页童话故事。这里我们的确做了扩充——口头上——对艾尔奈斯多的描述（影片开头，我们不能肯定艾尔奈斯多是否会活着），几乎让他到了濒死的境地——艾尔奈斯多向他的妹妹保证如果上帝不“存在”，他们就一起自杀。随后这种绝望发生了改变，他和自己的绝望和解了。影片的喜剧效果来自艾尔奈斯多家无拘无束的天性，来自唯一的语言。只和语言有关。艾尔奈斯多什么都了解，上帝、美洲、化学、知识、马克思和黑格尔、地球上的大核电站。艾

---

1 《反反复复》，让-玛丽·斯托和丹尼尔·于莱(Danièle Huillet)的短片，根据《啊！艾尔奈斯多》(*Ah！Ernesto*)改编。

尔奈斯多是个英雄。

《电影手册》:《孩子们》的缘起是什么?

MD:我十八岁时阅读的《传道书》(Ecclésiaste)。是讷伊(Neuilly)的小犹太人向我推荐的——一直以来都是如此——他成了法国驻孟买的副领事,成了现代智慧的典范,政治绝望的象征[1]。

《电影手册》:他向麻风病人开枪?

MD:差不多。他原本打算这么做。可法国没有麻风病人。您知道,只需很少的东西就可以造就一个典范,然后出发,前进。一句话,一个眼神。这里,一切都源自十八岁时读到的那本书。剧本最开始单纯叫做《艾尔奈斯多》(*Ernesto*),然后接连改成了《以色列的孩子们》(*Les Enfants d'Israël*)、《国王的孩子们》(*Les Enfants du roi*)。最后是《孩子们》。因为他是以色列的国王,是传教士。我们不能绕开这个文本。它是非凡的。艾尔奈斯多应当在影片中阅读《传道书》的片段,可是法语版的《传道书》难以卒读,有大段的重复和连祷词。

《电影手册》:这句话始终没有念出来:"虚空的虚空,一切都是虚空……"

MD:的确如此。

《电影手册》:为什么?您把它划掉了?害怕意思太过明显?

MD:不,不是这样的。没有地方可以回去找她。他们两个在花园里。他再也没有时间和她说这些,也没有他的画面。我可以让您看看这段被删去的有关教堂的描写,只不过它跟您的杂志毫无关系(笑)。

《电影手册》:给我们读读。

MD:"他说:'以色列的花园沐浴着强烈的光,那里永无黑夜。

从此我在这种光下生活,为之目眩。'

1 正如让·瓦利埃(Jean Vallier)指出的,这里有一位弗雷德里克·麦克斯(Frédéric Max),1934年这个年轻人和杜拉斯有过一段恋爱关系,那年她二十岁。参见让·瓦利埃,《拉丁区的一个克里奥尔人》,《这就是玛格丽特·杜拉斯1914—1945》,卷一,巴黎,法亚尔出版社,2006年。

从这个词里他听到另一个不认识的词，可他知道它存在。

从另一个词里他什么也没听到。

那段时间他都在哀悼。

瘟疫。

饥饿。

战争。追思弥撒。思想。

他哀悼黑夜。死亡。

上帝。他哀悼上帝。

他哀悼爱人。

通奸。狗和天空。夏雨。

他哀悼童年。

还有不知道是谁在骂着，爱着，喊叫着。

然后他知道了。

他迫切希望在生活中生活。比如石头的生活或废物的生活。

这一次他将不再哀悼。”

《电影手册》：你们是什么时候决定这个孩子会是一个四十岁的人？

MD：我们一定下由他来演的时候。因为他就是这样。无论如何，一开始是朗斯戴尔，您知道……别忘了寻找演员的工作。很头疼。我不会把我们见过的演员的名字一个个念出来，不过原则上定的是朗斯戴尔饰演主角。您看，我们又见到了副领事[1]。好像发现了史前的道路。我们安排了多次试镜。我也尝试过母亲那个角色，不过没有成功。演技精湛、不慌不忙的塔蒂亚娜[2]没有出场。所有饰演孩子的成

1 在电影《印度之歌》中由迈克尔·朗斯戴尔饰演。

2 塔蒂亚娜·穆基纳（Tatiana Moukhine）。

人演员表现都不理想。然后我们一下子想到了我们的朋友阿克塞尔[1]，他是让·马斯科洛的朋友。他试了一次镜。立马就定下来了。他所表现出的天真无邪是如此动人，仿佛由内而外散发出来，坚不可摧。可以说，他身上有种神性。最后我甚至考虑让他来朗读《死亡的疾病》(*La Maladie de la mort*)。

《电影手册》：为了把它搬上舞台？

MD：是的，不过是在法国。这件事还没确定。柏林的演出已经决定了，就用彼得·汉德克那令人赞叹的译本。我用法语给彼得·斯坦因[2]和吕克·邦迪[3]读了这篇文章，就像我听见有人用德语读出来一样，他们同意改编[4]。没有画面，这真的是一篇读给人听的文章，仅此而已。汉德克的电影不仅改编了《死亡的疾病》，还采用了汉德克、勒内·夏尔[5]和莫里斯·布朗肖的文本。我希望这个文本可以在舞台上朗读，让人们听到它。一个大问题是要“漂白”场地，使它从文本的惯性中抽离，要求观众每晚保持绝佳的听力。在法国，第一个听众我想到了阿克塞尔。这个人应该仅仅感受到话语的深度，对其暗示和传达的内容充耳不闻。和人们想的不同，《死亡的疾病》中没有指控。没有隐藏，只有怀疑，一种一旦出现就再也没有离开的不确定。这种不确定恰好体现在言语上。这本书由实验性的言语写成。我只能尝试着

---

1 阿克塞尔·伯格斯拉夫斯基(Axel Bogousslavsky)。

2 彼得·斯坦因(Peter Stein，1937—)，德国著名戏剧和歌剧导演，他的加入令邵宾纳剧院声名鹊起，成为德国戏剧界的标杆。——译注

3 吕克·邦迪(Luc Bondy，1948—2015)，瑞士戏剧和电影导演，代表作品为《遥远的土地》《情欲印象》。——译注

4 彼得·汉德克的电影《死亡的疾病》这一年上映。至于戏剧的改编，1985 年 5 月杜拉斯完成了一个剧本，交给导演吕克·邦迪，在当时由彼得·斯坦因领导的柏林邵宾纳剧院上演。不过杜拉斯几乎是立马就变了卦，放弃了这一剧本。一部以《死亡的疾病》命名的改编作品，最终于 1991 年，被鲍勃·威尔逊搬上了邵宾纳剧院的舞台。

5 勒内·夏尔(René Char，1907—1988)，二战后法国诗坛最重要、影响力最大的诗人之一，代表作品有诗集《伊普诺斯的书页》。——译注

写出这本书。它不是现成的，不是任何一个人写好的。它处于一种不平衡状态的最高点。然而奇怪的是，它表现得坚不可摧。

《电影手册》：我很意外在戛纳遇见了汉德克，就在他的电影放映前。我对他说这个文本讲的是同性恋。他惊呆了。

MD：和布朗肖一样。这似乎还要看情况。

《电影手册》：至少有一段表达得很清楚。就是“爱你同类的身体”那里。他翻译了这个文本，却没有看到。有点不可思议。

MD：在《死亡的疾病》中，女人没有像在汉德克的电影里那样朝男人吐口水。书里从未出现这种情节。女人微笑，睡觉，和大海在一起，她组成了此时还是封闭的外面的一部分。他没有这样处理，而是把她当成了一个完全独立的个体。

《电影手册》：即使他用一小段一小段大特写来拍她(笑)。

MD：在分析《死亡的疾病》这个文本时，人们经常把欲望和情感混为一谈。对于男性，既不能讲欲望也不能讲情感。我们经常看到一个男人和一个女人在一起，这种情况随处可见。

《电影手册》：这是个人解读。

MD：是的，这是个人解读。我在《死亡的疾病》中表达的那种不确定，就是：异性恋是否是激情和欲望的唯一标准？我突然感到怀疑。我能讲述的仅限于这个疑问，但我可以从我没有说出的话语，从别人的话语中听出弦外之音。当男人说不了解这个女人，我听出他的言外之意是他不了解女人那种感性和知性并重的洞察力。

《电影手册》：我理解汉德克和布朗肖对于同性恋问题的忽视，前提是和女性相比，所有的男性都会感受到一种区别对待，即便事实上他不是同性恋。

MD：同性恋不存在区别对待的问题。它就是自己。并且，大部分时间里，它都像这样，自行解决。从这点看来，汉德克的眼光仍然是一个浪漫主义者。和女人不一样。在现在这个女人都开诚布公的年代，浪漫主义已经消失了，经常给人感觉她们不在那儿了，大街上的女人都走光了。被另一些更文绉绉、更直接、更会说谎的女人代替。女人，来自比她们想象中更远的地方，这些年轻人。

《电影手册》：为什么更会说谎？

MD：因为直截了当的欲望。现在，人们在剧场后台，在地上，在任何地方做爱。这是一种时尚，仅此而已。

《电影手册》：在这部电影中，汉德克给自己的定位是读者-译者。标题没有采用直译，而是用了意译。*Das Mal des Todes* 指的是死亡的印记，是标志，是死亡的痕迹。

MD：我想这是痛苦，比如生活的痛苦，恶意，邪恶。他避开了诸如海鸥在晨光中觅食、在沙地上栖息的片段。这不是对原书的照搬，而是一种改编。电影很棒。画面唯美。但这不是书里写成了这样，而是汉德克把它们拍成了这样。

将来完成时

《电影手册》：可以谈谈《痛苦》吗？我记得您写《绿眼睛》（*Yeux verts*）的时候提到过那个盖世太保的探子，他对您多少有些情愫。在这本书每篇前面的简短说明里，尤其是"某先生，化名皮埃尔·拉比耶"（Monsieur X dit ici Pierre Rabier）这篇，您说这篇文章没有进入文学的领地。

MD：是的，和第一篇"痛苦"不同，它没有进入文学的领地。

《电影手册》：为什么？它描述的事件不够重大，不够有分量？

MD：不是的，是因为我在《痛苦》中脱离了我自己，就像脱离了事件、战争、纳粹主义一样。并且它像广岛的统计数字一样不断壮大，直到叙述的最后一句话：我们每个人都要为纳粹主义，为死去的人负责。我把结果写在那些简短说明里，可它们一点也不影响阅读。有人对我说永远不要这么写，可我一直是这么写的。在《孩子们》中，我也这么写了。我在离结局还有很远的地方预告了艾尔奈斯多会变成什么样。在《广岛之恋》中也是一样。在《印度之歌》里更夸张，叙述一开始她就死了。我的电影正好相反。我在某一点戛然而止，说她葬在了恒河边上。有时我用将来完成时揭露人物的命运。“她本可以很美”，“她本可以游得很远……”用这种方式让现在和结尾交织在一起，带有死亡的意味。

《电影手册》：《痛苦》这本书有出版策略吗？我想到了您在毕沃的节目里说的那句话，让我感觉无论是通敌合作还是斯大林主义，您把所有人都放在一个篮子里，然而今天，在《痛苦》出版后，您彻底揭开了伤疤。

MD：我答应过保罗[1]给他一本书，因为他曾经出版了几部被其他出版社拒绝的作品。特别是莱斯利·卡普朗（Leslie Kaplan）的书，这个纽约的小犹太人现在是一位杰出的法语诗人。她写了《过度-工厂》（*L'Excès-l'usine*）、《天空之书》（*Le Livre des ciels*）、《罪犯》（*Le Criminel*）。书很精彩。保罗是个认真的读者。您很难在字里行间抓住莱斯利，从书籍的海洋中发现真正独特、有价值的作品。保罗做到了。

巴贝特·施罗德[2]谈到《痛苦》的出版时说：“《痛苦》在《情人》之后出版，如果不是商量好的就太妙了，如果是的话则有些过分。”我没有有意为之。我把书交给 P. O. L. 的时候已经晚了，他们想在夏天之前推出这本书，我能想到的只能是推迟。关于《痛苦》的评论有时很热情，有时让人震惊。《文学半月刊》（*La Quinzaine littéraire*）上有人

---

1 保罗·奥特科夫斯基-劳伦斯（Paul Otchakovsky-Laurens），P. O. L. 出版社的出版人。

2 巴贝特·施罗德（Barbet Schroeder，1941— ），著名伊朗电影导演，在美法两地长大，1958 年开始为《电影手册》撰写影评，出品了多部新浪潮电影，上世纪八十年代投身好莱坞，代表作品有《冬日的葬礼》《死亡之吻》。——译注

指责我写了这本书[1]。理由是在勒庞(Le Pen)的时代,我们没有必要再提起折磨人的事情。我很失望,我当然没什么好遗憾的,我遗憾的只是在一份像《半月刊》这样的报纸上,竟然会出现诸如此类的论点和论据,会从单纯的惯例,从文学策略来评论。有些人谈起《痛苦》就像在说一个伟大的爱情故事。他们知道它是无法承受的。这是年轻人,所有的年轻人感受到的,但老年人并没有。

《电影手册》:有些评论声称这不是文学。我认为正相反,它是最高级的文学,因为写作抓住了某些不可追述的东西并且它成功了,尤其是涵盖了这整段见鬼的历史。我记得《女巫》(*Sorcières*)[2]上刊登了另一个版本。

MD:这里是完整的战争笔记上的版本。另一版很短,只有三页,发表在《女巫》杂志上。这篇文章比较难懂,里面反复叙说了那种几乎总是阵发的、难以忍受的痛苦。在《情人》中,自从写了处决布拉西亚克的那句话,我受到了一些犹太人的严厉指责:"您为什么这样写(他讲了话,可他没有做坏事)?这是不应该的。"我问他们:"那么应该做什么?杀了他吗?"他们没有说杀。他们也没有说不杀。这就是进步。应该杀了他吗?他们没有回答,他们说:"不要说不该杀他。"

圣父街(Rue des Saint-Pères)

《电影手册》:你一直关注着这部拍摄马努尚(Manouchian)小组[3]的电影《撤退的恐怖分子》(*Des terroristes à la retraite*)[4]引发的事件:荣誉

1 《文学半月刊》,第438期,1985年4月16日,未署名文章。

2 指的是《没有死在集中营》(*Pas mort en déportation*)的"第一部分",摘自其中一本《战争笔记》(*Cahiers de la guerre*),1976年1月发表在《女巫》杂志的第一期。

3 二战期间法国一个主要由外国移民组成的抵抗组织,领导者是亚美尼亚诗人米萨克·马努尚,1944年解放前夕,这个组织中包括马努尚在内的二十三人均遭纳粹杀害。——译注

4 莫斯科·布科(Mosco Boucault)的纪录片,1985年6月上映。

委员会受到共产党的传唤，让他们说出事实。这很奇怪，我想年轻人无法理解，为了找出事实不惜动摇整个由英雄人物组成的机构。不同之处在于，读了您的书我们沉浸其中。与拉比耶和另一对在餐厅的场景，属于电影。我们在这幅画面中。远离历史，远离官方的谎言。

MD：我划掉的是和天主教徒有关的内容。由于这股仅仅针对我们、针对女性的可怕(恨意)，我无法认同天主教徒身上同样有着受苦的特质。那个带回德国孤儿的教士，我在书中保留了。人们反对他的做法。这个从我们的犯罪执念下解放出来的小孩到底是什么？我们经历了罪恶，想要杀死德国人，把他们全部歼灭。这种想法同样应该受到尊重。它是我们的一部分，是痛苦的一部分。这种恨应该受到尊重。我很清楚这一切。一车车的女人们在黑夜中等待。那些探照灯。我现在还能听到我走向圣父街的脚步声。

《电影手册》：同时，这本书令人惊叹地展示了各种身体，罗列了这一时期出现的身材类型，从《痛苦》中的描写到年轻的保安队员的身体，他出卖了犹太人。

MD：我几乎没有改动。这和当时的文学一样属于新现实主义。但是不包括“痛苦”。在这点上，现实太过残酷痛苦反而变得不现实。通过对日子的重复，对痛苦的强调，以及语言的贫乏，它达到了自身的某种深度。

《电影手册》：身为共产党人，怎么能同时对保安队员产生欲望？

MD：我们无所不能。欲望也是一样。这欲望仿佛街上的一个行人，它要到远方，到禁止出入的地方去寻找。我记得这些纯粹是因为一部作品中曾有提及——并且在那部作品中欲望的对象是罪犯。没有这一条我就忘记了。

《电影手册》：您认为从《情人》到《痛苦》，读者需要有什么样的过渡？

MD：《痛苦》的另一个名字是《战争》(*La Guerre*)。它更泛一些。

《电影手册》：许多人是通过《情人》认识您的。

MD：也有不少人是通过《痛苦》认识我的。或许正是这一点让我对这个国家有了归属感，虽然整个欧洲被卷入战争，不包括以前，除非通过读书。是的，我相信它。

《电影手册》：我听了"面具和羽毛"（*Le Masque et la Plume*）。文学界和评论界的专家们不相信"我以前写了这些，后来我又在壁橱里发现了它"。他们认为您撒了谎。

MD：我不会拿痛苦来撒谎。您想这怎么可能？我在天主教徒的事情上撒了谎。我提到"痛苦"，提到"首府的阿尔贝"以及"保安队员泰尔"。拉比耶的故事是现在写的，不过也同样依据当年的很多笔记。我可以把笔记[1]拿出来。我不记得在哪里写了它们。我应该保留了当时的报纸以便引用上面的文章。这是肯定的。可到底是在哪儿呢？在战俘接待站吗？什么时候？当我确定是罗贝尔还在世的时候，这一点可以肯定。或许是在1946年度完假之后？在同一批笔记里，我发现了《堤坝》和《直布罗陀水手》最初的草稿，几页"道丹太太"，还有对度假地不厌其烦的描写，《萨瓦纳湾》就是由此写成。

《电影手册》：一开始有点类似报纸上的写法，不过结尾不是这样，结尾提到了遥远的过去，而之前我们感受到事件紧密的连续性[2]。

MD：一开始我认识一个被送入集中营的人。他当时在德国，我们还不能想象集中营里发生的事。当他从那儿返回，我认不出这个人了。他微笑的一瞬间让我感到似曾相识，随后我又感到模糊。我不知道是怎样的奇迹帮助我写到结尾。天赋总是外部的，人们以为它为自身所有，可它常常来自另一方。突然，在海滩夜晚的灯光下，有人谈起了罗贝尔·L，那是一个女人，在痛苦中讲述着。她说她担心他再也

1 指的是2006年出版的四本笔记：参见《战争笔记》，玛格丽特·杜拉斯，同前引。

2 事实上，讲述罗贝尔·昂泰尔姆归来的大部分章节是1985年出版前不久加上的。

不能用双腿走路。她谈起他的样子就像在说一个活生生的人，也是一个孩子。通过这两句描述他孱弱的身体、略显摇晃的步伐，正是这两句在夜晚听到的话，让罗贝尔·L对我来说重获了生命力，使他再一次回归了生活。他不知道那一瞬间发生了什么，在夜晚的灯光下，在海滩上。战争也在那儿结束。他和我没有生活在一起。因为这份爱已经逝去，我们无能为力。

《孩子们》。我可以谈谈《孩子们》，不过我们只谈书。哪怕一次，不谈论电影也是好的。我会很高兴。至于《孩子们》，我要告诉你，我觉得电影很糟糕。我和我的朋友们都受过很多苦，电影也有一点基于此。

《电影手册》：如果我们和艾尔奈斯多的方式说话，您认为电影，这一切，都没有必要？

MD：不，有必要。会再谈论的。我很愿意谈，但到目前为止，因为制片方的种种情况，简直一团糟。我在《解放报》上提过一二。

《电影手册》：这个孩子，他不知道我们刚才提到的那些事件？

MD：是的。他身边的其他人都是标准的小孩子。他的妹妹也是七岁。为什么是七岁？这是家长们记不住孩子年龄的时候想出的偷懒的说法：他们一律七岁。

《电影手册》：结尾吃土豆的场景，令人想到献祭的面包和葡萄酒。

MD：这点我没有想过。

《电影手册》：最后这个特写镜头扫过整个花园，那些空无一人的椅子，一排栅栏。几乎给人感觉看到了上帝的缺席。

MD：我和演员们讲过一点艾尔奈斯多的恶，但是没有特指。我发现在结尾，当他们谈起上帝与科学，他们兴致勃勃。没有任何嘲笑的影子，而两分钟之前，他们笑疯了以至于不得不切换了镜头。在这里，他们全部聚在一起，看起来很严肃。可艾尔奈斯多，他不会为上帝而死。的确，我无法在结尾直接说出来。我让镜头扫过他的脸，在学校的花园里，然后交代他会变成什么样，他出发去美洲，等等。在用餐的场景之后，我对他就再没有什么要说的了。否则就会打破影片的平衡。

《电影手册》：影片的喜剧效果很有画面感，吸引人的眼球。如果你在书里写七岁的艾尔奈斯多看起来有四十岁，这和安德烈·杜索里埃[1]对饰演艾尔奈斯多的演员说“好吧你是说……”是不一样的。拍摄中是怎么和演员沟通的？

MD：当艾尔奈斯多在他妈妈身边自言自语，大家都听着。他们都在现场。电影是按照时间顺序拍摄的。只能如此。至于拍摄，大家意见一致，进展顺利。想法或许很棒，他的表现则更加出色。他是俄裔波兰人。长得的确像斯坦·劳莱[2]。和我以前的电影相比，《孩子们》中缺少了一种抽象意味。这是三个人合作的结果。我提出一些想法，然后他们给我反馈意见。有时他们也会产生别的想法。有时他们拒绝用我写的内容。有时则相反，他们提议，我拒绝。他们一直提心吊胆，因为他们了解我，在我们给 INA 写的第一稿（总共写了六稿）中，我放弃了影片的喜剧性。我儿子觉得热兰这个角色太聒噪，显得有些愚蠢。他是对的。也是他让我剪掉了关于教堂的十二分钟镜头。一边是房子，另一边是学校，中间这块永恒的所在就是院子。教堂被艾尔奈斯多的脸取代。正是在这张脸的镜头里我交代了他的一生。

《电影手册》：比起其他影片，《孩子们》更容易理解，可它依然神秘，内涵丰富。它只是表面看起来简单。比如艾尔奈斯多就是一个令人无法生气的、非常复杂的人物。

MD：有些东西让人吃惊，它们来自自我的另一面。因此，你会发现你并不想有意为之。就像《情人》中我哥哥身上的恶意。在这里，则是《孩子

---

1 安德烈·杜索里埃（André Dussollier，1946—　），法国著名演员，三次获得凯撒奖，代表作有《几度春风几度霜》《吾儿唐吉》《不可告人》。——译注

2 斯坦·劳莱（Stan Laurel，1890—1965），英国著名喜剧电影演员，后来成为卓别林的替身演员，赴好莱坞发展。——译注

们》中的上帝。我的两个合作者也同意这一点。我没有谈论过宗教的问题。现在我想说一说。我不信上帝。我和十八岁时一样，没有任何信仰。

《电影手册》：有一种缺失？这是影片的主题。

MD：在死亡和永生之间，生命空间的增长令人无法忍受。信徒们从来不谈这个。我们永远不会了解一个有信仰的人。我不了解艾尔奈斯多。我听他说话，仅此而已。我不知道艾尔奈斯多是否信仰上帝。我想他也在为决定这件事而苦恼，无法下定决心，他所处的就是这种情况。

《电影手册》：艾尔奈斯多和今天那些拒绝知识的人很不一样。

MD：他没有这种时下流行的想法。他没有办法，没有原则，没有道德。

《电影手册》：这句话让艾尔奈斯多闻名法国："我不想上学因为学校里教的是我不知道的东西。"您想说他是一个圣人？

MD：不，我的意思是他处于矛盾之中。在他身上看不到人性，这是人性的最大失败。他什么都知道，就像他一无所知。他不停地谈论上帝。就像我不相信上帝一样。这个字眼放在我们俩面前，可将它充分发挥的人是艾尔奈斯多。一个圣人？不是的。他不说谎，也不掩饰。坦坦荡荡。他是个孩子：如果他知道了世界末日的消息，他会像过节一样四处宣扬。我觉得他非常接近死亡。

《电影手册》：演员的眼神很特别。他不和人们接触，而是穿过他们。您要求他用这样的眼神？

MD：是他自己这么做的。他应该知道这一点。那个母亲，她有自己的世界。她无法说出自己缺少什么。艾尔奈斯多却可以。

《电影手册》：标题中所指的其他孩子，我们自始至终都看不见他们？

MD：是的，这点不重要。我们是这样想的：艾尔奈斯多，他一直在寻找他们，在廉价商店或其他地方，寻找他的兄弟和姐妹。他已然是一个牧师。他很尽责。那位母亲则是女王，她抛弃了她的孩子们，他们理解她，尊重她，为此而爱她，即使她能够这样做。

我的文学生涯没有结束。毕竟，我是一个写作的人。我的电影活动？我有五六年没去过电影院了。我看电视上播放的影片。戛纳影展期间，我会看本年度新出的电影片段。我想电影院已经不复存在。除了被我称为大众影城的，那里令人恐惧，散发着难闻的气味。我认为它名不副实的地方——或许你们已经习以为常了——那就是人们可以从一部电影换到另一部，离开一部，再找一部新的，都不会发现有违和感。人们用同样的姿势拥抱，用同样的方式赤身裸体，故事也是雷同的。无论是那些拍电影的导演，演电影的演员，还是讲述的故事，我看不出其中有任何差别。这就像是细胞分裂——一部影片生成另一部影片，一张脸变出另一张脸，还有潮流，主题，等等。我对塞尔日·达内（Serge Daney）[1]说：再也没有情感，没有真正的恐惧，什么也没有，只剩电视上播放的影片。朗兹曼[2]的电影叫什么名来着？我想看看。

《电影手册》：《浩劫》（*Shoah*）。当你谈论电影的时候，您只对戈达尔（Godard）宽容？

MD：不，可当我感到孤独，想到另一个电影人，那个人就是戈达尔。现在，看电影，就是决定借助电影来打发时间。再也不是由电影来决定你今晚的命运。所以电影院不复存在。有一天它可能会被抛弃，就像汽车、轮船、旅行一样。随后在某一刻，当一个人感到精神上焦虑万分，他偶然拿起一本书读了起来，忘记了一切。

《电影手册》：还是有一些电影人可以让您偶尔感到振奋的。您所说的弊病是产业化的弊端，以前并不总是这样的。在好莱坞或者日本，那些大片是按照模式来运作的。

---

1 塞尔日·达内和塞尔日·图比亚纳一起，担任《电影手册》1973至1981年的主编。

2 克洛德·朗兹曼（Claude Lanzmann，1925— ），法国导演、作家、哲学家，纪录片代表作有《浩劫》《为什么以色列？》《活人路过》，聚焦二战犹太人灭绝和以色列问题。——译注

MD： 这几年我时常有这种感觉，甚至大部分时间里，我觉得写作的人不再是作家，拍电影的人也不再是那些电影大师。而是其他的人。这些人不会自成体系。只是一些差不多的人，搞技术的，我们不认识，或许是电视台的人，不过来自偏远的省份，而不是海边。布列松应该每年拍一部电影，我也应该每年拍一部电影。但是我们没有钱。在我们这群人里，只有戈达尔、雷乃、侯麦[1]可以幸运地每年拍一部电影。《金钱》(*L'Argent*)[2]的观众只有五万人次……

《电影手册》： ……还有七十万观众无论如何也不会看。

MD： 布列松是一位巨匠。他开创了所有的电影。当我们看一部布列松的电影的时候，我们会有种以前从没去过电影院的感觉。当我去看《在加尔各答荒凉的她的名字叫威尼斯》，那之前我从没去过电影院。从来没有。这种"第一次"的感觉，初恋般的感受再也没有了，都过去了。如果年轻人拒绝布列松，那是因为他们已经失去了自己的青春，缺少激情。

《电影手册》： 电视上也会播放一些画面，让它们变得通俗易懂，您觉得电视的作用是什么？

MD： 它是不可替代的。可以及时传递信息，消弥人们之间的距离。可它和现在的电影有着同样的问题，就是顾左右而言他——表述不清。它也可以用来打发时间。有一部电视剧《金钱与权利》(*Châteauvallon*)，开头还不错可是现在逐渐失去了水准。过去四到六周，剧情在酝酿重大的转折，可到底是什么我们谁也不知道。可悲的是，您知道，他们自己也不清楚会发生什么(笑)。他们累积一个个小小的意外，但是，这些意外产生的结果他们想不出来。电视、电影还有织坏的衣服

---

1 侯麦(Eric Rohmer，1920—2010)，法国著名导演，《电影手册》的创始人之一，新浪潮运动的中坚人物，代表作品有《慕德家的一夜》《秋天的故事》《男神与女神的罗曼史》。——译注

2 罗贝尔·布列松的电影，1983 年上映。

经常会出现这种情况，透过它们可以发现责任心的欠缺，或者电影中的拼写错误。一般的电影人，尤其是新晋导演，他们不读书，只读一些剧本。即使他们读的是书，他们也会变得贫乏，因为他们像读剧本一样去读书。我认识一个读尼采的导演。他为了读而读。他不是不知道可以通过阅读来锻炼脑力，但这种潜移默化的锻炼最好是在不自知的情况下完成的。最差劲的阅读就是偏离自己原来的道路。

《电影手册》：结合您刚才对电影的评论，是否可以说流行文化不再是原来的样子了？

MD：是的，但它的变化比阅读小。我要跟您说说我可能会喜欢哪些人，不喜欢哪些人。首先是勒内·克莱尔[1]，他身上亲切、迷人的一面，我受不了。我也从来没有喜欢过吉特里[2]。我知道现在这变成了一种时尚。我不喜欢伯格曼。我喜欢德莱叶[3]，但我重新看了《盖特尔德》（*Gertrud*），感到非常失望。科克托，我不是很喜欢。雷诺阿却很对我的胃口。我大概喜欢他胜过那些去世的导演。《大河》（*Le Fleuve*）拍得好极了。玩蛇的孩子，还有恒河的画面。我喜欢小津安二郎[4]、萨蒂亚吉特·雷伊[5]、弗里茨·朗[6]、约翰·福特[7]、卓别林和塔蒂[8]。有

---

1 勒内·克莱尔（René Clair，1898—1981），法国著名导演、编剧、演员，诗意现实主义电影的大师，代表作品有《沉睡的巴黎》《幕间》。——译注

2 吉特里（Sacha Guitry，1885—1957），法国演员、导演、剧作家，代表作有《毒药》。——译注

3 德莱叶（Carl Theodor Dreyer，1889—1968），丹麦电影导演、编剧，代表作品有《圣女贞德受难记》《诺言》。——译注

4 小津安二郎（Ozu，1903—1963），日本电影导演、编剧，代表作品有《晚春》《东京物语》。——译注

5 萨蒂亚吉特·雷伊（Satyajit Ray，1921—1992），印度导演、剧作家、作曲家，印度新电影运动的创始人，代表作品有《不可征服的人》。——译注

6 弗里茨·朗（Fritz Lang，1890—1976），德国电影的早期代表人物，著名编剧、导演，代表作品有《M》《大都会》。——译注

7 约翰·福特（John Ford，1894—1973），美国著名导演、编剧，四度获得奥斯卡金像奖最佳导演奖，代表作品有《关山飞渡》《愤怒的葡萄》。——译注

8 塔蒂（Jacques Tati，1907—1982），法国喜剧演员，导演，代表作为《我的舅舅》《于洛先生的假期》。——译注

一位导演我刚刚发现，就是鲁什[1]。我觉得太棒了。《喔喔喔鸡先生》（*Cocorico monsieur Poulet*）（笑）。像这样笑可真幸福！这是另一种语言。有鲁什的语言，也有《孩子们》的语言。应当把它们放在一起比较。至于戈达尔，他没有这种语言。布列松也没有。鲁什和杜拉斯，他们有一种新的语言，一种混合语。多么轻松，多么清新的语言。

《电影手册》：和我们说说，在您看来，怎样摆脱电影院和那些大片？

MD：人们已经开始了。为了证明这一点，我用自己来举例。我看电视看得很多，可我没有 Canal + 频道。我也不觉得有什么缺憾。有时，当我看到那些电影的标题在眼前闪过，我宁可不去理会。许多朋友只看电视上播放的某些内容。我则是每天都看。我很会看电视。看电视也得学。当一个节目造假，人们就会知道。我看电视不仅仅是为了看电影。还为了和我的时间有一个即时的接触，为了在场。拥有电视，就是在场，和你们在一起。和你们一起在贝鲁特（Beyrouth）。因为如果要我一个人看电视，我是不会看的。我所收看和分享的是共有的信息。看比赛的感觉好极了。看体操。网球。和达内一起，这是我们相会的地方。

《电影手册》：您看了纳芙拉蒂洛娃[2]对埃弗特-劳埃德[3]的那场决赛吗？

MD：非常精彩。给男士们上了一课。除了诺阿（Noah），他诠释了这项运动的优雅。

《孩子们》？不论成功与否都不会影响我的作品。如果一部作品值得珍藏，它会熬过那些低估。对一部作品来说再也没有遗忘和痛苦。一个蹩脚的画家也能生存，画廊可以决定把某位画家向国际市

---

1 鲁什（Jean Rouch，1917—2004），真实电影创始人，法国纪录片大师，代表作有《夏日纪事》。——译注

2 纳芙拉蒂诺娃（Martina Navratilova，1956— ），美国职业网球运动员，女子网坛的常青树，共获得五十九个大满贯冠军。——译注

3 克里斯·埃弗特-劳埃德（Chris Evert-Lloyd，1954— ），美国女子网球运动员，她和纳芙拉蒂诺娃在职业生涯中多次交手，被称为“最伟大的对手”。——译注

场“推广”。这是价格、是投资的问题——这是事实。然而如果画廊推出的不是一个大画家，他的名气不会超过二十年。我们了解这些数字。真相到最后总要被人知晓。

《孩子们》？我要记住有这部电影存在。因为它受到了制片方的捣乱。当你努力了十个月好让你的合作者的名字出现在片头字幕中，而制片人假装服从法院的判决，实际上把他们的名字放在片尾字幕的后面，在片尾字幕变黑之后，几乎是在闭幕之后，从而给人羞辱，令人难堪，你看电影都到了什么境地了？要去垃圾箱里去寻找。我在那儿就好像刚从垃圾箱里出来。我应该忘记这种奇怪的、几乎要杀人的冲动，忘记心中的恐惧因为有时我会感到害怕。我应该在它的纯粹中重新发现这部电影。

1985 年 7—8 月，与帕斯卡·博尼泽(Pascal Bonitzer)、夏尔·泰松(Charles Tesson)及塞尔日·图比亚纳(Serge Toubiana)对谈，
“以色列的花园里，永无黑夜”，
《电影手册》，第 374 期

被信息淹没

米歇尔·德鲁盖(Michel Drucker):人们总是需要答案,即便有一天证明答案是错的,或者仅仅是暂时的。那么到了2000年,答案会在哪里?

MD:那时只有这个!需求那么多……到时就只有一个个答案。总之,所有的文本都会成为答案。我想人类会完全被信息淹没。接连不断的信息。关于身体。关于身体的变化。关于健康。关于家庭生活。关于工资。关于休闲。可以说离噩梦不远了。

不会再有人读书。他们会看电视;到处都是电视机,在厨房里,在卫生间里,在办公室里,在大街上……他们会在哪儿?当人们看电视的时候,他们在哪儿?他们不是一个人。他们不再旅行,因为没有必要。当人们用八天、用十五天就可以环地球一周……为什么还要旅行?在旅行中,有旅行的时间。不是用来走马观花,而是一边看一边生活。为旅行而活。这将不再可能。一切都将被阻挡。被包围。不过大海依然存在。大洋也是。然后是阅读。人们会重新发现它的乐趣。一天,一个人拿起书本。于是,一切重新开始。他会回到无欲无求的状态。也就是说到了那时,对答案的需求会减少。就像这样,从打破规则开始。这是针对他本人的一场冒险。有一天,他会再次变得孤独。带着他的不幸。还有他的幸福。可它们都来自他的内心。能够迈出这一步的人或许会成为未来的英雄;这很有可能。让我们期待有更多……

我记得曾经读过一位两次大战期间的德国作者写的书,书名是《最后一位公民》(*Le Dernier Civil*),是厄恩斯特·格拉泽(Ernst Gläser)[1]写的,我读过这本书。书里写道,当自由之光在世界上熄灭,总会有人依然憧憬它。我想这一切已经开始了。

1985 年 9 月 25 日,“2000 年的七次冲击”,
2 台,由米歇尔·德鲁盖主持

1 厄恩斯特·格拉泽的《最后一位公民》(1936 年)谈到了二十世纪三十年代初纳粹在德国的崛起。

1986

比杜拉斯还杜拉斯

与一位超越所有龚古尔奖得主的作家的对谈。

杜拉斯的新作问世了。书名叫《乌发碧眼》(*Les Yeux bleus cheveux noirs*),11 月 17 日由午夜出版社出版。同一天,龚古尔奖委员会将宣布今年的获奖者,两年前他们曾把奖项授予《情人》。因此,在这个具有纪念意义的日子即将到来之际,比杜拉斯还杜拉斯的女王玛格丽特,讲述了过去两年带着光环的生活对她意味着什么。金钱,文学,政治,性:"玛·杜"用她那难以模仿的嗓音,向皮埃尔·贝尼舒(Pierre Bénichou)和艾尔维·勒马松(Hervé Le Masson)娓娓道来。

《新观察家》: 杜拉斯,过了两年……您的《情人》已经卖了将近一百万册,并且……

MD: 不。不是一百万,是一百五十万。九十万通过正常渠道售出,六十万通过俱乐部订阅。这还只是在法国本土。

《新观察家》: 很好……您准备出版一部新的小说:《乌发碧眼》。正好在龚古尔奖颁布当天问世,也就是 11 月 17 日。如果要您总结这两年……

MD: 这两年在我身上发生了什么? 首先,我出版了另一本书《痛苦》。然后我生病了，我去了医院，回来后我又写了一本书，这两天上市。我说这些的意思是我的生活没有任何变化。除了金钱。我知道它在那儿，不停地增加，填满了保险柜。这真让人高兴。没有任何问题，钱来得很容易，我以前从来没有遇到过这种情况。

《新观察家》：事实上，有这种体会的人相当少。

MD：那是很多钱，很多很多。不过也不算太多，因为《情人》的单价非常便宜。每本只卖四十九法郎，和我即将出版的这本书一样。另一方面，低于五十法郎的书似乎卖得更好。这是个笑话！我有这样的经历。一辆辆装满书的卡车停在午夜出版社外面，人们走到窗边。“这是什么？是在卸货吗？——不，是《情人》。——好吧，还是回去睡觉吧！”它甚至拯救了阿朗松[1]（Alençon）的一家濒临破产的印刷厂……我笑是因为一个七十岁的龚古尔奖得主，听上去还是有些奇怪。

《新观察家》：您获得了更广泛的读者群……这给您带来了什么？

MD：我买了两件羊绒衫。

《新观察家》：太好笑了！

MD：不，别笑。变了，都变了。我不清楚具体是什么，因为一切似乎和昨天一样，可还是有什么变了。角落里的那笔钱属于你却没有人花！那笔钱没有人花。现在如果去餐厅，付钱的人永远是我，无论是两个人还是十五个人吃饭，都是自动由我结账。不过读者的反应尤其值得玩味。首先是那些喜欢我很久曾经抱怨过的读者。他们造就了我，就是这样，所以他们不希望我也属于别人。我是属于他们的。

《新观察家》：您感觉自己突然变成了一名通俗作家？

MD：听着，我写的最受欢迎、最大众、最通俗的一本书，是《抵挡太平洋的堤坝》。总共卖了五千本。格诺——别忘了，是格诺发掘了我——对这本书很着迷。他推了这本书，我甚至差点得到龚古尔奖，但是，一

---

1 法国西北部城市，下诺曼底大区奥恩省的省会。

个《费加罗报》(*Figaro*)的家伙写道:“我们不会把龚古尔奖颁给一个共产党人。”那是1950年,《堤坝》中提到了一个简单的政治愿景。那就是:从那里撤离,把殖民地——印度支那——留给当地人。

《新观察家》:这本书还拍成了电影?

MD:是的,十多年后拍了一部糟糕的电影,其主要“信息”是:人们留在殖民地。(笑)

《新观察家》:也不卖座。

MD:是的。不过《情人》的成功最让我印象深刻的是我在书里重新塑造了《堤坝》中的人物,重拾了以前书中的各类主题。我的哥哥,我的母亲,我的情人,他们在书里,这就是他们。此外,还有这场读者发起的运动,反对固有的观念:有人对我们说她的书很艰涩,杜拉斯很难懂,我们可以试试,通过我们自己……您想知道点什么吗?

《新观察家》:我有些同意这种说法……

MD:现在,人们会把我的采访演出来。

《新观察家》:什么?

MD:我们所说的一切都会演出来。有几家剧院已经演过了。

《新观察家》:我希望我有权选择演员。抱歉,可我希望这种偶像崇拜会让您觉得可笑。

MD:是的,是的,如果这样可以让您安心的话。一天,有人给我打电话:“现场准备好了,我们将表演您和密特朗的第四次对谈。”我立即回复说我不允许他们这样做。就是这样。这有些疯狂,不过我在《世界报》[1]接受的祖克(Zouc)的采访,我还是没能阻止他们把它搬上舞台。我对这一切说不,我是第一个把它们当成玩笑的人,同时我也为人们的奇思妙想,为他们创造的这种戏剧而感动,而着迷。

《新观察家》:重要的是什么?

---

1 《祖克遇见杜拉斯》,《世界报》,1984年12月13日。

MD：我无法用一句话来回答。可我大概知道是什么，因为和一件事有关……可以的话，让我重头细数一遍，在我小时候，我的家庭经历了各种不幸，非常严重的不幸，包括父亲的去世，无法耕种的土地，等等。我长大了，上了大学，谈了几场恋爱，我通过了考试，我开始写作，战争爆发了，然后是解放运动，突然间，我醒了过来，眼前是奥斯维辛。就好像我之前的人生都是在睡梦中度过的。我一下子醒过来，看到了奥斯维辛，那些集中营。七百万犹太人惨遭杀害。从此，无论我做什么，无论我写什么，我从未真正离开过那个地方，那个犹太人被屠杀的地方。它对我来说成了所有人的悲剧。我去看了“希特勒罪行”，就在当时还是抵抗组织领袖的密特朗的办公室，那时战争刚刚结束，所以我很早就了解了一切。对，就是这样。我在睡梦中度过了三十年，在三十岁即将过去的时候我醒了，面对奥斯维辛，好像我自己也曾经被人杀害过。与此同时，我的丈夫从集中营回来……

《新观察家》：……您把这段经历写进了《痛苦》，大概是您书里最骇人的一本，以至于人们几乎不敢将它归入您的文学作品……这个绞肉机的故事……

MD：是的，当我的丈夫从集中营回来，当这个瘦骨嶙峋的人熬过几天后，医生告诉我唯一救活他的机会就是给他吃点肉汁……

《新观察家》：您找来一些肉，可是只有饭店有绞肉机。于是，在 1945 年的巴黎，您试图借一台绞肉机。您去了四家饭馆都没有。第五家有一台，您租下它……

MD：是的，每天一千旧法郎[1]！这些事应当说出来。东西，价格，所有的一切。它们是存在的。因为这些事发生了。因为经常遇到这样的事，可人们不敢说出来。

1 这一细节是《痛苦》最终定稿时加上的。

《新观察家》：那么《情人》中的那些人物和场景也像您说的那样真实存在？

MD：是的。我想对您说：没有一个标点是编造的。一切都有迹可循，一切，堤岸的单间，那些街道，妈妈的连衣裙，大哥哥，小哥哥，寄宿学校，埃莱娜·拉戈内尔——显然她就是劳儿·V·斯坦因。还有那颗钻石，它现在仍然嵌在我的戒指上。《情人》就是我的地图。您想我怎么会编出莫里斯-莱昂·博莱，也就是若先生的那辆车？我不知道它的存在，这个词是我凭空想到的。

《新观察家》：那么托卡隆(Tokalon)香脂呢？

MD：是的，我妈妈给我用过一点。这些尘封的名字作为美容用品再次出现。我只用它们来支撑我的叙述。

《新观察家》：在您看来，这些不时闪现的回忆是大作家的标志吗？

MD：我想一名大作家是不会问自己是否是大作家的。娜塔莉·萨洛特是一名大作家。我想她从来不会问自己这个问题。

《新观察家》：你们有共同之处吗？

MD：一点也没有。我们对彼此怀有深厚的友情。我也喜欢格诺。我认为他是一个伟大的作家——稍有不足的是他的腼腆，某种生理上的束缚，让他无法充分地释放自己——不过《严冬》(*Un rude hiver*)、《生命的星期天》(*Les Dimanches de la vie*)、《地铁姑娘扎姬》(*Zazie*)都是杰作。至于其他作者，在我没有读过他们的所有作品时，我想说到底我应该也不是很喜欢他们。而我读过的当代作家太少了……加缪，我太了解他是怎么写作的。萨特，不，我不会读他，永远也做不到。阿尔伯特·科恩也不会读。

《新观察家》：甚至是《魂断日内瓦》(*Belle du Seigneur*)？

MD：是的，那里面有一种生的喜悦，让我感到失望。一种刻意追求幸福的努力。要么得到幸福要么不。那大概是糟糕的一天，糟糕的一刻。

《新观察家》：但科恩根本不是这样！

MD：的确，我大概读了不超过六十页……我几次拿起又放下。我对这种文学不感兴趣。然而我可以写上三千页。我是一个追求“冲击力”的读者。这个夏天我重读了司汤达和卢梭的所有作品，整本《忏悔录》，拉法耶特夫人，穆齐尔……回到萨特，我能说的最中肯的评价就是他的人道主义，四十年来它被当成我们的价值观，我不相信这一点。

《新观察家》：您曾经比他介入得更深。

MD：是的，我曾经加入过共产党。我的确这么做过。这不是我最后悔的一件事。让我感到惊骇的是当我退出这个组织，我花了十年才摆脱他们。不止十年。1956 年匈牙利事件爆发时我离开了他们，直到 1968 年我真正得到了自由。期间，我被禁止一切类似反共主义的行为。像我这样的情况不在少数，我可以一一列举……

《新观察家》：然而，无论是您的公开表态还是您的小说，您讲述的内容和那些前共产主义者都不一样。

MD：作家真正的主题是写作。根据我讲的某个故事，你能认出是我。当我写作的时候，我有时——不总是如此，也有艰难、痛苦的时刻——真正被文学占据。我被写作占据，无法与它并驾齐驱。于是我记下一些未完成的句子，抛出几个字眼。我写《情人》时有过这种情况，写《乌发碧眼》时也出现过。随后，我重读这些字眼，把它们和句子组合在一起，形成一种句法，不过是拙劣的句法，甚至难以理解。对我来说都一样。这些字眼像灯塔一样照耀着，它们照亮了我想表达的内容。就是说我不在乎句子的修改。人们认为我采用了一种比以前自由得多的风格、句法——在《情人》中尤甚，《乌发碧眼》中也有体现——我并没有这个意思。我不是为了这样写而这样写的。我这样写是因为没有别的写法，为了摆脱写作，为了反抗写作的侵袭。

《新观察家》：人们经常模仿您刚才描述的杜拉斯风格。然而对一个作家来说最严重的，就是抄袭自己。您确定您没有这样的问题？

MD：如果我没有这个自信我就不会写了。不过我也会弄错。这很难，因为要做到完全肯定只有每次把前一本书烧了。我现在写的时候会担心。《情人》出版后，再写一本新书同时避免落入窠臼变得难上加难。我应该改变别人的阅读期待，把他们引到别处。他们希望我留在原地，保持原样，不，我要改变方向。

《新观察家》：您改变了方向，但与此同时，您紧紧抓住读者，向他们发出请求。我以下引用的是您为《乌发碧眼》亲自撰写的一段话，这件事本身就不寻常："读读这本书吧。在任何情况下，哪怕总的来说很讨厌，也要读读它。我们没有什么再好失去的了，不会失去您，也不会失去我。把它读完吧。"为什么会这样？您这么需要别人爱您吗？

MD：我不能接受别人不喜欢我的书。我不接受，我会感到困扰。当我知道我让别人高兴，这样才算结束，我获得了平静，不再想这件事。（笑）您知道，为了让不爱我的妈妈认可我，我学习了数学、法律、政治学。

《新观察家》：然而，就像有人写的，杜拉斯可不好对付……

MD：不好对付，我吗？的确如此。我很记仇。什么都记。我偏爱的一本书《劳儿之劫》曾经被一份大报纸[1]的评论扼杀了。拉康提出了抗议，有人说他甚至为这本书开了一个研讨会。可我绝不原谅。每次这份报纸向我约专栏我都会想到这件事。

《新观察家》：在这一点上，您有些抹黑自己的形象。评论毕竟……

MD：我只是不能适应。不过这挡不住我为此发笑。我经常笑个不停。我不敢说自己是我认识的人里最有趣的。您会说：瞧，她又在自吹自擂了！可这是事实，我很有幽默细胞。我喜欢笑话。

《新观察家》：比如？

MD：一匹马遇到一匹斑马，它对斑马说："喂，你怎么还穿着睡衣？"

《新观察家》：您还喜欢顶着漏勺走到阳台上……

---

1 可能仍然指的是雅克琳娜・皮亚捷（Jacqueline Piatier）1964 年 4 月 25 在《世界报》发表的文章。

MD：是的，在特鲁维尔，我和扬·安德烈亚还有我儿子会这么做。人们觉得我们疯了，我却要笑死了。

《新观察家》：您是怎么做到让那些年轻人围在您身边的？

MD：因为……因为我是一个作家……对我来说这可能有一点，虽然……的确，有一打老朋友我不再见他们了。我也变样了。（笑）他们总是希望我不再写文章，希望我不要加入共产党，希望我永远不要抱怨那些负面评论。我就打扫打扫房间，做做饭，熨熨衣服，然后继续在黑暗中写作。我要告诉您：我的老朋友们和我的前夫，他们大概很想我写的书2010年才被发现。

《新观察家》：快问快答：您认为自己是当代最杰出的法国作家吗？

MD：……

《新观察家》：既然我这么问，表示我离这么想不远了！所以？

MD：（扬扬手中的新书，爆发出笑声。）在这一季，是的。

《新观察家》：那么克里斯蒂娜·维尔曼（Christine Villemin）呢？《解放报》上的这篇文章[1]！"绝妙的，必然绝妙的"，您会再写吗？

MD：是的。我想引用狄德罗的一句话："我犯了别人指控的罪行。是的，我是有罪的，我承认这点。可您呢，您对此一无所知。"（致拉卡里埃尔夫人的信）（Lettre à Mme de La Carlière）。人们从未像我一样为这个女人说了如此多的好话。

《新观察家》：可您在她还没受审的情况下就判定她有罪！

MD：我不在乎她是否有罪。

《新观察家》：那么陪审团呢？

MD：他们也不在乎！我可以肯定。总之，我的文章发表之后没有人再敢攻击她。您喜欢《乌发碧眼》吗？

《新观察家》：很喜欢。让我印象深刻的是您赋予性爱的重要意义，因为现

1 "绝妙的，必然绝妙的克里斯蒂娜·V."，《解放报》，1985年7月17日。

在人们倾向于对此表示怀疑。您始终认为这是人类的一件大事？

MD：是的，即便他们自己不知道。并且，这不是一本有关性的书，而是有关欲望的书。重要的不是做爱，而是拥有欲望。没有欲望就做爱的人已经够多了。所有的女性作家都没有真正触及这个问题，好像这群人是从天上掉下来的！至于我，我打小就知道性的世界很奇妙，包罗万象。我的余生只是在证明这一点。我在书里也提到过。

《新观察家》：当欲望减退的时候呢？

MD：那就是死亡。濒临死亡。不过一旦欲望来过就很少离开。这种几乎处于潜伏状态的欲望很遥远，很模糊，它在体内觉醒，指向另一个人，因为欲望总有一个对象。即便在《乌发碧眼》的淋浴间里，当女孩被一个男人触摸，她不能忘怀的正是这个男人，这个哭泣的男人。还有和妓女睡觉的阿拉伯人，他最终爱上的是女人那张脸，那张承载他欲望的面孔。我们和狗不一样。可是谁知道呢，狗狗们是否会互相看对方，是否长着一张脸……

1986年11月14日，皮埃尔·贝尼舒，艾尔维·勒马松，

"完完全全杜拉斯……"，《新观察家》

1987

仿佛鲜活的诗意

《文学杂志》:《埃米莉·L》(*Emily L.*)是怎样来的?与您的其他小说相比,您怎样看待它?

MD:对我来说这本书依然很神秘。它被照得通亮,却依旧晦暗。《副领事》和《劳儿之劫》问世以来,我想我从未像喜欢《埃米莉·L》一样喜欢一本书。有好几个月,这本书里并没有她,没有埃米莉·L。当我决定把埃米莉·L放进这本书,它就已经写完了。我对她一无所知,仅仅知道在第一本书里,在基耶伯夫(Quillebeuf),酒吧里的女人是她,我不知道有一天,她会占据整本书。那时已经太晚了。当我告诉伊莱娜·兰登(Irène Lindon)应当加入船长的妻子埃米莉的故事,这本书已经写好了。每晚,我把几页手稿交给她,第二天她把打字稿带回来,这样日复一日,这本书逐渐丰满。最后,把清样交给阿朗松印刷厂的前夜,我又写了结尾的三页。

《文学杂志》:最后一页关于写作和“消失”,她向睡着的爱人发出的那声夜里突然响起的喊叫,已经很像整本书的收尾了,以至于很难想象还有别的结局。

MD:这本书的结尾应当得到了升华,就像人们写的某些书在结尾获得了一种无限,一种介于悲剧和沉默之间的广阔空间。这是在废弃的德国工厂前面。那个金发的年轻人，也是我的爱人，望着河流和勒阿弗尔的灯光，他不明所以地哭起来，就像人们在每本小说和每首诗歌的结尾都会哭起来一样。可以说在这段时间里，当这种无限在基耶伯夫，在欧洲北部蔓延，埃米莉·L仍然在油船的钻井平台上，在巽他群岛（L'archipel de la Sonde）的薄雾中跳舞。《埃米莉·L》是一本被赐予我的书。这本书是自行写就的，是的，我可以这样说。它独自前行。一旦接触别的书，它会生发出一股力量，这股力量永远不会离开它，也无需我来添砖加瓦。我下笔的时候满腔热情，且毫不费力，这就是我想说的。我想手稿上修改的痕迹寥寥，几乎什么也没有，只有最后加了的几句说明。它很简单。有一种真正的质朴。我想《埃米莉·L》是我写过的最朴素的东西。能够达到质朴的境界，这种幸福我是通过这本书，在它的暴力之中认识的。是的，达到这种程度的质朴，对我而言是第一次。我想如果读者翻开这本书，如果他"读"这本书，他会像我一样，一口气读到结尾。至于其他人，我不知道说他们什么，我不认识他们。他们对我来说就像陌生人，陌生得令人难以置信。应该说，我们彼此不认识，也永远不会认识。

《文学杂志》：这两个爱人看着埃米莉，几乎用他们的目光"创造了她"，他们仿佛沉浸在对她的爱中。

MD：是的，无论他们相互说"我爱你"，还是听见这几个字穿墙而过，只要他们一起听到，对他们都是一样的。这是爱人们听到并且占有的一样东西。

《文学杂志》：埃米莉那首关于"几日前的天光"的诗作，是否借鉴了埃米莉·狄金森[1]的诗歌？

---

1 埃米莉·狄金森（Emily Dickinson，1830—1886），美国传奇女诗人，被视为二十世纪现代主义诗歌的先驱之一。——译注

MD：是的，埃米莉·L不是埃米莉·狄金森，但她或许本可以写出埃米莉·狄金森的这首诗。当我几年前发现这首诗的时候，它给我留下了深刻的印象。或许埃米莉·L就是我在不自觉中寻找的那个年轻女人，可以在全然的纯真之中，写下这首隽永的诗作。埃米莉·狄金森几乎在加利福尼亚见证了整个十九世纪。她是美国第一位伟大的现代诗人，生前只有七八首诗刊登在专业期刊上……

《文学杂志》：埃米莉·L与年轻的别墅看守人在小客厅的邂逅非常短暂，却企及了爱情最美好的样子。

MD：冬日小客厅的这一幕就像一个纯真的仪式，使他们两人缔结了秘密的盟约。这个仪式由她，一个写诗的女人来象征性地主导。她把嘴唇按在年轻看守人的眼睛上，停留了很长时间。从那刻起，基于这个重要的克制行为，和一种"永远"的了解，他们拥有了彼此。伴随着冬日小客厅的这一幕，有风吹进了这本书，和他一起，了解另一段爱情，埃米莉·L对船长的爱情，我们再也无法把它和船长犯下的罪过分开，也不能把它和船长试图杀害的埃米莉·L分开，尽管他自己并不知道。一切都可以宽恕，因为这段年轻人的爱情，这刚刚吹进的强风，吹散了一切争吵，原谅了罪过，即便是他对年轻女人的诗歌所犯的罪过。因为这罪过被架在火上烘烤，它会继续生长，在天地间蔓延，仿佛鲜活的诗意。

冬日小客厅的这一幕发生时，埃米莉·L三十八岁。一个夏日的下午，他们在怀特岛逗留了一个小时。她在那里遇见了年轻的看守人。四年前他来到埃米莉·L父母的这幢别墅。埃米莉的父亲雇用了他。那时她已经和船长在一起，环游世界。他听说了这个写诗的年轻女人。随后一些写给她的信件开始寄达，夏天，几名出版商和一些人来看望这个写诗的女人。年轻看守人对埃米莉的了解仅限于她的生活、她的青春、她的婚姻的外部世界，还有她写一些他不理解的东西。当他在怀特岛等她的时候，我看到她被隔离在巽他群岛，就好像在一出用其他方式表演的戏剧中。那一刻，她逃离了西方。当他去找她的时候，甚至没能和她说话。她是那么遥远以至于他不知道自己已经爱上了她，不知道他们正在经历爱情。我想，爱情在这一刻生发，以这种方式，“实际的”方式，这不重要。一旦爱情萌生，他选择听任它的发展，让他们两个远远地相爱，就像他们做的那样，以一种完全绝望的方式相爱。

《文学杂志》：可他看到了她，他喜欢这样看她，看她在巽他跳舞，就好像他终于“找到”了她……书中有一句话写得极美：“我不知道爱情是否是一种感觉。有时我认为爱就是看见。就是看见您。”

MD：年轻男孩和埃米莉·L在小客厅相会的一幕，再没有比它更让人印象深刻的了，再也没有了。在内心的维度上，巽他群岛所代表的，或许是另一个作家想要推动故事发展的愿望，因为故事会沿着习惯的方向走到尽头，可在这里，它被迫停下，在它最具张力、最精彩的时刻。它是那个差点抵达的故事。

《文学杂志》：所以作家最大的自由或许就是让故事悬而不决。

MD：是的，也许吧。这很难。我曾经备受摧残，浑身不舒服，因为和他们一起走到终点。没有描写，没有让他们再看到彼此，接触彼此。很难把他们抛下，可我应该这么做，因为再没有比冬日小客厅的一幕更让人印象深刻的了。随后在回忆中，在他们分开以后的回忆中，在新港的公证人那里，当她把信交给哭泣的公证人。这是一样突然涌现的爱情。即便他们自己完全没有意识，可我知道这是同样的爱情。他们不知道但我知道。他们不能走得更远，可这没有关系。他们的存在就是为了这份爱情，为了这份艰难的爱情，只有失去它才会显出某种分量。

《文学杂志》：那么另一种爱情，也就是那对情侣的爱情呢？

MD：它发生在另一层面。那对情侣的爱情穿过了言语，也穿过了埃米莉与年轻看守人的爱情。如果他们不是彼此相爱，这个故事就不会如此打动他们。是他在听故事。而讲故事的人是她。当他在德国工厂前哭泣,他也在时间面前哭泣。

《文学杂志》:时间贯穿了整本书,就像光一样。

MD:是的。还有小鸟……

《文学杂志》:埃米莉的"L"令人想到了劳儿?

MD:是的,有可能。"L"为她们两人共有。还有地点,都是英国地名。沙滩,北部的苍白,海的出现。这是她们的共通之处。劳儿比埃米莉·L脆弱。埃米莉有某种乡村女孩的气质。皮肤被海风侵蚀。而且她没有劳儿身上的疯狂。年轻看守人提起她时说她疯了。可是每个男人都会这样说自己的爱人:"她疯了……"

《文学杂志》:他们的爱情是如何降临的?

MD:他在还不知道她就是写诗的女人的时候就爱上了她。她则是因为他是唯一与她谈论她的诗作的人,即便他不懂那些诗。要知道,当你是一个年轻女人并且想要写作,永远不会有人跟你谈论这些。

《文学杂志》:那么和船长一起在船上生活呢?

MD:船上有一种永恒。他们只能靠爱情活下去。然而,船长是扭曲的,他身上有某种无限的东西扭曲了,难以再改正。那首诗写得太美了,船长读完之后几乎快要死去,他把它烧毁了。船长,他对埃米莉的占有欲太强。当他发现她游离在他之外的时候已经太晚了。我想这一切,埃米莉都知道。她没有想过,但她都知道。我不清楚的是,对于他毁了这首诗,第二十首诗,她漠视到什么程度。她想要漠视到什么程度。即使他撕了这首诗,即使他把它烧了,对她和对我们这些读诗的人意义也是不同的。在这份无限的爱情里,事情获得了另一种意义:烧了这首诗同样显示出船长对小女孩埃米莉,对他妻子的爱情。埃米莉的一切随着这首诗消失了,就像她的整个生活,随着那个死去的小女孩而消亡。与此同时,她再也没什么好失去的,她强忍着去死的冲动,于是埃米莉·L,她跳起舞来。她在油轮的平台上为怀特岛

(l'île de Wight)[1]上的年轻情人跳舞，油轮开往苏门答腊（Sumatra）、婆罗洲（Bornéo）……可埃米莉，她是个无底深渊。她把爱埋在心底。到死也不会说任何东西。我想她首先是一个作家。她以同样的步调去爱，去写作。

1987 年 12 月，柯莱特·费卢（Colette Fellous），
“位于写作光区的杜拉斯”，
《文学杂志》第二期

1 英国南部岛屿，靠近英吉利海峡的北岸，行政中心在新港。——译注

1988

像我这样的丑闻

MD：她写作。她写作，玛格丽特·杜拉斯。是的。玛·杜。她写作。她只有铅笔和水笔，然后她写作。就是这样。除此之外她一无所有。

还有像我这样的丑闻。这点我忘记了。为什么我永远是丑闻的对象？这里有政治因素；但是不仅如此，右派对我的攻击如此猛烈以至于……它超越了我生命中最重要、最确定的政治取向：对左派的归属。有这样的丑闻还有，好吧，还有文学的丑闻。我认为文学是可耻的。因为它稀有，而且令人发疯。这一丑闻，它是否缺乏依据？我是否也是可耻的？一直无所顾忌，跌倒了，还敢继续？是的，敢作敢当，依然无所顾忌。我觉得我可以在外面写，公然地写……用不得体的方式。而且丑闻就在那儿。我不知道我怎么会相信这些。我不知道，造成这些的是我写的那种文学。您不信？我几乎是在公开写作。人们所掩饰的，我要像在阳光下一样把它写出来。不过这不是事实，因为我长年累月地把自己关在房间里。

我的每本书几乎都引起了文学丑闻。不过首当其冲的是《劳儿之劫》和《副领事》。以前，我认为……人人都可以写作，这句话我说了几十年。我用不同的调子唱过，和着我的共产主义。我想相信它是事实，我无法接受并非人人都写作，并非人人都会写作。我再也不信了。我根本不清楚写作是什么；可我知道并非人人都会写作。

现在，我再也见不到会写作的人，或者说这样的人很少。他们距离事物极其遥远。这种差距令人感到不可思议。简直无法想象。不写作的人和写作的人之间的差距。我觉得不写作的人对此会有一种预感。对这种差距的预感。并且他应该无法理解。正是因为身处一个秘密的地方他们才打不开，他们无法打开，什么也看不到。我写作，我说不出下一页会出现什么；我徒劳地看着写好的一页——人们可以读，它触手可及——但我在落笔之前根本不清楚下一页会出现什么。我们知道坐标，知道我们想触碰到的事件；但是，得把文本引向那里。应该抵达，走完整段路程！有时，它——我想这项活动的确可以使人每日思考死亡。

做不到这一点，写作就没有意义，写作就是要努力为写作而死。做不到这一点就没有必要写作。我想我的大部分书都是这样署上名字的。一个黯淡的、要命的签名。人们曾经问我《埃米莉·L》是否是我的最后一本书；我无法知晓！但是，我的确想再写她。可以说，由童年、河流、安娜-玛丽·斯特雷特、吉大港(Chittagong)和加尔各答的女乞丐组成的三部曲，现在完结了。还有暹罗的天空，当我走神时就会看到那片黄色的天空，我走神，就像在医院我几度陷入，我不知道怎么说，陷入谵妄；不过都结束了。在七十三岁的年纪，看着家人像这样远去，感觉有些奇怪……或许，我终于开始长大成人了！(笑)

我的近亲是埃米莉。不是我的孩子，而是我的亲人。可以的话，是我的姐姐。我希望人们，尤其是女人，读读《埃米莉·L》。我是说，它写的是一个女人，埃米莉。你不相信？她身上有真正属于女性的一面，这个纯真的女人，甚至不知道她生活在怎样的嘲讽之中。我不打算谈论弗吉尼亚·伍尔夫的《一间自己的房间》里的那些大人物，这些已经成名的女人，通过她们的丈夫……把手稿藏在琴谱下面，我甚至不会谈论这些。不，我谈论的是不写作的女人。因为我发现生活中离我最近的那些女人，到现在为止，像这样最为接近……我不知道在亲缘关系上该用哪个词，总之她们都是不写作的女人。我觉得如果不停地写下去，继续在写作中生活，我会面对一种单一文化，单一生活，这种生活几近单调，只有书可以带来意外。

我不建议人们写作。这不妨碍，这不妨碍比方说，我原先想要六个孩子。我原本打算永远不住在城市。仍然停留在北方，在我母亲的家中。这些事融入了我的整个生命，现在依然在那儿。同时也是一种放逐。这些年，我不断地找一些房子买下来，买给自己。为了离开。这种情况持续了多年。不要离得太远，因为有了孩子，而且还有我丈夫；可我依然想离开。这些表现有点接近精神错乱。可我的感觉不是这样，甚至更加危险。现在我不这么想了。除非是从这里，我想从这里离开。在死之前，我想从这里离开。在我咽气之前，在我看到另一间有着种种便利设施的公寓之前。一段生命的结果就是趋于无限……甚至可以说，完全走向反面。在这个过程中你并非一事无成，人们——不是你，而是女人们并非一事无成，这一事实对我来说特别重要。

作家的生活是不存在的。写作代替了一切。我没有去过印度，我没有环游世界，我……另一件当我面对它时不曾退却的事情，就是情感的冒险。可这是因为它和书一样都能给人强烈的体验，并且作为结束……它总是显得急不可耐。书或许还能等待，可是欲望不行，激情不行……

（她喝了一口。）我要说这是薄荷。绿色的。

我在《物质生活》（*La Vie matérielle*）中常常控诉男性，这很可怕。他们不会原谅我，我想，他们永远不会原谅我。我为此感到高兴。因为我所说的关于他们的话，的确是我的想法，我想得甚至比说出来的还要出格。在女性的问题上，我反对他们。我再也不会为此发笑，为那些男人。我想女性所处的从属地位很可怕，他们想让我们处于从属地位。这简直骇人听闻。我道歉——不，我不道歉，我就是这么想的。这很可怕。对我们来说很可怕。万幸的是女性摆脱了大部分事务，摆脱了在日常生活中对她们悄然实施的、几乎看不见的大部分掠夺行为。它们在沉默中进行。女性可以感觉到它们，但是很模糊，很……像是，怎么说呢？有点像是一种回忆。就好像一旦女性承受了这些事情，它们就会立即被时间吞没。女人们，她们就是这样得救的。

不过我要问她们怎么能承受这些，这……这始终令人惊讶。完全没有改变，还是老样子，老样子，老样子，太神奇了！（笑）和三十年前、四十年前一模一样。这也是我妈妈所承受的。并且，我妈妈还知道抗争。至于我，我摆脱这种处境的方法，是欺骗和我一起生活的男人。我不断地离开。这救了我。我是不忠的。不是一直如此，而是大部分时候。就是说我喜欢这样。我喜欢爱情，喜欢去爱。以至于……以至于我可以说它和写作一样，或者更确切一点，和写作的事实一样——写作的事实和这种对爱的渴望，以及对用身体去爱的渴望，总之，它们以相同的方式——拯救了我。因为如果回想一下这件事，如果我安静、顺从地待在家里，就不可能写出我曾经写出的以及现在正在写的东西。我的书引领我向前。我的书改变了我。每写完一本书，我会变得更坚强。

仅仅逃离是不够的。我还应该认识新的情人，新的男人，这是不可抗拒的。后来，我开始和一些人一起生活，不过我最终都会离开。要知道，在这些时候我心里会想，应当……当我有了自己的孩子……我最终还是会离开。离开那些人。这很不一般，当你身上有件事比你自己还重要。这很不一般，当你毫无存在感，最后成为一片被卷走的羽毛……

我们这一对，所有人都说我们是天生一对，这一对，是巴黎的最佳情侣！多么和谐，多么般配！它曾经是灾难。经受了……血与火的考验！可我没有离开。我没有离开，我的小家伙当时七岁，我留下来照顾他。不过最终，我恢复了自由。我每晚回来……我不知道他为什么没有杀了我，他还是有些长处！他没有杀了我。这一切都是隐秘的，我不知道是否应该说出来……因为在这方面我无法指责那些男人！因为我表现得和他们一样。正是这一点拯救了我，我的表现一贯如此。我是自由的！

我总是自己做选择。

我不能什么都说，这是不可能的……可这很危险，因为……如此需要男人，会让男人再也离不开你，同时避免陷入一种巨大的不幸。要知道，不应该欺骗自己：这一切不是在脑海中，而是在身体中进行的。正是对某个男人的欲望让你像这样离开。让你抛弃另一个男人，甚至是孩子们。我不知道现在的女性是否……大部分人有想死的欲望。我经常思考这个问题。肉体之爱也有令人感到恐怖的地方。在女性身上体现为一种无意义，一种……她们觉得这样做没有意义，不需要改变她们的生活来满足它。不过您要知道，如果我们谈论这个，会就这个话题一起谈下去！……这件事很重要！

我听到人们说："杜拉斯，她疯了。"这些话对我来说都差不多。(笑)我和大家一样，不是一点毛病也没有。可我不觉得自己受到迫害。是的，我现在没有受到迫害。我曾经和别的女人一样有过这种经历，后来就再也没有了。我有过这种经历，当然了，就像您也会有这种经历一样，就像……意思是当一个女人对某件事感兴趣，没有人会和她谈论这件事。我从事写作多年，十一年，从来没有人问起我在写什么，问起我是如何写作的。从来没有。除了一些读者，我前几本书的读者。一旦我拥有了读者，我就得救了。结果是，我有些游离在生活之外，不时从生活中退场——当然和孩子在一起的时候除外。这就是我能说的，我能说的有限……我想说我喜欢这些，喜欢我正在做的事。以及我做事的方式。不宣扬，顺其自然，不哗众取宠，也不……不大声疾呼。

当你不断接近死亡，你会发现，对每个人来说，我想最关键的问题是如何安排时间。我们比年轻时要悠闲得多，自在得多，因为我们没有理由不这样做，我们不再受到外界的影响，或者说影响要小得多。我们想要写几本书，当然也可以不写。《埃米莉·L》就是一本意外之作，无聊而生的意外。世界上没有任何一种活动，任何一种，包括爱情，可以代替一本书的写作。并且很难戒掉这个习惯，扼杀它的生命力。

这里有一种无聊。任何东西都不能缓和它，不能充实它，除了……"充实"一词并没有……没有贬义。除了文学，除了写作，除了和未知在一起时感到的孤独。

人在家庭中是孤独的。这是肯定的。我想那里可以形成一种最深刻的孤独。在家里，有一个追求完美的母亲，还有几个哥哥……（笑）我从未像这样生活，像我儿时一样生活。后来，伴随着离开母亲必须承受的痛苦，我始终没能适应。很长一段时间里，大约有两年，我想我一直希望回到她的身边，因为我们的联系是那么紧密。当然，也是从那时起我学会了离开。从那里逃离。一个家庭是有毒的。它会被父母的偏爱荼毒，这种偏爱不可避免，它在家庭中生根发芽，从而造成某些孩子的不幸。这是肯定的。因为这么说根本没用："噢我母亲更喜欢我姐姐，但我可以理解。"这不是事实。我永远无法理解！如果有什么事我永远无法理解，那么一定是这件事。是母亲从骨子里偏爱某些孩子，偏爱那些，据说，最讨人喜欢的……

吕丝·佩罗（Luce Perrot，以下简称 LP）：离开母亲，这难道不是最痛苦的分离？

MD：不是。我不知道她是如何做到那样对我放手的。我现在还记得将我带走的那艘船，一艘邮轮……这令人难以忍受。她把我送上船。可她希望我好好学习；这是她的心愿。有一个高学历的孩子。就是这么傻的想法。我做到了,我拿到了文凭……所有她想要的,她都得到了！可我不再爱她。我像对待情人一样放弃了对她的爱。然后有一天,一切都结束了。我想是小哥哥去世的时候。当我的小哥哥死在印度支那,我却在这里,我想随他而去;我在书里也提到过……我真的想死去,我用头撞墙,我想死。因为这是双重打击,我离开的时候就像是我把他抛下了,明白吗？我抛弃了我母亲,可我也抛下了我的小哥哥。

说到底,我原本不想……谈论我的童年。

《情人》基本上就是我说过的那些。可以说它就是我说过的内容,只不过我没有花太多时间说明这份爱是怎么产生的,单身公寓是怎么出现在女孩眼中的。还有她怎样在夜晚逃离,出去寻找年轻男孩,她是难以管束的。然后是夜间沿着河畔散步。人们喜欢这个小女孩和中国人在一起的故事。不包括那些女人！那些女人,噢,她们不喜欢我谈论爱情！"噢,"她们说,"您是怎么想的,为什么在您这个年纪还要谈论这些!"(笑)"这些不是凭空出现的,从某个年纪开始,不应该再谈论这些,可以继续写书,但是不要再谈论爱情！特别是肉体之爱！千万要忘记!"

LP:《情人》即将拍成电影,您现在负责它的改编？

MD:《情人》,我写了这个故事的主体,也就是我负责小女孩和中国人之间发生的事。即便从来没有成为一本书,它也会变成别的东西。对于小女孩和中国人的关系,我比书里想得更远。它可以称为"白人女孩的失贞"。这种天性的释放发生在……十五岁,非常小的年纪。很危险,很危险。因为我避开了所有人！我避开了我的母亲,避开了学校……我还避开了中国人！

我对人们感到担心的是——唉,我不该说这个——有太多的读者。他们的脑海中已经有了自己的电影,这些在阅读中形成的画面是最有冲击力的。无论做什么都无法代替它们。好吧,你想怎么……电影迟早会出来的。这个故事很有画面感。里面有漂泊,有故乡，还有异域风情。家庭中无处不在的乱伦关系……

像这样，有不同的区域（她一个字一个字地拼读“区-域”），母爱的区域，对小哥哥的爱的区域——每次提起“小哥哥”他的名字就在嘴边，但我觉得我从来没有说出口过——正是这一点，这一点很奇怪，这个依靠，这份爱，是如此自由！

我忍不住相信这个小女孩会投身写作。为什么不是随便哪个小女孩？她从来不是随便哪个孩子。在电影里也是一样，有一种拍摄童年的手法，一种拍摄孩童的，像这样，千篇一律，扁平化的手法——孩子们总是活泼可爱的，脸上挂着同样的笑容——他们被极度简化了。可她不是。她是她自己，也是小哥哥。他活在恐惧中，但我没有让他说一句蠢话！我只是说因为大哥哥的关系，他经常受到死亡的威胁。我没有让他做出那些奇怪的举动，那些让人诟病他很迟钝的举动。我没有这样做，因为这不是我所看到的！我看到的是一个超凡入圣的孩子，是美的化身……我渴望着他，我的小哥哥。我已经和你们说起过他。正是因为所有这些，这些经历过的事情，让我不能完全地背离，让我不能……也许一点也不能背离……《情人》中或许还留下些什么。在我看来，当我创作的时候，有时无法还原的是时间，是那些地点，是一条条一望无尽的笔直的道路，路旁是一块块四四方方的梯田——因而是笔直的；还有那些河流，那种溽热，那座漂亮的殖民城市中的街道。我们从来没有谈起过西贡的美。一条条金灿灿、红彤彤的令人惊叹的大道！……诺罗敦广场（La place Norodom），泰斯塔尔街（La rue Testard）。我们从来没有谈起这些。这些地方，做梦都想去的游泳池！大家总是放学后去游泳，当然要付得起——我从来不去，不过还是可以从外面看到……供白人使用的游泳池、网球场……这些体现不公平的地方很漂亮，是的，有一种罕见的美，罕见的高贵。这些，我希望他们在那里重新找到，但是……卡提拿街大概已经不在了，我不清楚。咖啡馆露天的大阳台。那些咖啡馆可以追溯到1880年,也可能是1890—1900年。然后是森林。租让的稻田中的路,堤坝上的路。通向暹罗。我提到了夜间的情形。满月时分热带的天空,如果你不曾见过,不会知道它是什么样子。我谈到了……是的,谈到了小哥哥。小哥哥的事讲了很多,很多。事实上,小哥哥简直就是印度支那人,这是我的秘密。因为我们对印度支那人要亲近得多——我的小哥哥和我,剩下的那个在法国待的时间更长——就像大家说的,我们对"本地"孩子比对白人孩子亲近得多。我还说,我认为他的皮肤——他有着中国人的皮肤,我的小哥哥,他的皮肤很光滑。当地人的贫穷是固有的,我们的贫穷则是暂时的——但它很可怕;尤其是发生在很久之前的殖民地。人们变卖了我们的东西,这种事现在没有,过去也不曾有,白人从未遇到这种情况!这是真正的贫穷。真正的、深刻的贫穷,什么都没有了。可我经历过这种贫穷……我在一旁经历过,和我的母亲一起!还有我的小哥哥。甚至包括大哥,他帮助我们的母亲,让她不至于太过不幸!有时,经历贫穷就像度过一场危机。随后,我们再次出发,我们卖掉了所有的东西,卖掉了家具,所有……我们再次前往法国,在那里我们再也不用发愁那些放高利贷的印度人(chetty),他们遍布印度支那的邮政部门,不过主要是和安南人打交道,而不是和我们。在法国,她把工资存起来,我们的境况才有所改善。她在巴黎找到一处住所。可我还是被迫——准确地说不是偷钱,而是要钱。我向一些人要钱。向我班上的年轻人;我知道他们有钱,我向他们要钱。持续了一年。然后警察来了。他们没有说,可还是发现了我。不过卖淫一次也没有,嗯!绝无卖淫行为。很奇怪,可事实就是如此。

我母亲很不一般,她把这事当玩笑……她接待那些警察,跟我开着玩笑。她对我说:"随他们去,哼……"她有高傲的一面,有股霸气……这并没有对我造成深刻的影响……做这些事让我目瞪口呆。可我还是做了,而且做得很自然。我只是开了个头,这才是重点。我生活中从未偷过一根火柴！我从未偷过一根火柴，从来不撒谎！我有过冒失的行为，一天我从教室出来——我当时八岁——把书包扔到了老师的头上，于是我在外面被打了；看吧，我做的都是这样的事，而不是……我没有身陷谎言和欺骗的泥潭里，我没有。而这些会指向哪里，当然是指向文学！是的！

LP：您和母亲的关系有时还是很紧张？

MD：噢，她不知道自己想要什么……她打我，是的，她打我。这有过一段时间，可所有这些，这些……发生在不同的阶段，那时是在印度支那。然后在法国她又开始打我，是的，再一次。是我哥哥让她干的。我哥哥递给她一根扫帚柄，太可怕了！那根扫帚柄，她往我的背上敲！噢，都是一些纯朴的人，北方的农民……而我的父亲，他父亲是洛特河畔维尔纳夫（Villeneuve-sur-Lot）的一名鞋匠。我呀，我可不是让·端木松[1]！（笑）我有点像密特朗，他父亲是铁路工人……

有一点很有意思，我也是今晚才发现我的每本书都有海边的情节！每一本都是！《堤坝》《琴声如诉》……甚至是《平静的生活》，也有一段海边的情节！这点很有意思。而那三本，最近的三本，那三本的背景在海边。不，《情人》没有……它的背景在河上。离入海口不远，不过说到底……就跟基耶伯夫一样。这是最后一班渡船。《死亡的疾病》发生在……是的，每本书都有海边。是的。

LP：您以前从未发现过这一点，从来没有意识到这一点？

MD：没有。我是否有本书的背景在巴黎？《水手》中有一段，是吗？我觉得有。她年轻的时候不是在巴黎遇见了他，那个直布罗陀的水手？

LP：《情人》中有河流……

MD：河流，是的，接着……还有天空，最后连成一片，一片——怎么说呢，

1 让·端木松（Jean d'Ormesson，1925— ），法国著名作家，法兰西学院院士，著有《帝国的荣誉》《夏多布里昂传》。——译注

广阔的空间？我想法语是这么说——空间如此广阔，有点像是大海。稻田像大海一样，一望无际，波澜起伏。在船上也一样……我看到了它们，那些书，每一本都在我眼前浮现。我看到了它们的背景……我可以制成明信片：《塔尔奎尼亚的小马》的中心，靠近码头；不远处是基耶伯夫。

还有《80年夏》，是我写的一本重要的书。是最重要的几本之一。书中有大海，所以我……是的……都是一些短篇。您知道我念叨了很久，现在可能还要不时强调一下，我写过的最美的文本是《大西洋人》？这也是最美的书名。不过《埃米莉·L》中已经有了《大西洋人》的影子。这甚至是其中，或许是最重要的部分。

一本书从来不会像预想的那样到来。我从不揣测我书里的内容。当我落笔的时候我不知道会写出什么，于是……过后，如果我不嫌麻烦地找寻书里情节的出处，我也许可以找到。可我从来不为此大费周折，因为我压根不知道它们从何而来。也许《直布罗陀水手》是例外。它源自海明威的一本书《非洲的青山》（*Les Vertes Collines d'Afrique*，以下有时简称《青山》）。我是在狂热地阅读《青山》的过程中写下了安娜的故事。她的名字是安娜。我很喜欢他们在卡车的噪声中亲吻，在丹吉尔（Tanger），那些卡车……它们穿过街道，街上到处是满载废铁的卡车。在破铜烂铁的撞击声中他对她说他爱她，我记得这个情节。写的时候我还乐在其中。格诺气坏了！他本来希望我继续写一些——我不知道如何形容——类似《堤坝》的作品。这很奇怪，呃？他从未向我正儿八经解释过他的理由；总之，他始终没有说服我。因为我已经出版了这本书。他对我说："在《堤坝》之后出版这本书不会让您感到惭愧吗？"那是在双叟咖啡馆（Deux Magots）[1]，

1 坐落于塞纳河左岸拉丁区的圣日耳曼大道，曾经是超现实主义艺术家的大本营及存在主义作家的聚会地点。——译注

他约我见面。我说:“一点儿也不!”这是——如果,我还能想起来什么的话——借鉴虚构的手法。他更喜欢我在《堤坝》中所用的借鉴现实的手法,我想事实就是这样。“您不感到惭愧”,他这句话的意思是我应该“在堤坝中耕耘”。他看到这本书的时候惊呆了!就好像我出了什么事。或许也是,突然间,我的过于自信。

《卡车》中的这个女人,这个带着空空的旅行袋——我猜旅行袋是空的——沿着海岸拦车的女人,她身处世界的中心。无需工作,免除了一切义务。她也来自一所疯人院,她四处旅行。可她身处世界的中心,而我,对这个女人,我叫她超市中的圣母。在普莱吉尔(Plaisir)和克拉耶(Les Clayes)之间,欧尚超市(Auchan)的一角。这是葡萄牙和黑非洲的几处圣地。当我穿越这一地区,我同样感到我占据了那里,它属于我。可人们总是对我说,这个四处旅行、叫停卡车的娇小女人,就是你。人们见过我这个样子,他们依然这么认为。这让我很得意;我为电影所做的一切,这是其中的一份回报,也许是最接近我本人的一份回报。

超市中的圣母,就是我,是的……除了欧尚超市,我也可以是其他超市的圣母;总之,总之我是超市中的圣母。(笑)也是高速公路的圣母;是旅途中的圣母。

很奇怪,《卡车》,它不会过时;这部片子永葆鲜活。而且我没有一个词要删去,即便是那些政治标语,现在人们仍在引用,仍在书写,打招呼的时候人们对我说:“让世界走向毁灭,这是唯一的政治。”我仍然全心全意地相信这一点。走向世界的毁灭,出走,就像这个超市中的女人一样……她走向人群。就是走向本质。走向事情发生的地方,一切上演的舞台。

LP:变得自由,是什么意思?

MD:就是成为我自己。我有名气,他们对我无计可施。因为我写作。我太有名了,他们不能把我关起来。我想过离开法国。我经常想。离开这里。去做另一件事，也许是同样的事，但……我不习惯这里。也许我从来没有完全适应这个国家。

我浪费更多的时间。这让我很高兴。我不再有时间概念，常常夜里看电视……有些事已经起头，等着我去做。

LP：您这样安排时间是最近的事？

MD：不，以前也有过。我浪费了很多时间和男人在一起。当然了，还要算上那些故事。我把时间浪费在书上，我在书上也找回了很多时光……不过那也是我付出的光阴。

1988年7月，“作品之外”，

节目由吕丝·佩罗主持，居伊·洛佩(Guy Lopez)导演，

法国1台，1988年2月

1991

死后，我仍可以写作

玛利亚娜·阿尔方在发表有关《中国北方的情人》（*L'Amant de la Chine du Nord*）的文章前所做的采访。

《解放报》：可以谈谈换出版社的事吗？为什么离开午夜出版社？

MD：首先，我为什么写这本书。因为兰登的故事和这本书对我的意义相比根本不算什么。

《解放报》：那我们来谈谈这本书。

MD：兰登只是一个细节，却是有决定性的细节。他要求看我的手稿，初稿当时叫做《情人的电影》（*Le Cinéma de l'Amant*）或《街上的情人》（*L'Amour dans la rue*）。整整四十天，我没有收到有关稿子的任何消息。在特鲁维尔，他把稿子还给了我，一个字也没有说。我在那儿的三天里，一直抱着稿子的前几页哭个不停。我说的都是事实：我想这是我之前生病的一个后遗症，让我的精神有点不正常。类似我原先昏迷的感觉。我意识到了这点，随后又犯起糊涂。三天过去了，扬·安德烈亚失去了耐心，他对我说："把它给我。"我仿佛还能听到他的尖叫声。他不愿相信它。稿子变了样：有些句子被删掉了，有些章节全部消失了，句子的长度被缩短，整本书的语气变得温和乃至平庸。就是这样。我无法接受这些改动,立马终止了合作。他成了一个外人。到了第三天,我和罗贝尔·伽利玛取得了联系,他是一个永远的朋友。伽利玛出版社一片欢腾。不过我还会继续把一些稿子给P.O.L.出版社。

兰登也许会想:“她大概上了年纪,因为她曾经病得厉害,她不会注意到的。”我要告诉他一件事:那就是他不是作家,也永远不会成为作家。而且他要跟杜拉斯永别了。我们之间完了,就连死亡也不能改变。我死后他什么都得不到。即使在死后,我也能继续写作。

《解放报》:所以是没有底线的吗?当我们读到一本像《中国北方的情人》那样故意“不正确”的书时自然会有这个疑问……

MD:句子的组织不正确?

《解放报》:是的,问题是:是什么让杜拉斯停下脚步?

MD:我只做我相信的事。说到底,我谁的话也不听。当然,扬除外。我到那儿是为了谈工作,可我一直在讲别的事情。正是我工作的属性决定了我要不断探索别的地方。我花了一年时间写了另一本书《中国北方的情人》,它绝非《情人》的重复。我认为第一本《情人》在遣词造句上更出色,也更大胆出格。这一本经常表现得近乎低调;无论是运用的语言,还是描写女孩和中国男人之间的肉欲关系。两人的感情也更具危险性。当我看到他们的时候,那的确是我认识的中国男人,是我自己,是我的母亲和哥哥们。他们不是别人。一直都是这些人。他们始终存在,不曾改变。我写了另一本书,书中没有采用《情人》中的书信体。在《中国北方的情人》中,第一本书里的中国男人不见了。这是一个新的情人。我的情人们,我会一直在中国北方寻找他们。满洲里(Mandchourie),在某种程度上是情人之园。那里不像纬度更低的印度支那有麻风病和痢疾。满洲里,我想它是我完全臆想出来的,可我再也无法绕过这个地名。

《解放报》:可以谈谈真实和虚构的问题吗?

MD：在《中国北方的情人》中，虚构的成分比《情人》中要少。比如在车里，那只手是真实的。稻田不是千篇一律的，儿童手推车是真实的。堤岸是真实的。埃莱娜·拉戈内尔也是真实的。还有我的小哥哥，我的大哥哥，我的母亲：这远比我们所能讲述的一切要真实。我的哥哥们从未上过一天学。我还谈到了母亲的疯狂。

《解放报》：金钱是真实的？

MD：是的，一切与金钱有关的内容。小说应当从一开始就表明，而不是像一条随处供人休憩的道路：像一个冒充的故事，可事实上却是真实的。我无法把它说出来。或许如果我这么做了，就再也不能写了。就好像以下的想法让开头显得复杂难解，意义不明：黑夜中的小女孩寻找她的小哥哥。我是这样开篇的，在尝试了几种不同的方向之后，最终选定了这条路。我猜想她还很年轻。一种充满激情的状态将我席卷。我开始描写她：纤细的身材，一双小腿，种族，她是白人。她在官邸的花园里寻找一个女人，有可能是安娜-玛丽·斯特雷特，她寻找她受难的小哥哥。这里我听到了《蓝月亮》（*Blue Moon*），于是故事伴随着音乐展开。此时我本可以回到书的开头称她为“那个孩子”，可我没有立即这样做，而是保留了“那名少女”。然后突然间我看到了她纤细的身体，这还是个孩子，于是我说：我要称呼她“孩子”。一切就像某种燃烧的火焰，可它们还尚未命名。随后出现了：永隆，湄公河。我想写下中国男人和女孩之间的爱情故事。可我不知道该选哪条路。于是，我走上有小哥哥的那条路，讲述一份类似的爱，也是女孩的初恋。

《解放报》：因为《情人》中对此没有明确的描述？

MD：我一生都在讲述这些，反复地讲。永远不会穷尽。比如，在这里，让我印象深刻的不是失贞这件事，而是那间单身公寓后来变成了什么样。当女孩走到风扇底下并且因凉爽而微笑，当她去洗淋浴的时候。或许当我感到厌倦的情绪快要将我吞没，在某个夏天将要开始或者某个冬天到来的时候，我就会像这样钻进这个故事。这不是第一回。已经有了一本《抵挡太平洋的堤坝》。令人吃惊的是人们还在读我的书。这足以证明这个故事是不会过时的。情人和女孩之间的这种带有强烈的情欲色彩、几近疯狂的关系，每当我写到它依然会感到心潮澎湃。我写它也是为了把这份情感带到别处。它不会随着女孩的离开而停止，我现在把它和其他的爱情联系起来，把它带到了大街上。因此我们重新发现了安娜-玛丽·斯特雷特，《埃米莉·L》中的某些内容，以及《夏雨》（*La Pluie d'été*）中的童年，自由的童年，也是我想表达的贫困的童年。这一切的背景，那片土地，就是殖民地，通过殖民地我想指出的还有劳儿活动的区域，那些富有传奇色彩的地名，沙塔拉（S. Thala），U 桥镇（U. Bridge）。小说始于我走进这些地方的那一刻，它们可能是我儿时的某个地方，可它们非常严肃，意义重大，而且是有政治意味的场所，这点我们在《堤坝》中可以看到。

《解放报》： 不过，难道不是让-雅克·阿诺[1]拍摄《情人》的计划促使您写了《中国北方的情人》？

MD： 我为这些拍电影的先生写了三页剧本。随后，我不再考虑电影。改编工作损害了《情人》这本书，让我想要抛弃一切重新写本小说，进入小说的王国。一个自由、公正的地方。我无法再去谈论电影，最终只会令人厌烦。离文学、还有人们所谓的"文字"、语言最远的，就是电影。那是不存在的。

《解放报》： 然而，《中国北方的情人》似乎就是为电影写就的。就像页面下端的注解中提到的"如果拍成电影"。

MD： "瘦"电影，就是尽可能不像电影的电影。比如《印度之歌》，而不是几十亿的大片。后者是臃肿的，他们无法把它藏起来。这就是我面对

1 让-雅克·阿诺（Jean-Jacques Annaud，1943— ），法国电影导演、编剧，代表作品为《玫瑰之名》《熊的故事》《情人》。——译注

电影所经历的严重危机。我再也不能看电影了。除非是夜间的电视剧。我追着看的是一台凌晨两三点播放的一部电视剧，我甚至不记得名字了。可能叫《明天天会亮》(*Demain il fera jour*)或者《已然明天》(*C'est déjà demain*)。非常接近日常生活中的故事，没有一个好人，也没有一个坏人，人们相爱，渴望彼此，流产，发财，这就是所有人，是一部电视剧。不需要装模作样。加拿大有一部类似的电视剧《潘松家和穆瓦诺家》(*Les Pinsons et les Moineaux*)，我看了整整一年，演员们讲话的尾音有些奇怪。我从来没有遇到另一个人也看这部剧。在电视方面，我还是德沙瓦纳[1]的一个忠实粉丝。他涉猎广泛，引爆全场，非常正能量。

《解放报》：您没有想过利用拍摄《情人》的机会再次回到书中的那些地方，西贡，堤岸，沙沥？

MD：没想过。我的书里完整地呈现了那些地方，呈现了贫穷、恐怖和性。我的确做了爱。不仅做了，深入骨髓地感受了，还写了下来。只有被写下来的那一刻它才真的结束了。我想这是我最后一次写这个故事。但有时，我也不清楚。

1991 年 6 月 13 日，玛利亚娜·阿尔方，
"情人之园里的杜拉斯"，《解放报》

1 德沙瓦纳(Christophe Dechavanne，1958—)，法国知名的制片人和演员。——译注

一次美好的旅行

没有一个作家像玛格丽特·杜拉斯那样，不但写小说、戏剧、电影剧本，而且亲自改编和导演，把她的作品搬上舞台或者大银幕。她从1950年的《抵挡太平洋的堤坝》开始动作不断，1958年为《广岛之恋》创作剧本，1966年导演了她的第一部电影《音乐》。在让-雅克·阿诺结束了《情人》的拍摄同时她出版了《情人》的最新版本《中国北方的情人》(伽利玛出版社)之际，玛格丽特·杜拉斯畅谈了写作、电影、戏剧和其他的事，走上"话语的高速公路……任何特殊的地点都不停留……不是从所知或不知的既定出发点出发……在纷纭嘈杂的话语中，全凭偶然，走到哪里算哪里"，就像她在《物质生活》里希望的那样。

让-米歇尔·弗罗东(Jean-Michel Frodon，以下简称 JF)和达尼埃尔·埃曼(Danièle Heymann，以下简称 DH)：您的小说被其他导演搬上银幕给您留下了怎样的记忆，比如勒内·克莱芒导演的《抵挡太平洋的堤坝》，彼得·布鲁克导演的《琴声如诉》?

MD：克莱芒的影片就像一份报纸，带有报刊色彩。叙述得当，事件得到了完整、及时的呈现，不过写作的痕迹消失了。什么都无法取代写作。至于《琴声如诉》，我不喜欢这部拖泥带水的影片。彼得·布鲁克弄错了主题。我对于别人改编我的书几乎没有一点好感，无论是改编成电影还是戏剧。只有克洛德·雷吉（Claude Régy）除外。

JF、DH：您同样不喜欢彼得·汉德克根据《死亡的疾病》改编的电影，因为他没有采用书里给出的拍摄说明？

MD：我不喜欢这部影片。可我热爱彼得·汉德克。他的电影让我感到烦闷，忧郁，可我不能告诉他我不喜欢。我对他说那个女孩很漂亮。我没说里面的裙子也很好看。

JF、DH：也许是一部不忠实但是成功的电影。

MD：我无法认同汉德克拍摄的内容，我依旧和我的书在一起，被这个赤裸裸的故事所包围，陷在它的暴力中无法动弹。有人也向我提出把《死亡的疾病》搬上邵宾纳剧院的舞台，并且采用汉德克那绝妙的译文。彼得·斯坦因找到我，我拒绝了。吕克·邦迪也找到我，我把文本交给他，随后我发电报要求："把它还给我。"若埃尔·茹阿诺[1]应该是和德菲因·塞里格一起来……我不愿意是因为我害怕别人改动它。现在我同意了，我很难过当初没有把它交给德菲因。她请求过我，我回绝了。我不知道她会死……最后，鲍勃·威尔逊（Bob Wilson）准备把它搬上邵宾纳的舞台。我对威尔逊的经纪人——他叫法比尤斯（Fabius）！——说我不希望他改动原文。不过即便威尔逊有什么差错，也是有趣的，他懂得营造沉默的氛围……我对写作死亡的疾病太过了解，没法再把它排演出来。

JF、DH：人们经常要求改编您的作品吗？

MD：我每天都会收到全世界的邀请。周旋其中让人力不从心。我不再回应这些请求。几位年轻演员来表演《是的，也许》（*Yes, peut-être*）和《莎伽王国》（*Shaga*），就在这里，在我家。阅读，这是最好的戏剧。将

1 若埃尔·茹阿诺（Joël Jouanneau，1946— ），法国戏剧导演，剧作家，改编并执导了多部蜚声国际的戏剧作品。——译注

阅读本身当成表演，无需那些总是显得累赘的舞台动作。

茹阿诺想要改编《80年夏》的一个片段。他对我说："你把它交给我，我马上就能排出来"；我说："安静"；他说："我想听你的声音"；我说："那你听啊"；他说："就是我想要的"。我拒绝了他。我从死神那里走了一遭，你们知道吗？我的声音变了很多？

迪迪埃·贝扎斯[1]也向我提出改编《广场》。我很愿意，而且还有热拉尔和伊丽莎白·德帕迪约。不过我不确定是否要保留毒死小狗的故事，这个场景让我害怕。

JF、DH：那么让-雅克·阿诺对《情人》的改编呢？

MD：他已经上手了。

JF、DH：您放手让他改？

MD：是的。电影和《中国北方的情人》相比不算什么，现在对我来说，这本书才是真正的《情人》。为了恢复我的自由，我在第一本《情人》的基础上写了四遍剧本。

JF、DH：可是阿诺的改编是您授权的？

MD：那是为了钱。

JF、DH：赚得很多？

MD：我要把钱留给孩子们。我有钱，但是不多。那纯粹是为了钱。

JF、DH：你对结果不感兴趣吗？

MD：我早就知道它会拍成什么样。我们碰面的时候，阿诺基本上都在考虑道具和历史的细节。他想拍一部我的传记，然而《情人》不是一部自传性的作品，它是一种演绎。他还向兰登打听内幕消息。兰登他知道些什么？他没来过我家。阿诺还去了那个中国人的住处，他现在已经去世了，但是阿诺找到了那幢房子，他的名字，他的墓碑。当然，我很高兴

---

1 迪迪埃·贝扎斯（Didier Bezace，1946— ），法国演员，代表作品有《小女贼》《L. 627》。——译注

看到那些照片。可我身边是谁说漏了嘴？我要求见见影片的演员，我没有权利这么做。我想他们选的女演员太漂亮了。我在书里写过一条注释："如果小女孩太漂亮她就目空一切什么都不看了，她会任由自己被别人观看。"让我担心的不是阿诺，而是电影，是它的局限。

为了拍这部电影，让-雅克·阿诺做了一次环球旅行。此时我在写我自己的《情人》剧本，我曾经建议他们在马恩河的河湾拍摄。没有必要去越南。克洛德·贝里[1]笑个不停，他说："是啊，可我们的钱太多了……"我不明白你们为什么觉得好笑。这是一条河。《印度之歌》就是在塞纳河边的圣-克鲁(Saint-Cloud)拍的。迈克尔·朗斯戴尔说许多人告诉他："拍《印度之歌》一定很棒，您作了一次美妙的旅行。"他回答："是的，我去了圣-克鲁。"

JF、DH：《情人》用英语拍摄让您感到困扰吗？

MD：我不在乎。可是合同一直都在。贝里不会放纵我的。不过我好歹获得了两年后重拍电影的权利。不过克洛德·贝里，他人很风趣，也很大方。他送了我一份我人生中从未收到过的礼物，他对我说："你可以带你的亲朋好友，带任何你想带的人去公爵饭店。你随时可以去，那儿有你的名字，不用付钱。"有一天我去用餐，他也在那儿："玛格丽特！"我非常喜欢他。他很聪明。他早期电影中有一种优雅的气质令我着迷，比如《婚礼》(*Le Mariage*)、《爸爸的电影》(*Le Cinéma de papa*)……一天，他对我说："我不敢跟你提这个要求，但是我想拍《情人》。"我骂了他一通，我对他说："你是个混蛋，你很清楚我也想拍它。"他会拍出一部犹太版的《情人》。

总之，我现在重新写了一本《情人》。

JF、DH：您觉得您的作品被褫夺了？

1 克洛德·贝里(Claude Berri，1934—2009)，法国电影界的传奇人物，著名导演、制片人、编剧和演员，曾执导《恋恋山城》《甘泉玛侬》《只要在一起》等影片。——译注

MD：别人不能从我这儿夺走什么，可我的确重写了这本书。我要让一切重新开始，从头来过。就好像是第一次一样。在第一本《情人》中，我在历史现在时和一般现在时之间不断切换，这里有风格练习的影子。我打出了更多的牌，可收获的点数很少。在《中国北方的情人》中，人们找不到一点电影的痕迹。而这本新书脱胎于我为电影写的剧本。

JF、DH：此外，书中有很多地方都指向一部未拍成的电影。

MD：我写的时候不由自主。可我不知道电影是否能表现出，比如说，失贞的场景。在写作中才可以说事后，街道在房间里穿行。《中国北方的情人》将这个故事再度据为己有。这就是为什么我在序言中写道我又成为写小说的作家。另外一个基本的不同点，是在这两本书间隔的几年里，我得知了中国情人的死讯。让-雅克·阿诺告诉我的。

我一连几周围着《中国北方的情人》的手稿打转，无法松手。我可以用八天时间推敲一个词，它就在那儿，离我很近。我不知道为什么我对《情人》有这么大的热情。

JF、DH：写作是一种乐趣？

MD：写初稿是份苦差事。第一遍重读是不可能的，因为要进行初步的分析。之后也没有乐趣可言，无法确定到底是谁在写。我不知道写作是什么。写作的人太多了，这很可怕。罗贝尔·昂泰尔姆原本应该写作，可他的全部心思都放在了政治上。你们能分得清我的书和我的电影吗？

JF、DH：不能……

MD：我也不能。我拍了十九部电影。在拍摄时，我从来不用板着一张脸；片场的凝聚力如此之强！在文学上我没有家人，但在电影圈我有：片场的技师。我把《情人》题献给布鲁诺·努伊唐[1]，这本书是献给他

1 布鲁诺·努伊唐（Bruno Nuytten，1945— ），法国最杰出的电影摄影师之一，与杜拉斯合作了多部电影，并且执导影片《罗丹的情人》。——译注

的。有时我心想，他和我之间应该时不时地有一种默契。电影令人愉悦，让人们走出家门并且告别孤独。这很不可思议。不过人们总说拍电影必须要独自一人。

JF、DH：戈达尔说需要两个人。

MD：他想和我一起拍一部电影。他声称他不会写作。（笑）他总是贬低自己好让别人抬高他。

JF、DH：您写的作品中就没有一部被别人改编成电影后依然给您留下了美好印象的？

MD：《广岛之恋》。阿兰·雷乃非常出色。有人向他推荐了萨冈、波伏瓦，他却属意于我这个当时还没什么名气的人。当他找到我写这个剧本，我心想必须远离那些别人看过的原子弹的图片。直到今天，广岛依然是不真实的，我不知道一个总统为什么会发出那种指令。原子弹爆炸的时候，我正在一个战俘接待站，和我丈夫在一起，他从集中营归来，走路需要拄双拐。我没带一分钱。那天，我翻开报纸，无法再读下去。我开始哭泣。这是个人事件。再没有比这件事更残暴，更恐怖的了。一种激烈到极点的情绪迅速被所有人感知。

不过用“你在广岛什么也没看见”来开头，我以为雷乃永远不会同意。我把第一个片段交给他。七天之后，他告诉我：“我一个词也不会改，你给我讲讲你对影片的看法。”随后，他每周过来，他从不反对我写的内容。我整个人沉浸其中。感觉很美妙。雷乃对我说：“你也可以写写政治标语。”我写了一些标语。我很听话，只要他们让我写。雷乃尊重我的剧本，甚至连标点符号都没有动过。后来，他们没有给我报酬……制片人阿纳托尔·多曼[1]付给我一百万旧法郎，就没有下文了……可我爱上了电影。随后，罗伯-格里耶那部极美的影片

---

1 阿纳多尔·多曼（Anatole Dauman，1925—1998），法国电影制片人，曾经出品了《德州巴黎》《柏林苍穹下》等著名影片。——译注

向我展现出一种迷人的幽默。

JF、DH：您去夜祷剧院（Lucernaire）看过《广岛之恋》吗？

MD：迈克尔·朗斯戴尔的改编？是的，我相当喜欢。去年，他们在柏林获得了巨大的成功。改编似乎非常忠实……几个日本人来看我，希望我去日本重写《广岛之恋》。我说："可我已经写过了。"他们回答说他们想要一个不同的版本，他们说："你们有柏拉图、莎士比亚、拉辛。我们有《广岛之恋》。这是我们的经典。"

JF、DH：《印度之歌》最近重新上映了。您期待它和1974年相比受到不同的待遇吗？

MD：我认为都一样。这点很难讲，我什么都不想。我不知道。我认为《印度之歌》拍得很美，可我不知道我是怎么拍的。我大胆地尝试，然后它就保留下来了。有一个剧本，总是条理清楚，等到它可以被丢弃的时候我开始拍摄……比如，我非常喜欢人物听到他们自己的声音。人们对我说："可他们看不到自己讲话的样子！"什么叫做"这样不同步"？德菲因和迈克尔，他们都是极为聪明的演员。

JF、DH：您还记得拍摄时的场景吗？

MD：就像迈克尔·朗斯戴尔说的：这是幸福的回忆。他说："玛格丽特做针线活儿。"我不知道他是从哪儿编出来的这些，我从来没有在拍摄期间做针线活儿！不过这句话最终道出了某些真相。拍摄过程的确是幸福的回忆。是往返于未知的旅程。

JF、DH：不过首先要有文本。

MD：写作始终是第一位的。尽管《夏雨》来源于影片《孩子们》。现在，我想根据这本书拍一部新的电影。我要从我到我。这才叫自恋。

JF、DH：《孩子们》之前已经有一个文本了。

MD：名字是《啊！艾尔奈斯多》。让-玛丽·斯托将它改编成了一部电影《反反复复》。人们大呼天才，可我不明白为什么。他们认为我是恶毒的，可我不明白……我没有邪恶的信仰。我的性格太暴躁，接受不了邪恶的信仰。让-玛丽拍摄了花絮。围绕着这条花絮，我构筑起维特里、高速公路、音乐家的街道、母亲在阿拉斯加的火车里度过的青春，犹太人也在其中，从圣经中的犹太人一直到奥斯维辛的犹太人。他们围成一圈，听人读这本书。

JF、DH：和电影《孩子们》相比，《夏雨》这本书做了哪些改动？

MD：我喜欢《夏雨》中的母亲，她在火车上亲吻。母亲，就是我的生活。正是这一点让它胜过了电影，因为电影里几乎看不到母亲。在《夏雨》中，有一个瞬间令我动容，就是当他们打算摧毁高速公路，工人们在木板房里椅子放在外面，这是一些悲伤的椅子。P.O.L.出版社不断跟我提起这些椅子。他们本来想把书名也改成这个，《悲伤的椅子》（*Les Fauteuils navrants*）。不过无论是电影还是小说，最重要的还是艾尔奈斯多。艾尔奈斯多是我的宝藏，劳儿·V·斯坦因也是。艾尔奈斯多是全部的人性。

JF、DH：在写《劳儿之劫》的时候，您曾经说过您电影的观众基本上就是您作品的读者。后来《情人》获得了巨大的成功。

MD：《琴声如诉》已经印了五十万册。但是《情人》……（她指着墙上挂的一幅巨型照片，上面是一群沙滩上的企鹅。）瞧，这就是《情人》的读者。

JF、DH：您的电影从未获得过同等的成功。您希望它们成功吗？

MD：我从来不想当英雄，我用对我来说最自然的方式拍电影。但是要了解我的受众群体，因为我们之间确立的是一种关系。比如，《卡车》上映两三周之后，总有观众在放映结束后留下来讨论。电影创造出一个共同体，人们最起码可以作为《卡车》的观众认出彼此。

我就是这样开始的，对我的书和我的电影来说都一样。在一种隐秘的状态下。有一些人，读者或者观众留了下来。一群捣蛋鬼。我不想追求整齐划一，我也做不到。我不是柯莱特。我很喜欢“有争议的”这个词。对电影来说也是一样。我的确是电影杀手。我讨厌电影。

JF、DH：所有的电影？

MD：不！休斯顿[1]的每部影片我都爱看。还有卓别林。

JF、DH：老电影比较讨人喜欢？

MD：我那时很年轻。恨不得把每本书、每部电影都装进肚子里。去电影院就像过节。我每过三四个月就去一次西贡。这是不能比较的。

JF、DH：您会看新上映的电影吗？

MD：不会。我去看了休斯顿改编的《都柏林人》（*Les Gens de Dublin*）。比起《尤利西斯》（*Ulysse*），我更喜欢乔伊斯的这本书……这部影片很对我的胃口，没有任何预兆表明后面会发生什么，然后突然间，所有人滚下楼梯，四散奔逃。女人的歌声突然响起，在场的人全都颤抖起来，他们开始哭泣，不知道是为了自己，还是为了上帝，又或者是为了生活。

在《在荒凉的加尔各答她的名字叫威尼斯》中也有类似手法。到处是一片虚空，到处，都是虚空，虚空。然后传来了德菲因的声音，就像夏天到了："您今晚做什么？"（她模仿塞里格的声音。）拍摄这些是多么幸福啊。

不过对大部分电影来说，屏幕就像一张糊起来的纸，很少能感觉到后面有东西在移动。我很喜欢《碧海蓝天》（*Le Grand Bleu*），虽然里面对深度的解说不尽如人意。贝松如果什么也不说会更好。他不该自作聪明，不过他很有想法。自作聪明就是嘲笑观众看不懂影片，就是背离电影，而不是"在上面签名"，像大家今天都会做的那样。没有生命，没有空气。我的电影里有很多空气。一定要有空气。人们在电影里再也无法呼吸……我有这个。（她指指喉咙上戴的仪器。）

JF、DH：我们在吕克·贝松[2]身上可以感受到拍电影的乐趣。

---

1 休斯顿（John Huston，1906—1987），美国电影导演、编剧、制片人、演员，代表作品有《马耳他之鹰》《夜阑人未静》。——译注

2 吕克·贝松（Luc Besson，1959— ），法国电影导演、制片人、编剧，代表作品有《碧海蓝天》《这个杀手不太冷》《第五元素》。——译注

MD：是的。尤其可以感受到死亡的乐趣。在羊水中死去。这有些孩子气。可电影中一直在流血，从而让这份快乐、这份玩闹的兴致变得弥足珍贵。甚至是对死亡的偏好，离经叛道，长眠海底。

JF、DH：您看电视上播放的电影吗？

MD：我看得很少，为了打发时间才看。电影的名字我向来记不住。我总是觉得眼熟；分辨不清。并不是说电影就一定很糟。这是对大众的侮辱，是失败的算计。

然而，电视是我们共同拥有的一块多么广阔的土地！比阿拉伯半岛还要广阔。我伴着德沙瓦纳的节目醒来。是真的，我很喜欢他。你们不喜欢德沙瓦纳吗？电视让我以一种相对稳定的精神状态离开医院……我在电视前待了三个月。我们和电视建立了私人关系，它应该是流畅的，应该是不易觉察的。但这些伎俩一直很拙劣。

JF、DH：您希望您的电影重新上映吗？

MD：我想知道为什么不放映这些电影。电影资料馆即将举办一个回顾展，我想和香特尔·阿克曼[1]一起去。不过我不关心打包的全集。就像一件商品。那些写我的书也是一样，我对它们的内容不感兴趣。

克洛德·贝里想买下我的电影再以录像带的形式发售。我很高兴，虽然挣钱的人是他。至于我，我从来不用电影盈利，一部也没有。我想重温其中的一部，《成天上树的日子》，它属于"传统"影片而不是"杜拉斯式"影片。和我喜爱的演员让-皮埃尔·欧蒙[2]一起看。还有无限温柔的布勒·欧吉。以及那位母亲，玛德莱娜(雷诺)，她光芒四射："我呢，我坐飞机！"(笑)

JF、DH：您想拍一部新的电影吗？

---

1 香特尔·阿克曼(Chantal Akerman，1950—2015)，比利时杰出女导演，被认为是欧洲作者电影的代表之一，关注当代女性的情感和生活，代表作品有《让娜·迪尔曼》《迷惑》。——译注

2 让-皮埃尔·欧蒙(Jean-Pierre Aumont，1911—2001)，法国电影明星，在好莱坞获得成功，代表作品有《抗战万岁》《莉莉》。——译注

MD：是的，“年轻女子和孩子”（La Jeune Fille et l'Enfant）。这是《80年夏》的一个片段。夏令营里的一个“特立独行”的孩子和一名女教师。故事很纠葛，很危险。我想把几幅从奥斯维辛找到的画作放入影片。这些画是彼得·汉德克的译者乔治-阿瑟·哥德施密特[1]给我的。我不认识他。一天夜里十二点半，他给我打电话，对我说：“很抱歉，我从地铁出来，我刚刚读完《80年夏》，必须跟您通电话。”稍后他来看我，给我带来了集中营犯人的画作。他们当时允许外出。有一幅画光秃秃的，画上有一棵树，一条长椅，长椅上坐着一位穿白裙子的年轻女子，等待德国人放行的火车。她等了很长时间。我叫她贝蒂（Betty），她来自伦敦。我知道她会出现在电影里，她已经在那儿了。电影是虚构的，像梦一般虚幻，可画作是真实的。这是真正的疯狂。画作可以在电影中出现，却无法放进书里或者搬上舞台，这是电影技高一筹的地方。

JF、DH：一天，您提到了《劳儿之劫》丢失的一个剧本。

MD：罗西[2]想拍这部片子。我不愿意给他。他来找过我几次。现在，我脑海中有另一部影片，片长十分钟，或者半小时：劳儿·瓦·斯坦因上了年纪，脸上涂着厚厚的脂粉，打扮得像个妓女，几个中国小伙子抬着她的座椅穿行在特鲁维尔的大街小巷。

不过最让我乐此不疲的是那些“意外”的电影。我们像这样三四个人一起上街，最后一刻才决定叫人，然后开始拍摄：类似一支拍电影的突击队。还要有人负责制作。克洛德·贝里就是这个人选。当我拍《否决之手》（*Les Mains négatives*）时，我不知道要拍什么，就随意地拍了一些细节。然后摄影团队到了，他们架好镜头，文本随之而

1 乔治-阿瑟·哥德施密特（Georges-Arthur Goldschmidt，1928— ），德裔法语作家、翻译家，翻译了本雅明、尼采、卡夫卡等德语作家的作品。——译注

2 罗西（Joseph Losey，1909—1984），美国电影导演、编剧、制片人，代表作品有《绿头发的男孩》《克莱恩先生》。——译注

来。不过首先是一些画面。阿尔塔米拉[1]（Altamira）附近的岩洞，悬于海面，一双双涂得五颜六色的手按在裂开的岩壁上。这些蓝色的手是叫喊。看到这一幕我不由落泪。

是的，我喜欢拍摄"当下"，对不同的地方、场景、情感作出反应，维特里（Vitry）的艾尔奈斯多之树就是一个标志。我在《绿眼睛》中写道："我们总是为电影寻找取景地而很多取景地也在寻找镜头。"

1991 年 6 月 13 日，

让-米歇尔·弗罗东和达尼埃尔·埃曼，

"你们分得清我的书和电影吗?"，《世界报》

1 位于西班牙北部。

唯有语言

贝尔纳·拉普(Bernard Rapp,以下简称 BR):玛格丽特·杜拉斯,我们现在在您位于诺弗勒堡的家中;这幢房子您经常来吗?

MD:我甚至在这里长住过。这是我的房子。

BR:您在这里写作吗?

MD:我在这里拍过电影。我和雷乃一起,在这里拍摄了《广岛之恋》。我们两个都在这儿。

BR:您就坐在这里……

MD:是的,就在这个位置上。我在这儿大概写了十几本书。

BR:其中包括这本《中国北方的情人》?

MD:不。因为我现在把房子留给了儿子。这本书我是在特鲁维尔、在巴黎写的。

BR:您写这本书的时候,没有担心过那些买了——一百万册!——《情人》(第一本,获得龚古尔奖的那本)的读者会在心里琢磨:也许这是同一本书,同一个故事?

MD:我这么想过,觉得有点害怕。但是写作时的幸福胜过所有的恐惧。的确是这样。我心想:"他们会有一点想法;(此处听不清);可阅读时的幸福会胜过其他。"我相信这一点。毫不夸张;我真的相信。

BR：也就是说您和《情人》已经没关系了。

MD：我甚至没有重读《情人》。一句也没有。

BR：那为什么？

MD：我觉得没必要。要知道对作者来说，有些书已经被榨干了。我的许多书不存在这种情况：有些甚至……直到今天……依然和我写它们的时候一样鲜活。比如《埃米莉·L》。

BR：是的。不包括《情人》？

MD：不包括。《情人》就是这本。（她指指《中国北方的情人》。）对你们也一样。

BR：有一个情人，一个中国男人。我们在《抵挡太平洋的堤坝》中看到了他的身影，接着是《情人》，现在他又出现在《中国北方的情人》中，这个人物的成长和变化令人感到不可思议。他已经变得丰满，再也不是您当初向我们描绘的那个男人了。

MD：我感到很高兴。不管怎么说，这是事实。

BR：这是最后一本吗？

MD：是的。我还是无法说我爱他。因为我在《堤坝》中撒了谎；我笑话他。

BR：是的。

MD：我叫他若先生。他令我发笑。在书里我是这么说的。而我母亲信了我的话；所以我撒了谎。为了让她相信。我怕她会杀了我，我哥哥会杀了我，一旦他们得知真相，知道我在十四岁半的年纪成了中国男人的情人。

BR：假如您再写一本关于他的书，假如那本书依旧是老调重弹，找不到新的内容，那么大家会考虑读读这本书。

MD：在这本书里我感到自己背弃了他，真正地离开了他。这是第三回。不，不。您知道我是克里奥尔人；我在那边出生。这个故事中似乎有一种非常激烈或者说强烈的种族色彩，是我后来再也没有遇到过的。欲望中有一种中国式的温柔，夹杂着暴力；几近残酷。所有这些，或许都是他带给我的。我想我再也没有这样的体会。触摸一个男人，触摸他的皮肤时感到的幸福；发现他躺在床上，触碰他的皮肤、寻觅他的气味时感到的幸福。

BR：还有手，您描写了他的手……

MD：啊他的手，是的……中国人，他们不这样和人接触（她摆出一个双手抓取的姿势）。那些动作缓慢，轻柔；也令人有些不快。我不该说这些。

BR：为什么？

MD：嗯……我没有把它们写下来。

BR：它们就在书里，您知道的！

MD：皮肤，还有皮肤的味道，是的。

（玛格丽特·杜拉斯朗读）"女孩体内一阵疼痛。开头剧烈。然后变得可怕……它占据整个身体，头脑，身体与头脑的全部力量"，以及思想的力量。被打倒的思想。就是这样。

您看，我……（微笑）

BR：是的，您作了改动。

MD：这样更好。我刚刚读的比写出来的要好。

BR：那些词换了一种排列方式，出现在您面前。

MD：是的，几乎可以说是一种带有肉欲的动作。

BR：对。那么在您描写您的第一段爱情、第一份痛苦、第一次欢愉的时候，我们的第一感觉是一切在您的笔下重生，您重新经历了那一刻。

MD：啊是的，我彻头彻尾地经历了那一刻。我无法谈论那间公寓。

BR：为什么？

MD：因为那里的回忆太过激烈。非同寻常。不过我对这类感情有种狂热。这类错位的、危险的感情。

BR：引发丑闻的感情？

MD：危险是因为可以引发丑闻。我想我的内心会一直保留这种喜好；还有那个中国人身上的无耻和勇气。他必须越过他的家人、他的雇员、他的佣人……才能每天来学校找我。像这样,面对每一个白人。白人学生,白人老师,还有学监。他来了。他来了,他有一个情妇,就是我,一个十四岁的白人女孩。不过他有金钱的庇护。

BR:一个情妇,也是书里他爱上的"孩子",您不停地对他说:"把我当成其他女人,假如你不爱我这样反而更好。就像对其他人那样和我做爱。"

MD:我也为卖淫的想法着迷。在我看来,城市里的那些夫人,真正的贵妇是妓女。那些独自走在人行道上,无所事事的女人,就是妓女。

BR:您当时十四岁半,面对一个男人,比如那个中国人,您首先感到的不是爱情?而是比爱情更为强烈的欲望?

MD:是他的欲望。后来这种欲望感染了我。我不知道,他应该爱了我很久。对他来说都一样。我自己到后来也分不清了。

BR:您后来再也没有见过他,可您在书中透露您和他通过电话。

MD:在巴黎通过一次,是的。那是一个下午。是某个季节过半的时候;我不记得是几月份。他对我说:"是我。"他对我说了他的名字……

BR:于是那些画面又回来了?

MD:那些画面一直都在。

BR:说到母亲和孩子,我觉得这本书里可以感受到对母亲更多的温情,更多的理解。

MD:母亲……我一直喜欢我的母亲。可她从来没有爱过我。

BR:您确定?

MD:我是这么以为的。很奇怪。就像她对我们的称呼一样有趣。她说:"这是我的大儿子;这是我的二儿子;这个是我的小讨债鬼。"那就是我。现在我觉得这种说法很有意思。

BR:我读这本书时尤其印象深刻的是,我觉得写作,也就是把你的回忆诉诸笔端的行为,让回忆完全淹没你。

MD：的确如此。我常常感到我应该停下来，冷静一下。可是这个故事比我更有力量，更需要倾诉——它从各个方向包围了我。有了这些，我又怕自己忘记，忘记某些细节。最后完全可以写出一本上千页的书来。

我写啊写。我填满一张张纸。有时把它们丢掉。我写得很快。我在焦虑中飞快地写，因为——我一直在读，先于纸上呈现的内容。我害怕自己追赶不上。可以说，我在和自己较劲。有时扬受够了我这个样子。可他不理解我想表达的这些。仿佛这本书早已存在。在某个地方等着我。

BR：它在您脑海中已经预先写好了。

MD：是的。我可以肯定。我所做的就是追上它。我是落后的一方。一直以来都是这样。

我把我的秘密告诉了你……人们会试图赶上来……这本书标志着与电影的彻底决裂。除了我脑海中的内容，比如那个等待被我写下的中国情人的故事，电影不管拍成什么样，作者是谁，不管怎样，都是下流的。一切高贵的、纯洁的字眼都与它无关。

BR：只有文字能够表达？

MD：我再也不会去电影院，我做不到。唯有语言，是的。写作。写作。

BR：您说，在序言的末尾，您写道……

MD：我不知道我说了什么。好吧，继续。

BR：您说："我又成为一个作家……

MD：……写小说的作家。"

BR："写小说的作家"。为什么？

MD：我不知道。我对这句话十分满意。它让我十分满意，我不能……就是这个意思。就是写出来的内容。

BR：关于写作，多读几遍你的作品，或者说这本书里有几处，让人感觉写作成了一种报复行为。

MD：一开始的时候会这样。每个人都不例外。一场事后的指控。即便写的是爱情故事。这是最强烈、最常见的动机。对过去进行清算。随着这本书的进展，我改变了追赶的路径。最终得到了完全不同的结果。

BR：今天您心中依然有报复的欲望？

MD：面对不公，是的。我的政治觉悟来源于此，我永远不会改变。

BR：一切都来源于此？

MD：共产主义，是的。我仍然是共产主义者。可我知道它成了过去式，永远不会实现，因为那一天不可能到来。永远都不可能。

BR：所以呢？

MD：我们继续前进，就像我们正在做的那样。伴随着战乱频仍，政权更迭……还有广大的人民群众，没有人把他们当一回事。一群不幸的人。我生命中这些短暂的意外，这些外部事件，它们彻底改变了我。首先是一种普遍的掠夺。我母亲曾经深受其害。然后是上一次大战。那些犹太人。我永远，永远不会忘怀。我相信我临终前最后想到的依然是它。我完全无法克服这个心理障碍。而我最大的恐惧，最让我感到吃惊的是百分之九十九的人从未考虑过这些。

BR：在这本书里，开头出现了一支乐曲……

MD：《绝望圆舞曲》（*La Valse désespérée*）。

BR：是的。您写书时脑子里就有这支曲子？

MD：我写了《绝望圆舞曲》。

1991年7月5日，贝尔纳·拉普，“性格”，

让-吕克·勒里东（Jean-Luc Leridon）导演，2台

后　记

“我敢故我在[1]”：玛格丽特·杜拉斯与媒体

吕丝·佩罗：变得自由，是什么意思？

玛格丽特·杜拉斯：就是成为我自己。我有名气，他们对我无计可施。因为我写作。我太有名了，他们不能把我关起来。

“作品之外”

吕丝·佩罗，法国电视1台，1988年7月

杜拉斯，过度曝光？

作为书写内心的作家，杜拉斯同样也是书写“外部”的作家，通过《外界》和《外面的世界》[2]，她把在媒体上发表的文本、文章和访谈辑录成了书。

1 文章参见前文，让-米歇尔·弗罗东和达尼埃尔·埃曼，“一次美好的旅行”，《世界报》，1991年6月13日。

2 《外界》，巴黎，阿尔班·米歇尔出版社，1981；1984年P.O.L.出版社再版；《外面的世界》，巴黎，P.O.L.出版社，1993。

她还不厌其烦地把某些最初是口述的对话结集出版[1]；在她去世后，一些访谈[2]也相继出版。本书是这类出版物的一个延续，作者在书中打破了创作的孤独，与读者交流。

通过这部收录1962年至1991年期间杜拉斯在纸媒、广播和电视[3]上所作的访谈的选集，我们可以打一个赌，坚信这部作品之“外”的选集可以道出一些本质的东西。作者关于其工作说过的话——与艺术创作相比，其语言是非文学的、未经修饰的、不加雕琢的，甚至有些贫瘠——是冰山露出水面的部分：因为过于外露而不被重视，过于暴露于阳光之下而没有成为探究之源。一般来说，人们更容易关注自己所认为的作品的*阴暗面*。使我们盲目的，正是这些访谈*过度暴露*的特征吗？在某个阶段杜拉斯在媒体上无处不在，她和名声的关系经常被认为是过分自恋，她的直言不讳被当作厚颜无耻，使我们无法看到、听到这些历时三十年、关于正在完成的作品和正在自我建设的作家的话语要表达的东西？

因此我们希望让读者读到杜拉斯的这些谈话，当然不是作为作品本身的一个部分来阅读，而是作为一个过于暴露于阳光之下而不会被真正观察到的一面来阅读。同时，也是提供一个在行进和摸索过程中有意义的俯瞰全局的视角。因为几乎只从一个视角出发，很难涵盖一位重要艺术家在三十年间所作的关于自身创作的讲话；还有重复、矛盾、含混之处和新的发现。也就是说，这部访谈录的目的不只是提供信息：尽管有时候，在某些访谈中，杜拉斯似乎是在重复自己说过的话——或者说是在推翻自己说过

---

1 《话多的女人》（与格扎维埃尔·戈蒂埃合作，巴黎，午夜出版社，1974）、《玛格丽特·杜拉斯的领地》（与米歇尔·波尔特合作，巴黎，午夜出版社，1977），以及更低调的《物质的生活》（P. O. L. 出版社，1987）和《写作》（巴黎，伽利玛出版社，1993）均属于这种情况。

2 在最新出版的访谈中，值得一提的是《以说成书，〈杜拉斯拍电影〉访谈录》，若埃尔·巴杰斯-班冬（Joëlle Pagès-Pindon）编，巴黎，伽利玛出版社，2014，以及《杜拉斯、戈达尔对话》，西里尔·贝甘（Cyril Béghin）编，巴黎，后出版（Post-éditions）出版社，2014。

3 在此明确指出，这些访谈的时间界限完全是经过我们的主观选择确定的，也就是说我们对杜拉斯一生之中所做的大量访谈进行了选择，只保留了在我们看来特别值得关注的交流。

的话，我们觉得应该侧耳倾听在谈话过程中正在形成的思想，倾听正在积极酝酿中的风格，倾听一位在记者的眼睛中审视自我，从而更好地定位自我，然后，为文学而改变的作家。

因此，我们希望提供的是一种处于变动中的自画像的形式，可以通过其连续性读到对媒体、艺术和人类进步的叙述，但这种叙述同时也提供了按时间顺序随处挖掘的可能性，以及在看待世界的某个特殊时刻与杜拉斯某部作品之间的默契。

从自我评论到自我庆祝，有时还会稍稍绕道进行自我批评……人们经常认为自己已经完全知晓并理解了媒体上的杜拉斯最好的一面和最坏的一面；就像人们因为德普罗日[1]说过一句有名的话就残忍对她下定论，说她“不仅说了一堆蠢话，还把它们拍成了电影”，她的蠢话主要是在媒体上说的，人们经常因为这一点而指责她。还要理解“蠢话”的定义：在杜拉斯的作品中，人们经常将它断章取义，而脱离语境之后，就体会不到细微的差别，也无从反驳了。我们在此提供的这部作品不是一部圣徒传记，我们的目的也不是把这位伟大作家说过的每一个词都神圣化；如果说里面有蠢话，我们既不会审查也不会掩饰，会让已经去世的作者自己承担。但是，我们一方面只限于选择涉及作品和创作的访谈，摒弃了那些主题更加宽泛的；另一方面，组织文集是为了重新进行背景分析，这样就可以——读者可以做出评判——使每个句子避免陷入套话，使其意义相对化，融入更加宽泛的话语中，处于特定的时间中。

我们在此希望做的，并不是让杜拉斯的话语自由流淌——就像人们所说的“骑着飞轮”；恰恰相反，我们是想展示她在别人眼中的投射是如何影响了她自己的看法，最终如何引导她登上舞台。不是提供一条通往受到广

---

1 德普罗日（Pierre Desproges，1939—1988），法国幽默大师，以黑色幽默、反常规和荒谬感而著称。——译注

泛评论的杜拉斯的自恋的皇家大道，而是观察这种自恋是如何出现，如何受到外界影响，如何前进以避免这些影响，还可以说是如何直接糅合了她自己的自传契约。

最后，人们可能会觉得这样听一位拒绝分析、希望远离理论的作家谈论自己的作品有些奇怪。但这是因为杜拉斯表现出了（尤其要感谢采访者的才华，他们通常也是作家或电影界人士）一种非常独特的探讨关于文学理论、从事写作或导演等问题的方法；在我们看来，这种独一无二而又清新自然的形式具有双重优势，既可以动摇专业人士的习惯，又可以与外行人探讨。

这是杜拉斯的风格吗？

访谈记录[1]是一种混杂、缺点很多的文体，其中最微不足道的并不是把一开始变幻不定、漂浮、转瞬即逝的话语固定在印刷制版上。我们的选集也免不了显得冗长累赘；这些在谈话过程中、在电台录音棚或简短的电视节目中说出的词语从此确定了下来，固定在了书页中间。对于杜拉斯这样的人物来说这或许并不是无关紧要的，因为她引起的很大一部分兴趣就建立在她独特的声音，她的目光，她富有感染力的笑声，她著名的沉默之上。人们愿意相信，这一切都存在于读者的思维中；他们需要重新自己构建作家在每次交谈时的独特氛围。我们想让我们的记录尽可能地透明，希望不会成为这种思维构建的障碍。杜拉斯的独特表达可以使这种构建更加便利：在她身上，话语和写作的联系之紧密令人惊叹。自 1967 年开始，于贝

1 关于我们在本书中采用的规则，参见本书开头的版本和记录说明。

尔·尼桑指出"她的话语和写作之间具有明显的相似性[1]";这种相似性后来更加突出,使得弗雷德里克·费尔内[2]在1985年《痛苦》出版时说道:"我们经常讽刺这位怀疑时代的拉法耶特夫人。抒情的杜拉斯,简练的杜拉斯,因为过于世故而又极其简单的杜拉斯,以至于没有什么能把杜拉斯的一本小说、一部戏剧或一场访谈与她本人分开,因为这一切都具有相同的实质。"[3]

她的访谈和她的小说,她的戏剧和她的电影,"具有相同的实质"吗?无论如何,这种在说出来的东西和写出来或拍出来的东西之间深层的混杂性,这种个人与"文学"之间密不可分的默契,正是杜拉斯强大的人格魅力使然。

杜拉斯,舞台上的怪兽

在二十世纪文学界,玛格丽特·杜拉斯与媒体的关系或许是独一无二的;不仅仅是狂热的特征独一无二,这种关系对作品阅读的影响也是独一无二的,以至于直到今天,在其去世二十年之后,留存在很多人记忆之中的仍然是她的人格,超越了其作品。

实际上,杜拉斯作品的接受有点失度,时而敌对时而着迷,时而谨慎时而狂热。我们这本书开始于1962年,当时杜拉斯刚刚获得了新的声誉,不是因为文学,而是因为电影:阿兰·雷乃的电影《广岛之恋》于1959年上映,杜拉斯的剧本于次年出版。预感到即将在好莱坞获得最佳原创剧本奥斯卡奖,她获得了巨大的成功,赢得了前所未有的名声。随着《劳儿之劫》(1964)和《副领事》(1966)的出版,她在被公众和媒体认可的道路上迈出了新

---

1 文章参见前文,1967年8月—9月,于贝尔·尼桑,"充斥着句子的沉默",《综述》,第254—255号。

2 弗雷德里克·费尔内(Frédéric Ferney, 1951—),法国作家、文学评论家、记者,代表作品为《文学喜剧》。——译者

3 费雷德里克·费尔内,"杜拉斯,无法安慰的人",《新观察家》,1985年4月19日。

的一步，与此同时还两次参加皮埃尔·杜马耶的电视节目“全民阅读”[1]。无疑就是在这两部在杜拉斯的创作中占据着重要位置的小说中，凝结着贯穿始终的杜拉斯作品批评的主要特征：确定会有敌对的两个极端，即狂热的爱好者和过激的诋毁者。

二十世纪六十年代中期，杜拉斯已经被视作是一位地地道道的作家，她的写作是独一无二的、特别的：人们开始谈论一种“杜拉斯风格”[2]。她以极左派身份介入政治的倾向越来越明显，政治介入在她的工作中占据的地位越来越重要和突出[3]；这种介入也不可避免地影响其作品的接受。

二十世纪七十年代进一步打乱了她的形象：她拍摄的电影数量超过了她出版的小说，她的电影作品使她远离了刚刚开始接触的大众。某些记者承认了自己的困惑：“人们不太清楚您是谁了”[4]，让-路易·艾齐纳在1974年对她说。同样也是在这个阶段，杜拉斯面对媒体的语气越来越坚定，不再像以前那样模糊和顺从，甚至有时还有些挑衅：“我希望您打破的，就是某种提问习惯，这种习惯有点像是既定的，有点机械。‘您在……方面有什么意图？’‘您通过……想表达什么？’‘您想不想稍稍谈论一下？……’仿佛我们真的可以稍稍谈论一下。我们要么谈论，要么闭嘴。”[5]可以感觉到，她经常惹人生气，把记者向她提出的问题再抛回给记者：“这是什么意思，我是谁？您是谁，您呢，嗯，您是谁？来，回答我！嗯？是的，但您是谁呢，您，向我提问的人？”[6]

杜拉斯与评论界的关系明显有一种冲撞，最终人们也不知道这是如何

1 1999年，这些访谈结集出版，题为《电视访谈录》，参见上文。

2 C.S.，《观察家》，1961年6月22日，主题为在伽利玛出版社出版的第一部戏剧合集。

3 “在伯克利，有人刚刚发表了一篇关于我的博士论文；……人们说我的政治介入已经是习惯成自然了，所以我不需要去想，不需要斟酌，您明白吗？是的，我承认，这让我很高兴。”（文章参见前文，玛格丽特·杜拉斯对雅克·尚塞尔，《X光透视》，法国国内台，1969年12月28日。）

4 文章参见前文，让-路易·艾齐纳，“谈论不想说”，《文学快讯》，1974年4月15日。

5 同上。

6 文章参见前文，米歇尔·贡萨雷斯和宝拉·雅克，“周一嘉宾”，《法国文化台的午后》，1976年7月5日。

造成的：

雅克·尚塞尔：但您没有想过，玛格丽特·杜拉斯，您是在以某种方式维持着这种尊重和这种恨吗？

杜拉斯：啊，我对这个感兴趣……怎样维持的，在您看来？

尚塞尔：我不知道，您不会让步，您几乎乐于让别人攻击您。在内心深处，您可能有一点不快，但您在心底想："他们什么都没搞懂，算了，这群笨蛋。"或许在这一点上，您有失公允。

杜拉斯：不，我不会这么想……我心想，他们弄混了，例如……他们以为，因为他们不喜欢，所以那不是一部好电影。因此，我把他们视为没有完全成年的人，您明白吗？没有鄙视的意思。[1]

杜拉斯从此出名了，但是她真的被阅读，或者被观看了吗？她的名声还并不意味着成功，也不意味着她在公众面前的形象是正面的。在二十世纪七十年代和八十年代的交界点上，她的接受进程中出现了一个决定性的现象：由于谈话和文学作品、理论和日常生活[2]自由混杂在一起的访谈录的出版，由于她使得自传在写作中占据的地位越来越重要，最后还由于她对展现自我的兴趣和她毋庸置疑的媒体魅力，杜拉斯越来越多地介入到书和读者之间。作者似乎向公众展示了"她自己的身体"[3]，因此越来越吸引着，或者恰恰相反，激怒着评论界。1983 年 1 月，当《萨瓦纳湾》《大西洋人》

1 文章参见前文，玛格丽特·杜拉斯和雅克·尚塞尔，《X 光透视》，法国国内台，1969 年 12 月 28 日。

2 《话多的女人》和《玛格丽特·杜拉斯的领地》，参见上文。

3 克里斯蒂娜·德·蒙特瓦隆（Christine de Montvalon），《电视全览》（*Télérama*），主题为《玛格丽特·杜拉斯的领地》，1976 年 5 月 15 日。

和《死亡的疾病》几乎同时上演时，媒体一同构建了作家的形象，其作用超过了作品。她成为了"'唯一的'杜拉斯"[1]。

第二年，她获得的是认可：在《情人》获得龚古尔奖之前，媒体一片赞美之声，取得了巨大的商业成功。这一次，杜拉斯成功地收集到了苛刻的和流行的、知识分子的和大众的评论，在一年之后《痛苦》出版时依然没有中断。杜拉斯的句法变成了一种熟悉的小音乐，人们开始注意到，在当时的媒体上和文学创作中，出现了某种模仿现象：人们开始创作杜拉斯风格[2]。

二十世纪八十年代中期，玛格丽特·杜拉斯是一位"明星"，一位"公认的大家"[3]。不会让那些批评她"自恋到让人眩晕，甚至目瞪口呆"[4]的人不高兴，公众和评论界对她的认可一直持续到了最后几篇文章。不是勉强得到的认可，而是靠作品严密的逻辑，她从先锋作家之列跻身于明星之列——并承担了这种身份所带来的一切烦恼、厌倦和戏仿。随着 1985 年 7 月 17 日在《解放报》上发表的关于"格里高利事件"的文章，最后一步已经迈出，这会让一部分公众在很长一段时间里都不会招惹她。在报纸主编赛尔日·朱利(Serge July)推荐的这篇文章中，作家把克里斯蒂娜·维尔曼写成了一位杜拉斯式的女英雄，一位来自于人民的罪犯，一位淳朴的女性，杀害婴儿只是在面对世俗男性压迫时采取的一种解放和挑战行为。只是：事件一时之间成为了所有媒体的头条，还没有宣判，没有什么证明母亲有罪——她之后会被宣告无罪。反响极大，其激烈程度和数量之多，还有那些指责她侵入司法记录、立场不合法、语气"如同神谕"的人，让杜拉斯感到震惊和难过。从此之后，这种形象一直与作者的名字联系在一起，丝毫没有玷污她的写作具有的优点：杜拉斯，必然是绝妙的，又必然让人无法忍受。

---

1 雅克-皮埃尔·阿梅特，"'唯一的'杜拉斯"，《观点报》，1983 年 1 月 10 日。

2 例如 1984 年 9 月 28 日，艾尔维·勒马松在发表于《新观察家》的访谈"卡提拿街的陌生女人"中写道，"读完这本书，我们发现它很难定义。"文章参见前文"记忆永在眼前"。

3 菲利普·奥伯特(Philippe Aubert)和若斯亚娜·萨维诺(Josyane Savigneau)，《世界报》，1987 年 7 月 10 日。

4 安托万·德·戈德马尔(Antoine de Gaudemar)，《解放报》，1987 年 6 月 11 日。

玛格丽特·杜拉斯与标签

如果说杜拉斯既迷人又恼人，这是因为她努力避免任何分类。就美学流派范畴而言，首先她多次拒绝被归到新浪潮（在《广岛之恋》之后人们想将她归为此类）和午夜出版社出版《琴声如诉》后人们想把她拉进新小说的阵营。

同样在文体方面，人们希望杜拉斯更加清晰，更有条理，总之更有可读性。她主要是小说家、编剧、导演、电影人？……她什么都接触，这一点令人恼火：作为自由艺术家，其次作为令人愤慨的老女人，她一直拒绝被限定，拒绝表现出职业化的一面。她总是即兴创作，希望一直站在钢丝绳上，一直处于试验、冒险和"危险"之中。这部访谈集之所以能够使人们更好地观察杜拉斯本人视角的变化，这就是原因之一：她时而说小说写作高于一切，时而说什么都比不上电影写作，时而又说导演戏剧是一种无法替代的体验。记者经常就这一点提问；每一次，人们都可以觉察到对杜拉斯所有领域都要涉足、总要越界的方式的一丝指摘。

作者形象：姿势或造型？

在阅读这些访谈时，人们只会被一种感觉震惊到，即一种很变态的游戏把杜拉斯与媒体联系在了一起——在这种游戏中，每个人都会从中获益，得到满足，同时也能找到尖酸的理由。因为尽管杜拉斯恼人，但这个名字也越来越吸引观众，越来越"畅销"，记者们不停地回来采访她。在此期间，她似乎在嘲弄人们对她的期待——当人们认为她会论述文学的未来时，她采访了足球运动员米歇尔·普拉蒂尼（Michel Platini）[1]，一直自诩是共产党人但又表达她对罗纳德·里根[2]的仰慕，等等。

---

1 1987 年 12 月发表于《解放报》的文章。

2 "新昂古莱姆"，1986 年 4 月 16 日与弗朗索瓦·密特朗的访谈，最初发表于《另类日记》，后收录于《杜班街邮局》一书，巴黎，伽利玛出版社，2006，第 124 页。

与此同时，杜拉斯还努力打破期待，她塑造了一个越来越具有侵略性、巨大的、仿佛无法感知的作者形象：陷入难以言说的作家形象，在日常生活中收集宏大的形而上学问题，其简单的表达形式有时会有招来自负的风险。正是这位杜拉斯引发了帕特里克·朗博[1]的嘲笑，激发了他的创造力，使他写出了模仿之作《穆鲁罗瓦之恋》(*Mururoa mon amour*)和《维吉妮·Q》(*Virginie Q*)[2]。她还使菲利普·维兰[3]怀着敬畏之心写下了"因为杜拉斯，人们至少知道了政治并不是城市餐桌上引发不睦的唯一话题，知道了正是因为她，或者说多亏了她，人们有了成为敌人的更佳理由"[4]。

然而皮提亚[5]一般的杜拉斯穿着高帮皮鞋和套头衫端坐着，并不像看上去的那样是个大理石巨人。她承认会受评论影响，经常受其箭头重伤，"仿佛不被阅读比不受喜爱更难以忍受"[6]；她与读者维系着一种纷纷扰扰的关系，其中既有挑衅也有紧密的依存。

杜拉斯：……我应该改变别人的阅读期待，把他们引到别处。他们希望我留在原地，保持原样，不，我要改变方向。

《新观察家》：您改变了方向，但是与此同时，您紧紧抓住读者，向他们发出请求。我以下引用的是您为《乌发碧眼》亲自撰写的一段话，这件事本身就不寻常："读读这本书吧。在任何情况下，哪怕总的来说很讨厌，也要读读它。我

1 帕特里克·朗博(Patrick Rambaud, 1946—)，法国作家，代表作品为《战役》。——译注

2 帕特里克·朗博，笔名玛格丽特·杜拉耶(Marguerite Duraille)，《维吉妮·Q》，巴黎，巴浪(Balland)出版社，1988年，《穆鲁罗瓦之恋》，巴黎，JC拉戴(JC Lattès)出版社，1996年。

3 菲利普·维兰(Phillippe Vilain, 1946—)，法国作家、评论家，代表作品为《最后一年》。——译注

4 菲利普·维兰，《暂存于身体》(*Dans le séjour des corps*)，沙图，透明出版社(Éditions de la transparence)，2010年，第22页。

5 特尔斐城阿波罗神庙中宣示阿波罗神谕的女祭司。——译注

6 安妮·辛克莱(Anne Sinclair)，《她》(*Elle*)，1986年12月8日。

们没有什么再好失去的了，不会失去您，也不会失去我。把它读完吧。”为什么会这样？您这么需要别人爱您吗？

杜拉斯：我不能接受别人不喜欢我的书。我不接受，我会感到困扰。当我知道我让别人高兴，这样才算结束，我获得了平静，不再想这件事。（笑）[1]

这是因为有时候人们感觉到，在玛格丽特·杜拉斯身上，沉重是存在于记忆之中的，面具渐渐变成了面孔，损害了处于不确定的根基之中的主观性：“人们对于我的一切期待我都能做到。都能相信”[2]。人们无疑可以相信她，她也可以相信自己，当她马不停蹄地声称作品已经占据了一切位置，已经把作者吞噬，以至于如果说还有什么属于杜拉斯的东西留下来的话，那正是一种声音，一句话，一个说明性的动作，在她在世的时候，这个动作就已经抹去了她身上不具有文学性的一切。这一点可以在米歇尔·芒索引用的作者与苏珊·科恩在1982年的访谈中读到，我们在前面收录了这篇访谈中未发表过的长篇节选：

我写的一切都是有逻辑的。我从来不会搞错，但一切都是假的。我什么都没有编造。我只是编造了讲述的借口。因此，一切也都是真的。只有一个人不真实，那就是劳儿·V·斯坦因。我想劳儿·V·斯坦因就是我，因此我不能编造她。女乞丐是真实的；副领事是真实的；安娜-玛丽·斯特雷特是真实的；湄公河是真实的；加尔各答是真实的。唯一不真实的东西，就是我。自一开始我生活中存在的问题，就是知道在我说话时谁也在说，如果说有编造的东西，那就是她。[3]

---

1 文章参见前文，皮埃尔·贝尼舒，艾尔维·勒马松，“完完全全杜拉斯……”，《新观察家》，1986年11月14日。

2 玛格丽特·杜拉斯，《情人》，巴黎，午夜出版社，1984，第26页。

3 米歇尔·芒索，《闺中女友》，巴黎，罗伯特·拉封（Robert Laffont）出版社，1997，第125页。

在这些依然有挑衅性、故意自相矛盾的声明背后，显示出了令人困惑的悖论，人们可以明白这些悖论是造成误会，甚至是互相激怒的原因，而互相激怒正是杜拉斯与媒体关系的关键所在。在大多数情况下，妄自尊大也可以理解为承认自己感情脆弱。大声喊叫人们不存在或许是个奇怪而惹人不快的怪癖；通过在媒体上的无处不在证明躲在作家后面的人被抹去了也很奇怪。但是在“最后的杜拉斯”身上，没有任何要暗示、要猜测的东西——一切都被写作吞噬了，任何领地都逃脱不了作者形象的影响。这就是以讽刺矛盾形式出现的内心写作的最终代价：说到底最杰出的典范并没有丝毫的隐秘性——在这里，一切也都是过度曝光的，不是媒体意义上的，而是摄影意义上的，被文学之火点燃、焚烧。

玛格丽特·杜拉斯，流行作家

无处不在而又不可捕捉，缺席而又随处可见……玛格丽特·杜拉斯难道不是第一位流行作家吗？除了她在所谓的严肃文学界开启了一种前所未有的媒体关系，她的公众形象集合了这种类型的某些定义性特征，这种类型始于音乐领域，但更宽泛地说，它象征着某种现代性。

首先，并且是重要的一点，正如人们所说，杜拉斯的身份似乎是可塑造的、开放的——足以为大众提供各种类型的投影。很多读者想在她的写作中读到自己的故事，这位“新小说派的艾迪特·皮雅芙”[1]拨动了他们受到文学磨砺的心弦。每个人都可以把她那些描写爱情的、绝望、朴素、简练的句子据为己有，获得共鸣。每个人都有“自己的杜拉斯”，公开嘲笑但暗中仰慕的杜拉斯。不管走到哪儿都要随身携带，以至于她的“小音乐”不合时宜地影响了一切：因为存在一种杜拉斯间奏曲，它是由声音，更是由一种具有辨识度的句法组成的。一种流行的小声音，在无意之中占据着我们的思维，甚至会惹人生气。也会让人听到边界之外的回声，正如吉尔·菲利

---

1 这是阿兰·罗伯-格里耶的妙语。

普所言："在全世界眼中，杜拉斯是我们国家形象的一部分；由于其艺术爱好和厚颜无耻，她成了法国梦的面孔之一。"[1]

如果说杜拉斯是流行的，这是因为她印在了所有同时代人的记忆之中——而她在媒体上的存在所发挥的作用超过了她的作品——这种存在可以归结为几个特殊特征：声音，沉默，表达的艺术，某种自视甚高的方式……甚至还有一种"派头"，没有这些，没有人能追求偶像地位。

我们知道，流行音乐是通过媒体而获得自身存在的；至于杜拉斯，她是最早打破文学领域的自律进入一个体系的作家之一，或许她并没有完全预料到这个体系所有危险的意图。她首先想控制，然后就任由自己被媒体裹挟频频露面，最终部分扼杀了自己具有创造力的声音。

我们不会怀疑，这种相对的抑制只是暂时的；而后人将会负责抹去"'独一无二的'杜拉斯"过于明显的特征，为我们呈现表达细微差别的作家、打破传统的电影人士和富有创造力的编剧，这是她一直以来的身份。在知道什么会保留下来之前，我们觉得出版这部访谈录是有必要的，因为我们觉得通过展示引导玛格丽特·杜拉斯从暗处走向舞台灯光下的道路全景，或许可以使外界回归原处，使观众与作品重新面对面，这种面对面的交流完全是内在的、孤独的。

索菲·博加艾尔

1 吉尔·菲利普，玛格丽特·杜拉斯《作品全集》第一卷序言，巴黎，伽利玛出版社，七星文库，2011，第 xxxv 页。

致谢

感谢让·马斯科洛和米歇尔·卡斯特内的支持。

感谢现代出版档案馆还有玛利亚娜·阿尔方、阿兰·布鲁内、奥利维·科尔贝、尼古拉·克莱芒、苏珊·D·科恩、克莱尔·穆莱纳、吉尔·菲利普和于格·普拉蒂埃在本书的策划、筹备和成书过程中给予的帮助。

附 录

玛格丽特·杜拉斯
生平和创作年表

1914　4 月 4 日，玛格丽特·多纳迪厄出生在西贡附近的嘉定。她父亲教数学，母亲是小学老师。她哥哥皮埃尔出生于 1910 年；“小哥哥”保尔出生于 1911 年。

1921　多纳迪厄先生因为健康原因被送回法国。12 月，他在故乡杜拉斯（洛特-加龙省）去世。1922 年夏，多纳迪厄夫人也带着三个孩子回到法国。

1924　多纳迪厄夫人和她的孩子们一起回到印度支那，在湄公河三角洲的永隆安顿下来。三年后，多纳迪厄夫人获得了一块柬埔寨的政府租借耕地，也就是一直萦绕在玛格丽特·杜拉斯作品中，从《抵挡太平洋的堤坝》到《中国北方的情人》，那块会被海水淹没的土地。

1928　玛格丽特去离家很远的西贡的中学读书。她在那里遇到了后来被写进书中的“情人”。

1933　玛格丽特·多纳迪厄在取得会考证书后彻底回到巴黎。她开始在巴黎学习法律。

1939　获得法律和经济学双学位。1937 年，她进入殖民地部工作，在那里她和菲利普·罗克合写一部描写法国殖民地的著作《法兰西帝国》。9月，她嫁给了三年前结识的罗贝尔·昂泰尔姆。

1942　5月，玛格丽特·昂泰尔姆产下一个死婴。7月，她进出版检查局工作负责纸张调配，她在那里结识了迪奥尼斯·马斯科洛。12月，她得知“小哥哥”保尔在西贡病故。

1943—1944　她的第一部小说《厚颜无耻的人》用玛格丽特·杜拉斯的笔名在布隆出版社出版。次年，她和丈夫加入由弗朗索瓦·密特朗领导的抵抗组织，罗贝尔·昂泰尔姆被捕并被送去集中营。杜拉斯的第二本小说《平静的生活》在伽利玛出版社出版。

1945　玛格丽特·杜拉斯加入共产党。6月，罗贝尔·昂泰尔姆从达豪集中营回来。

1947　昂泰尔姆夫妇离婚；6月，玛格丽特和迪奥尼斯的儿子让·马斯科洛出生。

1950　《抵挡太平洋的堤坝》在伽利玛出版社出版，和当年的龚古尔奖失之交臂。尽管该书得到评论界的好评，但销量不佳。

1952—1954　《直布罗陀水手》《塔尔奎尼亚的小马》之后作者的唯一一部短篇小说集《成天上树的日子》出版。

1955—1956　杜拉斯出版对话小说《广场》，标志着和她之前作品的明显断裂。她反对阿尔及利亚战争。和迪奥尼斯·马斯科洛分手，结识热拉尔·雅尔洛。她母亲去世；杜拉斯用《抵挡太平洋的堤坝》的电影改编权买了诺弗勒堡的房子。

1958　玛格丽特·杜拉斯在午夜出版社出版《琴声如诉》，她的名字因此——不管对不对——跟新小说运动联系在了一起。该书获得成功。她写了《广岛之恋》的剧本和对话，阿兰·雷乃在夏天将它拍成电影，让作家声名大噪。

1960 剧本《塞纳-瓦兹的高架桥》出版，她随后用《英国情人》(1967)否定并替换了之前的剧本，获得巨大成功，这是杜拉斯第一次直接为戏剧创作。1963年，克洛德·赫奇将《塞纳-瓦兹的高架桥》搬上舞台。杜拉斯进入美第奇奖评委会和电影委员会，出版《夏夜十点半》。

1963 杜拉斯买下特鲁维尔黑岩旅馆的公寓。第一次开始酒精中毒的治疗。用了几个月时间，她创作了《劳儿之劫》。

1965 玛格丽特·杜拉斯的戏剧很流行，创作了《水和森林》，改编了《昂代斯玛先生的午后》和《成天上树的日子》，第一卷《戏剧》在伽利玛出版社出版。作家写完《副领事》并于次年出版，几个月后，她和保尔·色邦合作拍摄了她的第一部电影《音乐》。

1969 玛格丽特·杜拉斯在午夜出版社出版《毁灭，她说》，并将它改编拍成电影。

1971 杜拉斯拍摄了《黄色的，太阳》并发表了一个童话《啊！艾尔奈斯多》，后来被拍成电影(《孩子们》,1984)，再后来被写成小说(《夏雨》,1990)。接下来的十年她主要投身在电影拍摄(1972年《娜塔莉·格朗热》和《恒河女子》,1975年《印度之歌》,1976年《在荒凉的加尔各答她的名字叫威尼斯》和《成天上树的日子》,1977年《卡车》,1979年《黑夜号轮船》、《塞扎蕾》、两部《奥蕾莉娅》和《否决之手》)和一些有杂糅风格的作品中：访谈录《话多的女人》(和格扎维埃尔·戈蒂耶,1974)和《玛格丽特·杜拉斯的领地》(和米歇尔·波尔特,1977)，还有令人难忘的标明是“文本-戏剧-电影”的《印度之歌》(1973)。最后这部作品，以它丰富多样的形式，引起了很多评论，让作家的知名度再次飙升。

1980 《电影手册》邀请玛格丽特·杜拉斯负责一期专号，名为

《绿眼睛》。应塞尔日·朱利之请为《解放报》写的十篇文章以《80年夏》的书名结集出版。这两部作品的出版对杜拉斯而言标志着对写作的回归。这一年扬·安德烈亚走进她的生活，让作家与写作的关系变得更加紧密。在法国文化台播出了她和让-皮埃尔·色东的访谈（《魔力之夜》），于2012年出版。

1981 文集《外界》出版，收录了杜拉斯在1957到1980年发表在报纸上的文章，《阿嘉塔》在午夜出版社出版。杜拉斯和扬·安德烈亚和布勒·欧吉一起拍摄《阿嘉塔》；《阿嘉塔》剪掉不用的胶片成了《大西洋人》，热罗姆·博茹尔和让·马斯科洛拍摄了电影制作的过程，之后成了纪录片《杜拉斯在拍摄》。杜拉斯在她的电影回顾展之际去了魁北克，接受了好几个采访，后来结集成书（《杜拉斯在蒙特利尔》，斯皮拉尔出版社，1981）。

1982 《大西洋人》《萨瓦纳湾》和《死亡的疾病》在午夜出版社出版。杜拉斯系列影片在电视上播放。作家不得不再次接受酒精中毒的治疗，她的伴侣扬·安德烈亚由此创作了《玛·杜》（午夜出版社，1983）。

1983 玛格丽特·杜拉斯获得法兰西学院戏剧大奖。她接受了多米尼克·诺盖的访谈，后者受外交部的委托，制作八部配点评的杜拉斯电影的套装。《阿嘉塔》在埃塞永剧场上演，《萨瓦纳湾》有作家亲自执导，玛德莱娜·雷诺和布勒·欧吉出西演，在圆点剧院大获成功。

1984 七十岁的杜拉斯看到自己的第三卷《戏剧》在伽利玛出版社出版；儿子建议她就家庭的照片和他一起写一本书，她由此在几周内写出了《情人》，《情人》为她赢得了龚古尔奖，尤其是让她声名大噪。人们开始谈论她可能会获得诺贝尔文学奖。

1985 《痛苦》在 P.O.L. 出版社出版。杜拉斯开始和弗朗索瓦·密特朗的系列访谈，谈话记录发表在《另类日记》，之后被收入《杜班街邮局》一书（伽利玛出版社，2006）。7 月，在《解放报》上就“格利高里事件”发表文章（“绝妙的，必然绝妙的克里斯蒂娜·V.”）为她招来很多非议。

1987 在前一年出版《乌发碧眼》和《诺曼底海滨的妓女》之后，杜拉斯出版了《物质生活》，一本和热罗姆·博茹尔的系列访谈结集而成的书。《绿眼睛》出了增补单行本。又一次住院治疗后，杜拉斯在《世界报》上发表了和足球运动员米歇尔·普拉蒂尼的访谈。

1988 在前一年午夜出版社出版《埃米莉·L》之后，帕特里克·郎波用玛格丽特·杜拉耶的笔名发表了戏仿杜拉斯的作品《维吉尼亚·Q》。杜拉斯再度住院，几个月昏迷不醒。

1990 尝试几次为克洛德·贝里写《情人》的电影剧本后，杜拉斯和制片人的合作告吹，把编剧交给让-雅克·阿诺负责。电影于 1992 年上映，受到大众的追捧。而她自己写了《中国北方的情人》，次年在伽利玛出版社出版，和热罗姆·兰东出版社和午夜出版社停止合作。同年，阿兰·维尔龚德莱出版了第一部杜拉斯传记。他还于 1993 年在瑟里西拉萨勒举办了首个杜拉斯作品研讨会。

1993 1992 年《扬·安德烈亚·斯坦纳》出版，之后《写作》和《外面的世界 II》出版，后者是由克里斯蒂娜·布洛-拉巴雷埃尔整理的文集。

1995 杜拉斯口述、扬·安德烈亚记录的集子《这就是一切》在 P.O.L. 出版社出版，引起了争议。杜拉斯把手稿交给现代出版档案馆。她于 1996 年 3 月 3 日在巴黎的圣-伯努瓦街的公寓去世。

杜拉斯作品及其改编

玛格丽特·杜拉斯的文学和戏剧作品

小说、故事、戏剧剧本、访谈

《厚颜无耻的人》，布隆出版社，1943。

《平静的生活》，伽利玛出版社，1944。

《抵挡太平洋的堤坝》，伽利玛出版社，1950。

《直布罗陀水手》，伽利玛出版社，1952。

《塔尔奎尼亚的小马》，伽利玛出版社，1953。

《成天上树的日子》（附《蟒蛇》《道丹太太》《工地》），伽利玛出版社，1954。

《广场》，伽利玛出版社，1955。

《琴声如诉》，午夜出版社，1958。

《塞纳-瓦兹的高架桥》，伽利玛出版社，1959。

《夏夜十点半钟》，伽利玛出版社，1960。

《广岛之恋》，伽利玛出版社，1960。

《昂代斯玛先生的午后》，伽利玛出版社，1962。

《劳儿之劫》，伽利玛出版社，1964。

《戏剧（一）：〈水和森林〉〈广场〉、〈音乐（一）〉》，伽利玛出版社，1965。

《副领事》，伽利玛出版社，1965。

《英国情人》，伽利玛出版社，1967。

《戏剧（二）：〈苏珊娜·安德莱尔〉〈成天上树的日子〉〈是的，也许〉〈莎伽王国〉〈一个男人来看我〉》，伽利玛出版社，1968。

《毁灭，她说》，午夜出版社，1969。

《阿邦、萨芭娜和大卫》，伽利玛出版社，1970。

《爱》，伽利玛出版社，1971。

《啊！艾尔奈斯多》，阿尔兰·齐斯特出版社，1971。

《印度之歌》，伽利玛出版社，1973。

《娜塔莉·格朗热》（附《恒河女子》），伽利玛出版社，1973。

《话多的女人》（与格扎维埃尔·戈蒂埃合作），午夜出版社，1974。

《玛格丽特·杜拉斯》（由M.杜拉斯、J.拉康、M.布朗肖等著），信天翁出版社，《这/电影》，1975。

《卡车》（附《和米歇尔·波尔特的对谈》），午夜出版社，1977。

《玛格丽特·杜拉斯的领地》（与米歇尔·波尔特合作），午夜出版社，1977。

《伊甸影院》，法兰西信使出版社，1979。

《黑衣号轮船》（附《塞扎蕾》《否决之手》《奥蕾莉娅·斯坦纳》），法兰西信使出版社，1979。

《薇拉·巴克斯泰尔或大西洋海滩》，信天翁出版社，1980。

《坐在走廊上的男人》，午夜出版社，1982。

《80年夏》，午夜出版社，1980。杜拉斯朗读过一些选段，取名《年轻女子和孩子》，女性出版社，《声音图书馆》，1982。

《绿眼睛》，电影手册，312—313号，1980年6月；1987年新版。

《阿嘉塔》，午夜出版社，1981。

《外界》，阿尔班·米歇尔出版社，1981；1984年P.O.L.出版社再版。

《大西洋人》，午夜出版社，1982。

《萨瓦纳湾》，午夜出版社，1982年首版；1983年增补版。

《死亡的疾病》，午夜出版社，1982。

《戏剧（三）：〈丛林猛兽〉，根据亨利·詹姆斯小说改编，詹姆斯·洛德和玛格丽特·杜拉斯合作改编；〈阿斯珀恩文件〉，根据亨利·詹姆斯小说改编，玛格丽特·杜拉斯和罗伯特·昂泰尔姆合作改编；〈死亡的舞蹈〉，根据奥古斯特·斯特林堡的小说改编；玛格丽特·杜拉斯改编》，伽利玛出版社，1984。

《情人》，午夜出版社，1984。

《痛苦》，P.O.L.出版社，1985。

《音乐（二）》，伽利玛出版社，1985。

《乌发碧眼》，午夜出版社，1986。

《诺曼底海滨的妓女》，午夜出版社，1986。

《物质生活》，P.O.L.出版社，1987。

《埃米莉·L》，午夜出版社，1987。

《夏雨》，P.O.L.出版社，1990。

《中国北方的情人》，伽利玛出版社，1991。

《英国情人戏剧版》，伽利玛出版社，"想象丛书"265号，1991。

《扬·安德烈亚·斯坦纳》，P.O.L.出版社，1992。

《写作》，伽利玛出版社，1993。

《外面的世界》（由克里斯蒂安娜·布洛-拉巴雷尔辑录并作序），P.O.L.出版社，1993。

《这就是一切》，P.O.L.出版社，1993。

《写作的海》（埃莱娜·邦贝尔吉的摄影作品），玛尔瓦尔出版社，1996。

《电视访谈录》（和皮埃尔·杜马耶的对谈），EPEL出版社，1999。

《词语的颜色》（和多米尼克·诺盖的对谈），贝诺瓦·雅各布出版社，2001。

《战争笔记和其他文本》，P.O.L.和IMEC，2006。

合集

《小说、电影、戏剧，1943—1993年回顾》，伽利玛出版社，1997。

戏剧改编

《阿斯珀恩文件》，根据亨利·詹姆斯小说改编，麦克·雷格拉夫改编，杜拉斯和罗伯特·昂泰尔姆合作改编法语版，1961，收录在《戏剧（三）》，伽利玛出版社，1984。

《丛林猛兽》，根据亨利·詹姆斯小说改编，首次改编是在1962年，由玛格丽特·杜拉斯和热拉尔·雅尔洛合作改编，第二次改编是在1981年，收录在《戏剧（三）》，伽利玛出版社，1984。

《阿拉巴马的奇迹》，根据威廉·吉普森的小说改编，玛格丽特·杜拉斯和热拉尔·雅尔洛合作改编，《前台》，1963。

《死亡的舞蹈》，根据奥古斯特·斯特林堡的小说改编，玛格丽特·杜拉斯改编，1970，收录在《戏剧（三）》，伽利玛出版社，1984。

《家》，根据大卫·斯多瑞的小说改编，玛格丽特·杜拉斯改编，伽利玛出版社，1973。

《海鸥》，根据契诃夫的小说改编，玛格丽特·杜拉斯改编，伽利玛出版社，1985。

电影作品

电影（长片，短片则有说明）

《音乐》，合作导演：保尔·色邦，1966。

《毁灭，她说》，1969。

《黄色的，太阳》，1971。

《娜塔莉·格朗热》，1972。

《恒河女子》，1973。

《印度之歌》，1975。

《巴克斯泰尔，薇拉·巴克斯泰尔》，1976。

《在加尔各答的荒漠里她的名字叫威尼斯》，1976。

《树上的岁月》，1976。

《卡车》,1977。

《黑衣号轮船》,1979。

《塞扎蕾》,短片,1979。

《否决之手》,短片,1979。

《奥蕾莉娅・斯坦纳(墨尔本)》,短片,1979。

《奥蕾莉娅・斯坦纳(温哥华)》,短片,1979。

《阿嘉塔或无限的阅读》,1981。

《大西洋人》,短片,1981。

《罗马对话》,中长片,1982。

《孩子们》,与让・马斯科洛和让-马克・杜林纳合作,1984。

剧本和/或对话

《广岛之恋》,阿兰・雷乃导演,1959;文本于1960年在伽利玛出版社出版。

《长别离》,亨利・科尔皮导演,与热拉尔・雅尔洛合作编写剧本,伽利玛出版社,1961。

《不稀奇》,米歇尔・米特拉尼导演,与热拉尔・雅尔洛合作编写剧本,电视剧,ORPT出品,1964年4月首播。

《黑夜加尔各答》,马兰・卡尔米兹导演,未公映的短片,1964(有DVD版,MK2出版,2003)。

《白窗帘》,乔治・弗朗叙导演,剧本和对话,1965。

《女窃贼》,让・夏波导演,剧本让・夏波和阿兰・法图,玛格丽特・杜拉斯改编和对话,1966。

从玛格丽特・杜拉斯作品改编而来的电影

《抵挡太平洋的堤坝》,勒内・克莱芒导演,1958。

《琴声如诉》,彼得・布鲁克导演,1960。

《夏夜十点半钟》,于勒・达森导演,1967。

《直布罗陀水手》，托尼·理查森导演，1967。

《反反复复》，根据《啊！艾尔奈斯多》改编，让-玛丽·斯托和丹尼尔·于莱的短片，1982。

《死亡的疾病》，彼得·汉德克导演，1985。

《情人》，让-雅克·阿诺导演，1992。

《昂代斯玛先生的午后》，米歇尔·波尔特导演，2004。

《海堤》，潘礼德导演，2008。

杜拉斯手稿

法国冈城：现代出版档案馆（IMEC）

（黄荭辑录）

作者简介

玛格丽特·杜拉斯

（Marguerite Duras，1914–1996）

二十世纪法国有影响、极富魅力的作家、戏剧家和电影编剧及导演。杜拉斯出生在法属印度支那，十八岁回到法国。殖民地的生活经历成为她的创作源泉。七十岁那年，其自传体小说《情人》荣获1984年法国龚古尔文学奖。

写作与爱情，是杜拉斯生命的全部。七十多部著作、近二十部电影、诸多的情人，构成了杜拉斯美丽而传奇的一生。其特立独行的性格，使她成为一个在法国文学史上难以归类的作家、一个在现实生活中难以模仿的女性。

索菲·博加艾尔（Sophie Bogaert）

拥有法国现代文学大学教师学衔，她为七星文库《玛格丽特·杜拉斯全集》的出版做了大量编撰工作。

译者简介

黄荭

杜拉斯研究专家，国际杜拉斯学会会员。南京大学文学博士，巴黎第三大学–新索邦文学博士，南京大学法语系教授、博士生导师，广东外语外贸大学云山讲座学者，中国外国文学学会法国文学研究分会常务理事，江苏省外文学会理事，南京译协理事。

著译众多，其中与杜拉斯相关的著作有《杜拉斯的小音乐》《杜拉斯和亚洲》，译著有《外面的世界II》《解读杜拉斯》《爱、谎言与写作：杜拉斯影像记》《写给杜拉斯的信》等。

唐洋洋

法语译者，毕业于南京大学法语系，获文学硕士学位。译有《萨拉热窝谋杀案》等。

张亦舒

南京大学法语系毕业，译有《镜子之后：玛丽莲·梦露》。

大
方
sight

图书策划 中信·大方
策划编辑 李英
责任编辑 罗淑锦 李英
营销编辑 王雨 王雅伟
装帧设计 周伟伟

出版发行 中信出版集团股份有限公司
服务热线：400-600-8099 网上订购：zxcbs.tmall.com
官方微博：weibo.com/citicpub 官方微信：中信出版集团
官方网站：www.press.citic